U0832531

权威·前沿·原创

皮书系列为
“十二五”国家重点图书出版规划项目

BLUE BOOK

煤炭蓝皮书

BLUE BOOK OF COAL INDUSTRY

中国煤炭工业发展报告（2014）

ANNUAL REPORT ON COAL INDUSTRY IN CHINA (2014)

科学推进我国煤制油产业发展

Scientifically Advancing Coal-To-Liquids Industry in China

主　编／岳福斌　崔　涛

社会科学文献出版社
SOCIAL SCIENCES ACADEMIC PRESS (CHINA)

图书在版编目（CIP）数据

中国煤炭工业发展报告. 2014：科学推进我国煤制油产业发展/岳福斌，崔涛主编. —北京：社会科学文献出版社，2014.12
（煤炭蓝皮书）
ISBN 978-7-5097-6781-8

Ⅰ. ①中… Ⅱ. ①岳… ②崔… Ⅲ. ①煤炭工业-工业发展-研究报告-中国-2014 ②煤液化-产业发展-研究报告-中国-2014 Ⅳ. ①F426.21

中国版本图书馆 CIP 数据核字（2014）第 267435 号

煤炭蓝皮书
中国煤炭工业发展报告（2014）
——科学推进我国煤制油产业发展

主　　编／岳福斌　崔　涛

出 版 人／谢寿光
项目统筹／周　丽　王莉莉
责任编辑／王莉莉

出　　版／社会科学文献出版社·经济与管理出版中心（010）59367226
地址：北京市北三环中路甲 29 号院华龙大厦　邮编：100029
网址：www.ssap.com.cn
发　　行／市场营销中心（010）59367081　59367090
读者服务中心（010）59367028
印　　装／北京季蜂印刷有限公司

规　　格／开 本：787mm×1092mm　1/16
印 张：18.5　字 数：237 千字
版　　次／2014 年 12 月第 1 版　2014 年 12 月第 1 次印刷
书　　号／ISBN 978-7-5097-6781-8
定　　价／79.00 元

皮书序列号／B-2008-102

本书如有破损、缺页、装订错误，请与本社读者服务中心联系更换

版权所有 翻印必究

本书由北京绿能煤炭经济研究基金会资助

《煤炭蓝皮书》编纂指导委员会

主　任　吴　吟　国家能源局原副局长；中国能源研究会副理事长；中央财经大学中国煤炭经济研究院理事会理事长

委　员　（按姓氏笔画排序）

卜昌森　山东能源集团董事长、党委书记

王　源　淮南矿业集团原董事长、党委书记

云公民　全国政协常委，中国华电集团原总经理

田　会　中国煤炭工业协会驻会副会长

华　炜　陕西煤业化工集团党委书记

乔乃琛　山东省煤炭工业局局长、党组书记

刘万波　四川省煤炭产业集团总经理

李永旺　中国科学院研究员，中科合成油技术有限公司总经理

李希勇　兖矿集团总经理

李晋平　山西潞安矿业集团董事长、党委书记

杨照乾　陕西煤业化工集团董事长

张双旺　内蒙古伊泰集团董事长、党委书记

张玉卓　神华集团董事长、党组书记

张新文　兖矿集团董事长、党委书记

周　桐　煤炭工业规划设计研究院董事长

贺佑国　中国煤炭工业发展研究中心主任

《煤炭蓝皮书》编纂委员会

主　编　岳福斌　崔　涛

助　编　牛克洪　兖矿集团战略研究院名誉院长，中国煤炭经济研究院特邀研究员
翟德元　内蒙古伊泰集团投资公司副总经理，中国煤炭经济研究院特邀研究员

委　员　梁仕普　神华集团煤制油化工部总经理
温新生　神华集团煤制油化工部副总经理
张东海　内蒙古伊泰集团总经理
郝喜柱　内蒙古伊泰集团副总经理
尚建选　陕西煤业化工集团副总经理
郑化安　陕西煤业化工技术研究院副院长
孙启文　兖矿集团副总经理
张鸣林　兖矿集团副总经理
刘　斌　山西潞安矿业集团副总经理
孙志强　山西潞安矿业集团煤化工产业管理处处长
杨　勇　中国科学院研究员，中科合成油技术有限公司副总经理
相宏伟　中国科学院研究员，中科合成油技术有限公司副总经理
高　蕾　《中国煤炭报》网络中心副主任
宋　琳　《中国煤炭报》网络中心编辑
吴　璘　中国煤炭经济研究院院长助理
薛　楠　中国煤炭经济研究院助理研究员

秘　书　顾　伟　岳鸿飞　董永庆　胡可征

主编简介

岳福斌 男，辽宁省葫芦岛市人，中国社会科学院研究生院教授、博士研究生导师，中央财经大学中国煤炭经济研究院院长，国家价格专家咨询委员会委员、能源国策专家委员会委员、中国工业经济联合会学术委员、中国科技发展基金以及一些省市企业的投资顾问、中经煤炭产业景气指数特约撰稿人。长期致力于中国经济问题研究，出版著作20余部，发表学术论文300余篇。近十多年来致力于中国煤炭经济研究，先后主持了铁路建设基金对煤炭产业的影响、煤炭价格形成机制、煤炭成本构成、煤炭交易制度、煤炭财产保险、煤炭管理体制、北煤南运铁路专线建设、煤炭产业基金、煤矿企业兼并重组、煤炭企业精细化管理、煤炭税费制度综合改革、完善煤炭产业政策、加强商品煤质量管理、混合所有制及其在煤炭产业的构建、中国能源革命与煤炭产业策略，以及《煤炭工业发展“十二五”规划》、河南省等多项地方政府和煤炭企业发展战略课题研究，提出的多项政策建议被政府采纳。已被载入《中国当代著名经济学家辞典》《中国当代著名青年学者辞典》《世界华人著名教育家辞典》《当代华人名人传略》等。

崔　涛 男，河南省周口市人，法律硕士，在读博士（管理学），《中国煤炭报》《中国安全生产报》党委书记，高级经济师，中央财经大学中国煤炭经济研究院特聘教授、硕士研究生导师。除新闻报道本业外，主要研究方向是煤炭经济及煤炭企业管理，先后参加了铁路建设基金对煤炭产业的影响、煤炭价格形成机制、煤炭成本构成、煤炭交易制度创新、煤矿职工保险体系建设、煤矿企业兼并重组、煤炭企业精细化管理，以及河南省等多项地方政府和煤炭企业发展战略课题研究，是《煤炭价格与煤炭经济可持续发展》一书的副主编，是《现代煤炭企业管理50法》一书的编著者之一。先后有20余件新闻作品获中国产业经济好新闻奖、全国安全生产好新闻奖、党风廉政建设好新闻奖等各类奖项，2007年获中国产业报协会首届“总编辑金笔奖”，2013年获评“全国新闻出版领军人才”。

摘 要

本书由中央财经大学中国煤炭经济研究院牵头组建的《煤炭蓝皮书》编纂委员会组织编写，由来自科研院所、高等院校、重点煤制油技术和示范企业的领导、专家学者共同编纂而成。

面对能源供需格局新变化、国际能源发展新趋势，党的十八大适时做出推动能源生产和消费革命的战略部署。由我国煤炭产业战略地位所决定，煤炭产业将成为中国能源革命的主战场。在推进煤炭产业革命过程中，煤制油这一新兴产业显得格外令人瞩目。经过多年的探索和发展，我国煤制油技术研发已取得重大突破，示范项目效果明显。加快推进煤制油产业发展是我国煤炭产业革命的重要一役、关键一役，是符合基本国策、顺应时代要求的重要战略举措。这一新兴产业的健康发展对于克服我国石油资源的供给瓶颈，化解石油对外依存度过高的风险，优化能源供给结构，保障能源供应安全；对促进煤炭清洁高效转化利用，推动优势煤炭企业做大做强，化解煤炭产能过剩，进而促进煤炭产业健康发展有着重要的意义。因此，研究煤制油产业的科学发展问题显得十分紧迫，意义重大。

本研究报告以科学推进我国煤制油产业发展为主线，由序、总报告、实证报告和附录四部分组成。序由吴吟同志撰写。总报告由中国煤炭经济研究院撰写，该报告对煤制油的基本含义、工艺类型及其国内外发展历程进行了系统概述；总结了我国煤制油产业发展的现状，并对预期做了展望；基于中国能源革命的时代背景，阐述了我国发展煤制油产业的客观必然性；从技术、资源、人才、环境、设施、市场、效益、风险等方面，对我国煤制油产业发展的条件进行了客观分析与评价；在系统研究的基础上，有针对性地提出了我国煤制油产业的发展思路和政策建议。实证报告分别邀请了神华集团、内蒙古伊泰集团、陕西煤业化工集团、兖矿集团、山西潞安矿业（集团）以及中科合成油技术有限公司等煤制油技术和示范企业撰写，介绍了他们的技术研发、项目示范、推广与应用情况；总结了示范过程中取得的经验和汲取的教训；提出了下一步发展的思路和政策诉求。由本书编委会摘编的国家有关煤制油的政策法规和中国煤炭经济 30 人论坛（CCEF－30）组织召开的“煤炭产业转型升级与煤制油产业发展”专题研讨会发言摘要作为附录。

本研究报告最大的特点是理论联系实际，将自然科学与社会科学相融合，不仅科学、客观地回答了煤制油“是什么”、工艺技术“有哪些”，还深刻、理性地探讨了“为什么”发展煤制油和“怎么去”发展煤制油。这一研究成果对于全面贯彻落实党中央关于推动能源生产和消费革命的战略部署，科学、有序地发展煤制油产业，促进煤炭产业转型升级与健康发展具有重要的理论意义和现实意义。本书可作为政府管理部门决策参考、煤炭企业实践指导用书，以及经济理论与政策研究部门、高等院校科研和教学参考用书。

序

能源是人类进步的基本物质基础，能源安全事关国家经济安全和社会安全，是具有全局性和战略性的重大问题。面对能源供需格局新变化、能源发展新趋势，党的十八大做出了推动能源生产和消费革命的战略部署。2014 年 6 月 13 日习近平同志主持召开中央财经领导小组第六次会议，再次强调推动能源生产和消费革命是长期战略，必须从当前做起，加快完成重点任务和实施重大举措；明确要求：推动能源消费革命，抑制不合理能源消费；推动能源供给革命，建立多元供应体系；推动能源技术革命，带动产业升级；推动能源体制革命，打通能源发展快车道；全方位加强国际合作，实现开放条件下能源安全。

煤炭是我国的基础能源和重要原料，在国民经济中占据重要的战略地位，是我国过去、现在乃至今后相当长时期能源安全的基本保障。新中国成立以来，特别是改革开放以来，我国煤炭产业取得了长足发展，为国家能源安全做出了无可替代的贡献。但必须清醒地认识到，受多种因素影响，我国煤炭产业还存在诸多突出问题，如开发强度过大、产能严重过剩、环境压力加大、产品提质不快、产业升级较慢、消费方式落后、改革相对滞后等。煤炭产业的战略地位及其存在亟待解决的突出问题，决定了我国煤炭产业迫切需要采取革命性措施实现重大变革，以适应能源供需格局新变化和能源发展新趋势。

作为中国能源革命主战场的煤炭产业，其革命的成功决定中国能源革命全局。我们必须提高对煤炭产业革命重要性的认识，在党中央的统一部署和正确领导下，以党的十八大报告和习近平同志在中央财经领导小组第六次会议上的讲话为革命纲领，高举“红色+绿色”煤炭产业革命的大旗，全面贯彻落实“节约能源资源、保护生态环境”的基本国策，并将之作为贯穿革命全过程的主线。坚持“安全、节约、高效、清洁”的方针，尊重能源革命的客观规律，一切从实际出发，稳中求进。

发展煤制油产业是实现煤炭高效清洁利用的重要途径之一，是符合基本国策、顺应时代要求的煤炭产业发展的重要战略举措。经过国内外几代科学家的艰辛探索和长期的生产实践摸索，煤制油技术和工艺已经得到了长足发展，在我国第十个五年计划提出解决石油替代问题，特别是国家“十一五”规划纲要将其列为“节能重点工程”后，煤炭液化工程得到稳步实施，煤炭间接液化、直接液化、热解制油等领域涌现了一批杰出的科学家和技术人才，以及敢于创新、勇于奉献的煤制油技术公司与生产企业，煤制油技术研发取得重大突破，示范项目效果明显，企业投资热情高涨，其商业化进程不断加快。我国在煤制油技术与装备方面处于世界先进水平。

推进我国煤制油产业科学有序发展，不仅有助于克服我国石油资源的供给瓶颈，化解石油对外依存度过高的风险，优化能源供给结构，保障能源供应安全，也有利于化解煤炭产能过剩，推动优势煤炭企业做强做大，促进煤炭产业健康发展。

然而，我国煤制油产业尚处于幼稚发展阶段，发展过程中面临诸多问题，工艺设备自主制造和安装水平尚需加强，节约用水、污染控制等技术仍需进一步提高，相关技术瓶颈有待突破，产业政策有必要进一步完善，还存在一些地方或企业不顾生态环境、水资源现状以及技术、经济实力而盲目发展的现象，社会上对煤制油的发展也存在不同的意见。煤制油产业如何健康发展，还需进行深入而系统的研究。2013 年 12 月，中国煤炭经济 30 人论坛（CCEF－30）组委会在北京召开了煤制油产业发展与煤炭转型升级内部研讨会。与会专家、学者和企业家一致认为，有必要对煤制油产业发展进行专题深入研究，并形成系统的报告，以促进煤制油产业健康有序发展。

中国煤炭经济研究院主动担纲此任务，经过近一年的努力，《中国煤制油产业发展报告》如期完成，并作为《中国煤炭工业发展报告（2014）》的总报告。该研究报告系统介绍了国内外煤制油技术研发和产业发展的历程，科学论述了我国发展煤制油产业的重大意义，客观分析了我国发展煤制油产业的基础条件，并有针对性地提出了科学发展煤制油产业的政策建议。该书编委会还邀请了神华集团、内蒙古伊泰集团、陕西煤业化工集团、兖矿集团、山西潞安矿业（集团）以及中科合成油技术有限公司等煤制油技术佼佼者和产业实践的先锋，分别介绍他们在煤制油产业的积极探索和丰富实践经验，通过摆事实、讲成效、谈体会、提建议的方式展示了近年来我国煤制油产业的发展轨迹和预期发展方向。该书最后还摘编了“十五”以来我国有关煤制油的政策法规，可以帮助读者了解我国煤制油领域的政策变迁。

该书站在能源革命的高度分析我国煤制油产业发展问题，很有特色，并且集知识性、理论性、实践性于一体。该书具有很强的系统性，做到了理论与实践相结合、国内与国外相结合、自然科学与社会科学相结合、规范研究与实证分析相结合，有煤制油工艺的知识普及，也有产业发展的脉络刻画，既展现了产业发展的前景，又提出了具体的发展对策和政策建议，内容生动丰富、系统而具体。该书是一本适用于煤制油产业管理决策、指导煤制油企业健康发展的参考书。

作为能源战线的一名老兵，我始终关注煤炭产业的发展问题，并为近年来我国煤制油产业取得的斐然成绩感到骄傲。有幸继续为第六本《煤炭蓝皮书》作序，借此机会向本书的作者们和编委会工作人员致以由衷的谢意，向为我国煤制油产业做出杰出贡献的科学家、企业家以及战斗在一线的同志们致以崇高的敬意！衷心希望煤制油的发展能够为煤炭产业发展增添活力，助力煤炭产业转型升级，推动煤炭产业健康发展并迎来新的辉煌，为我国煤炭产业革命乃至能源革命奠定良好的基础。

2014 年 10 月 20 日

目录

𝔹 Ⅰ 总报告

𝔹 Ⅱ 实证报告

B Ⅲ 附 录

皮书数据库阅读使用指南

总 报 告

General Report

B.1

中国煤制油产业发展研究报告

中国煤炭经济研究院 *

摘 要：

本报告在系统介绍煤制油及其在国内外发展概况的基础上，探讨了在我国加快发展煤制油产业的客观必然性和必要性；基于对目前我国煤制油技术成熟度、人才资源保障、自然资源赋存、环境保护、基础设施、投入产出、风险及其防范等客观条件的分析，提出了下一步发展的思路和政策建议。

* 课题组组长：岳福斌、崔涛。成员：吴璘，浙江人，中国煤炭经济研究院院长助理，研究方向为煤炭经济；顾伟，江苏人，中国社会科学院研究生院博士研究生，主要研究方向为能源与信息监管；薛楠（女），河北人，经济学硕士，中国煤炭经济研究院助理研究员；董永庆，山西人，中国科学院地理科学与资源研究所博士研究生，主要研究方向为发展经济学；岳鸿飞，北京人，北京师范大学经济与资源管理研究院硕士研究生，主要研究方向为能源经济。

关键词：

煤炭　煤制油　能源革命　产业发展报告

2013 年 12 月 14 日，临近冬至，北京的天气依旧寒冷。位于中轴线上的北京汉华国际饭店四层会议室内却暖意融融。中国煤炭经济 30 人论坛（CCEF－30）组织召开的“煤炭产业转型升级与煤制油产业发展”内部研讨会在此举行。有关领导、专家、学者，神华集团、伊泰集团、陕西煤业化工集团、兖矿集团、山西潞安矿业（集团）等煤制油先驱企业的主要领导和工程技术人员等 50 余人出席了会议。

本次论坛由始至终气氛热烈，发言踊跃，观点鲜明，态度积极；仿佛，人们在这里正在迎接煤制油产业的春天。

——“发展煤制油一是可以解决煤炭的清洁利用问题；二是可以解决煤炭产能过剩问题。从煤炭产业健康发展角度来说很有必要。”德高望重的老领导、原煤炭工业部副部长、中国煤炭工业协会名誉会长濮洪九如是说。

——“按我国现在的发展趋势，2030 年总油品消耗量将会达到7 亿～7.5 亿吨，甚至更多。煤制油必须搞，否则的话过不去这道坎”。中国当代著名煤制油科学家、中国科学院研究员、中科合成油技术有限公司总经理李永旺说。

——“发展煤制油是我国煤炭产业转型升级的必然选择。目前我国煤制油工艺，无论是直接液化还是间接液化，技术上都已经成熟，应推进产业化发展。”中国工程院院士、神华集团总经理张玉卓说。

——“我国煤制油技术的形成与应用，凝聚了几代科学家的心血，倾注了示范企业的大量财力、物力，实属来之不易。政府应加强政策引导、规划先行、合理布局、科学发展。”年过七旬的全国劳动模范、内蒙古伊泰集团董事长张双旺说。

——“煤制油作为我国新兴能源产业，目前还处在发展的幼稚阶段。加大财税、金融等政策支持力度不仅必要，而且需要保持相对稳定。”中国社会科学院教授、博士生导师岳福斌说。

——“煤制油的发展还存在较多问题，科学发展煤制油产业要继续探索，要组织力量、深入研究，形成能够反映客观实际的、系统的研究报告。”本次论坛主持人、国家能源局原副局长、中国能源研究会副理事长、CCEF－30组委会主任吴吟博士说。

一　煤制油及其产业发展概况

（一）煤制油

1. 煤炭与石油

煤炭是远古植物遗骸经生物化学作用发生泥炭化，因地壳运动不断被地层覆盖，在地压、温度等条件下，经过一系列复杂的物理和化学作用，逐渐形成的一种固体可燃性矿物，呈黑色、岩石状。石油是古代海洋或湖泊中的生物遗骸经由漫长的、复杂的生物和化学作用转化而成的液态可燃有机矿物，呈深褐色、黏稠状。形成过程中不同的初始物种、地质条件和生物环境，使得煤炭和石油呈现出不同的物化特性。

煤炭和石油虽同属于化石能源，但无论从外观上还是化学组成上，都有明显的差别（见表1和表2）：煤炭是以固态形式存在的可燃性矿物，石油是以液态形式存在的可燃有机矿物；煤炭的氢含量、氢碳的比值要比石油低（典型烟煤的H/C约为0.8，汽油、柴油的H/C约为2），氧含量比石油高；煤炭的分子量大（1000左右），石油分子量小（200 左右）；煤炭的化学结构复杂，为高聚物，石油则为烷烃、环烷烃和芳烃的混合物。

表 1　煤炭与石油的区别

	煤　炭	石　油
氢、氧含量	氢含量低，氧含量高，H/C 低	氢含量高，氧含量低，H/C 高
相对分子质量	相对分子质量大，约为 1000	约为 200
化学结构	化学结构复杂，为高聚物	烷烃、环烷烃和芳烃的混合物
组成结构	以芳香环构成的芳核为核心，环上有含氧、氮、硫等官能团及侧链组成的立体结构	主要由直链烷烃、环烷烃和芳香烃组成

资料来源：韩世良、冯永发、葛振宇：《煤制油技术百问》，化学工业出版社，2014。

表 2　各品种煤炭与液体油的元素组成比较

元素	无烟煤	中等挥发分烟煤	高挥发分烟煤	褐煤	泥炭	石油	汽油
C	93.7	88.4	80.3	72.7	50 ~ 70	83 ~ 87	86
H	2.4	5.0	5.5	4.2	5.0 ~ 6.1	11 ~ 14	14
O	2.4	4.1	11.1	21.3	25 ~ 45	0.3 ~ 0.9	
N	0.9	1.7	1.9	1.2	0.5 ~ 1.9	0.2	
S	0.6	0.8	1.2	0.6	0.1 ~ 0.5	1.0	
H/C	0.31	0.67	0.82	0.87	1.0	1.76	1.94

资料来源：张德祥：《煤制油技术基础与应用研究》，上海科学技术出版社，2013。

由于煤炭是固体有机岩，含较多的矿物质，开采、加工及利用相对困难，并且对环境有较大的损害。相对而言，石油的使用过程较为清洁，其开采、加工及环境成本较低，单位热值也高于煤炭，应用领域的不同使得石油的价格远高于煤炭。

2. 煤制油及其类型

煤制油的科学称谓是“煤炭液化”，即以固体状态的煤炭为原料通过化学加工过程，将煤中的有机质大部分或绝大部分转化为液态物质，最终形成汽油、柴油、液化石油气等液态烃类燃料和高附加值化工产品的技术[①]。

根据加工过程的不同路线，煤制油技术一般可分为两种不同的方式，即直接液化和间接液化。直接液化是指通过加氢使煤中复杂的有机高分子结构直接转化为低分子的液体燃料，是经干燥、研磨后的细煤粉与溶剂油制备成煤浆在高温、高压条件及催化剂的作用下与氢气反应直接生产液化油品的过程；间接液化是指煤炭先经气化生成合成气（$CO+H_2$），经净化、调整 H_2/CO 比后，再经费托合成（F-T 合成）生产油品的过程[②]。

煤直接液化工艺可分为热裂解法、溶剂法和催化加氢法，以溶剂法和催化加氢法或两种方法结合为主，使（脱硫）煤在高压、高温条件下与氢气反应，直接转化为液体燃料。具体工艺中，一般将煤炭与重油混合的煤油浆在高温（400～700℃）和高压（15.0～30.0 兆帕）下加氢，获得初原油，再加氢精制生产柴油、汽油、石脑油等产品。直接液化工艺对煤种要求较为严格，总体操作条件相对苛刻，但热效率高，液体产品收率高。煤直接液化工艺主要有美国的溶剂精制煤工艺（SRC）、供氢溶剂法（EDS）、氢碳法（H-Coal），德国的煤液化精制联合工艺（IGOR），英国的溶剂萃取液化工艺（LSE），俄罗斯的低压加氢液体工艺（CT-5），日本的 NEDOL 和 BCL 煤液化工艺，以及我国神华集团的煤直接液化工艺等。

---

① 王淑英：《煤制油——煤化工业的绿色技术》，《洁净煤技术》2005 年第 3 期。

② 吴秀章、金嘉璐、舒歌平：《煤炭液化技术及发展前景分析》，《中国石油学会第五届石油炼制学术年会论文集》，2005。

煤间接液化是将煤首先通过水蒸气、氧气被气化制得合成气（CO 与 H_2 的混合气），合成气再经催化合成（F－T 合成等）转化成液态烃、蜡、气态轻烃，液态烃和蜡经加氢精制后可生产柴油、汽油、煤油和石脑油等产品。煤间接液化包括合成气制备（含净气）和 F－T 合成两大部分。F－T 合成反应复杂，只有在催化剂（一般为铁剂或钴剂）作用下才能实现。按条件不同，F－T 合成可分为固定床、流化床和浆态床工艺（按反应器），以及高温、低温与常压低压工艺（按温度和压力）等。煤炭间接液化工艺适用煤种广，其中的 F－T 合成可在温和条件下（200～300℃、2.0～3.0 兆帕）进行，生产装备易于大型化和国产化，且经煤炭间接液化工艺可生产出无硫、无氮、低芳、高十六烷值（>70）的清洁油品，不过该工艺总效率相对较低、投资较大。煤间接液化工艺主要有南非沙索（Sasol）公司的费托合成技术，英荷壳牌公司（Shell）中间馏分油合成工艺，美国 Rentech 公司、Syntroleum 公司的低温铁系催化剂浆态床费托合成技术、钴系催化剂浆态床费托合成技术，以及我国中科合成油技术有限公司的低温、高温浆态床费托合成技术和兖矿集团低温、高温浆态床费托合成技术。随着煤制油产业的发展，其技术路线也在不断拓展，甲醇制汽油、煤焦油加氢制燃料、煤油共炼等技术日趋成熟。

甲醇制汽油（MTG）工艺，是在煤制甲醇工艺的基础上，以甲醇为原料，在一定温度、压力和空速下，通过特定的催化剂进行脱水、低聚、异构等步骤，转化为 C11 以下烃类油的过程，其基本原理是甲醇在酸性催化剂作用下转化为烃类混合物。甲醇首先在质子酸催化作用下脱水生成二甲醚（DME），DME 进一步转化生成 C2－C5 烯烃，C2－C5 烯烃在 ZSM－5 催化剂总酸性作用下进一步实现择形转化反应，包含烯烃生成、烷基化（烯烃与烷烃结合成高支链化烷烃）、齐聚〔聚合度介于单体与最终聚合物之间的一种分子量较低（1500 以下）的聚合物，也被称为低聚物〕、芳构化（主要指环烷烃或烷烃转变为芳香烃的过程）、裂解（是指烃类在高温下分子链断链成小分子量的不饱和烃的过程）和歧化（也被称为自身氧化还原反应，是指通过一个或多个氢原子从一个分子转移到另一个分子，使一个分子氧化，一个分子还原）等多步反应，最终得到烷烃、烯烃和芳烃的混合物，即典型的汽油组分[①]。

煤焦油加氢催化转化技术是采用加氢处理技术将煤焦油所含的S（硫）、N（氮）等杂原子脱除，并将其中的烯烃和芳烃类化合物进行饱和，生产质量优良的石脑油馏分和柴油馏分。煤焦油是煤焦化和煤气化过程的副产品，其组成极为复杂，一般采用分离手段生产苯、甲苯、二甲苯、萘、蒽等化学品及沥青产品。煤焦油的芳香度和缩合度较高，氢碳比值低，但利用煤焦油中合适的硫分，采用加氢法工艺，可以制得轻质燃料油产品。加氢过程一般包括脱杂质的加氢精制过程和提高品质的加氢改质过程，主要发生加氢脱硫、加氢脱氮、加氢脱金属、烯烃和芳烃加氢饱和以及加氢裂化等反应。其工艺原理是在一定反应条件以及合适的催化剂作用下，使原料与 H_2 作用发生 C-C、C-S、C-N 和 C-O 键断裂以及不饱和烃类饱和等化学反应，由此提高原料的氢碳比值、改善环烷结构含量，最终制得合格的燃料油。

煤油共炼技术，是将浓度为45%～50%、煤粒直径小于100微米的煤浆与渣油按一定比例混合，在15～22兆帕、450～470℃以及 $CoMo/Fe_2O_3$ 和 $NiMo/Fe_2O_3$ 催化剂条件下，使煤和渣油一次通过反应器，同时加氢裂解成轻、中质油和少量烃类气体。其工艺流程与直接液化大体一致，即先混合渣油与煤生成油煤浆，然后将其炼制成液体燃料，只是缺少了循环油这一环节。这一工艺

① 尹丽夏：《甲醇制汽油（MTG）技术应用实践介绍》，《广州化工》2011 年第14 期。

的优点是煤与渣油的协同效用可促使油收率有所提高，设备处理能力可促使油产量增长2~3倍，同时放宽了煤质要求，提高了氢的利用率，生产成本也有一定程度的降低，具备较高的可行性和实用性①。

（二）煤制油在国外的发展

1. 直接液化工艺与产业的发展

煤直接液化技术是由德国人 Friedrich Bergius 于1913年发现的，他进行了从煤或煤焦油经高温高压加氢生产液体燃料的研究，为煤的直接液化开辟了道路，并由此获得了诺贝尔化学奖。1921年，德国在 Manhim Rhcinan 建成煤处理量达5吨/天的直接液化试验装置。1926年，德国法本化学工业公司（I. G. Farbenindustrie）购买了 Friedrich Bergius 的专利，并于1927年开始建设世界上第一座商业化的煤炭直接液化工厂（1931年投入运转）。也是在1927年，德国的 A. Pott 和 H. Broche 开发了溶剂萃取法，英国帝国化学工业公司（Imperial Chemical Industries Co.）在 Bilingham 工厂进行了烟煤的直接液化研究（并于1929年建立了煤处理量达100吨/天的烟煤液化装置）。美国标准石油公司（Standard Oil Co.）因担心德国法本化学工业公司煤制油工业的发展破坏其在欧洲的石油市场，遂与法本化学工业公司展开了合作。1931年，德国法本化学工业公司、美国标准石油公司、英国帝国化学公司和荷兰皇家壳牌公司共同组建了煤液化技术开发协同机构——国际加氢专利公司（International Hydrogenation Patent Co.），开始了煤直接液化技术世界规模的开发，从而促进了该技术的工业化。日本也于1921年开始由当时的海军燃料厂研发煤直接液化技术，在德国进行日本煤

① 李祺：《煤制油技术现状和发展分析》，《化工管理》2013年第20期。

液化试验成功的基础上，于 1936 年在海军德山燃料厂完成了 96 式加氢装置，在中国抚顺建立了煤处理量为 3.3 万吨/年的烟煤液化工厂，在朝鲜阿吾地建造了煤处理量为 100 吨/天的褐煤液化装置。

第二次世界大战期间，煤制油已经在德国实现了工业化生产，先后有 12 套煤炭直接液化装置建成投产；到 1944 年，德国煤炭直接液化工厂的油品生产能力已达到 423 万吨/年，满足了当时一半装甲车、汽车用油和 2/3 的航空所需燃料。可以说，1913 ~ 1945 年，是煤直接液化技术研究的鼎盛时期，从技术开发到工业化只用了短短 18 年时间。“二战”后，尤其是 20 世纪 50 年代后中东地区大量廉价石油得到开发，煤直接液化技术失去了竞争力，除少数国家外，煤液化厂纷纷关闭。

20 世纪 70 年代初期，由于世界范围内的石油危机，煤炭液化技术重新受到发达国家重视，并形成了新的高潮。日本、德国、美国、英国、苏联等工业发达国家开展了大规模的研发工作，研究领域从基础理论、反应机理到工艺开发、工业化开发都有涉及，试验规模从实验室小试到吨/天级的中试直至百吨/天级的工业规模。在原有基础上，相继研究开发出一批煤炭直接液化新工艺，其中的大部分研究工作是如何降低反应条件的苛刻度，从而达到降低煤液化油生产成本的目的。

20 世纪 70 年代以后，最具代表性的工艺有以下几种（见表 3）。

由美国煤炭研究局（OCR）与 Spencev 化学公司联合开发的溶剂精制煤工艺（SRC）。这一生产重质燃料油的工艺，其初衷是为了洁净利用美国的高硫煤，后经改造产生了 SRC - II 工艺。该工艺不外加催化剂，反应条件缓和，温度为 440 ~ 450℃，压力为 14 兆帕，完成了 50 吨/天的中试装置运行试验，并曾进行了 6000 吨/天的大型示范装置工程设计，但未实施。

美国埃克森研究和工程公司的供氢溶剂法（EDS）。该工艺在液化反应器内也不外加催化剂，但需对循环溶剂单独进行催化预加氢，提高溶剂的供氢能力，反应条件为450℃，压力为15兆帕，液化油收率提高，产品主要是轻油和中油。该工艺于1986年完成了250吨/天的大型中间试验。

美国碳氢化合物公司的氢煤法（H－Coal）。该工艺是在氢油法的基础上开发而来的，采用颗粒Co－Mo催化剂和沸腾床反应器，反应条件为440～480℃，压力为14～20兆帕，在高活性催化剂作用下，液化转化率和液体收率都有提高，液化粗油的品质也有所提高。由于Co－Mo催化剂存在寿命和回收问题，在H－Coal工艺的基础上诞生了催化两段液化工艺（HTI/CTSL），用价格相对便宜的可弃性的铁系胶体催化剂替代了Co－Mo催化剂，该工艺因缺乏大型中试装置的长期运行考验，优势尚待证实。

德国环保与原材料回收公司与德国矿冶技术检测有限公司（DMT）的德国IGOR工艺。该工艺由德国老工艺开发而来，可将操作压力由70兆帕降至30兆帕，该工艺于1981年在德国北威州建成煤处理量为200吨/天的中试装置，并进行了5年多的运转试验，结果表明可将油收率由50%提高至60%。后经煤糊加氢和液化粗油加氢精制串联，该工艺得到简化，并可获得杂原子含量很低的精制油，为煤直接液化技术提供了较好的发展方向。

此外，还包括英国不列颠煤炭公司在政府的支持下开发的溶剂萃取液化工艺（LSE）、俄罗斯低压加氢液体工艺（CT－5）、日本的NEDOL和BCL煤液化工艺、煤共处理液化工艺等[①]（见表3）。

① 马中学、杨军、陈金城：《煤化工技术的发展与新型煤化工技术》，《甘肃石油和化工》2007年第4期。

表 3　国外煤直接液化技术开发情况

国家	工艺	规模（吨/天）	试验时间	地点	开发机构	现状
美国	SRC1/2	50	1974～1981 年	塔科马	CULF	拆除
	EDS	250	1979～1983 年	贝敦	Exxon	拆除
	H－Coal	600	1979～1982 年	卡特利茨堡	HRI	转存
德国	IGOR	200	1981～1987 年	博特罗普	RAG/VEBA	改成加工重油和废塑料
	Pyrosol	6	1977～1988 年	萨尔		拆除
日本	NEDOL	150	1996～1998 年	日本鹿岛	NEDO	拆除
	BCL	50	1986～1990 年	澳大利亚	NEDO	拆除
英国	LSE	2.5	1988～1992 年		British Coal	拆除
俄罗斯	CT－5	7	1983～1990 年	图拉市		拆除

资料来源：张德祥：《煤制油技术基础与应用研究》，上海科学技术出版社，2013。

这些新直接液化工艺的共同特点是，反应条件与老液化工艺相比要求相对低，压力由 40 兆帕降低至 17～30 兆帕甚至更低，产油率和油品质量都有较大幅度提高，降低了生产成本。到目前为止，上述国家均已完成了新工艺技术的处理煤 100 吨/天级以上大型中间试验，具备了建设大规模液化厂的技术能力。煤炭直接液化作为曾经工业化的生产技术，在技术上是可行的。至 20 世纪 80 年代中期，这些新工艺都日趋成熟，有的已经完成了煤处理量为 5000 吨/天的示范厂或煤处理量为 23000 吨/天生产厂的设计，工业化发展势头迅猛。但由于世界石油价格迅速下跌，这些煤液化示范厂和生产厂的计划不得不中断，工业化开发热情随之降温；发达国家原料煤价格、设备造价和人工费用偏高等导致生产成本偏高，发达国家煤炭直接液化产业大多数至今都没能发展起来。例外的是，美国能源部一直将煤液化项目列入洁净煤技术计划；

日本政府将煤直接液化项目作为政府解决能源问题的阳光计划的重要内容一直坚持了下来，终于在 1996 年 7 月建成处理量为 150 吨/天的烟煤液化中试厂并投入运转。

2. 间接液化工艺与产业的发展

煤间接液化法也是德国人率先发现的。1923 年德国人 Fischer 和 Tropsch 发现了后被称为 F－T 合成法（费托合成）的煤炭间接液化法。1925 年 Fischer 和 Tropsch 发现合成气在铁催化剂、15 兆帕、400℃的反应条件下可以制取烃类液体燃料并申请了专利。1934 年，德国鲁尔化学公司与 H. Tropsch 签订合作协议，建成了处理量为 250 千克/天的中试装置并顺利运转；1936 年，该公司建成第一个煤间接液化厂，产量达到 7 万吨/年。1935～1945 年，德国共建有 9 个 F－T 合成油厂，总产量达 57.4 万吨/年。其中，汽油占 23%，润滑油占 3%，石蜡和化学品占 28%。同期，日、法、中先后建立了 6 个 F－T 合成油厂，总生产能力为 34 万吨/年。因此，第二次世界大战前，全世界煤间接液化的总产量规模达到了 91.4 万吨/年（见表 4）。

“二战”结束后，德国的间接液化工业装置在同盟国干预下完全停顿。苏联曾于 1952 年利用德国技术及设备，建设了一个 5 万吨/年的小型工业装置，但未得到进一步发展。虽然 F－T 合成法的技术原理一直沿用至今，但“二战”后廉价石油的大量开采导致工艺复杂、初期投资大、成本高的煤炭间接液化装置基本关闭。除了南非之外，其他国家对煤炭间接液化的兴趣不如对直接液化的兴趣大。

20 世纪 50 年代，南非在特殊政治环境下（种族隔离引发国际对其实施石油禁运），迫于自身富煤缺油的实际情况，决定采用煤液化技术化解油品供应问题，并于 1950 年成立了南非煤油气公司（因地处 Sasolburg 而得名 Sasol 公司）。Sasolburg 地区煤的特点是高挥发分、高灰分，更适合煤间接液化，Sasol 公司遂与鲁奇、鲁尔

表 4　早期费托合成生产装置

国家	年份	地点	产能(万吨/年)	小计(万吨/年)
德国	1936～1940	Brabag	7.0	57.4
		Wintershall	9.0	
		Essener Steinkohle	8.0	
		Rheinpreussen	7.5	
		Ruhrchemie	7.2	
		Krupp	6.0	
		Hoesch	4.7	
		Viktor	4.0	
		Schaffgotsch	4.0	
法国	1937	Kuhlmann	3.0	3.0
日本	1938～1942	Kalilawa	10.0	26.0
		Amalasaki	7.0	
		Rumei	5.0	
		Miike	4.0	
中国	1937	锦州	5.0	5.0
合计				91.4

资料来源：张德祥：《煤制油技术基础与应用研究》，上海科学技术出版社，2013。

和凯洛克三家公司展开合作，以它们的煤气化、煤气化净化和合成技术于1955年建成30万吨/年规模的Sasol工厂。在1973年世界石油危机的刺激下，Sasol公司又分别于1980年、1982年建成了SasolII和SasolIII（见表5）。在德国煤间接液化的基础上，Sasol公司完成了一系列的创新，在发展中对工艺和产品结构进行不断完善。目前，世界上间接液化工艺与工业化生产装置也是以Sasol公司最为成熟、最为典型。Sasol公司最初采用的是德国的铁催化剂固定床费托合成技术，随后逐渐开发出自己的费托合成催化剂和费托合成技术。经过半个多世纪的发展，该公司已成为世界上最大的工业化合成油生产商和间接液化技术开发商。目前，Sasol公司掌握了5种费托合成技术，即低温铁系催化剂固定床费托合成技术、低温铁系催化剂浆态床费托合成技术、高温铁系催化循环流化床费托合成技术、高温铁系催化剂固定流化床费托合成技术、低温钴系催化剂浆态床费托合成技术[①]。目前，SasolI、SasolII 和 SasolIII 三家工厂年耗煤达 4100 万吨（I 厂为 650，II 厂和 III 厂为 3450 万吨），产品含汽油、柴油、石蜡、氨、乙烯等 113 种，总产量达 710 万吨/年，其中六成为油品，Sasol 公司的“煤制油”工厂正以每天 16 万桶的产量满足南非 30% 的液体燃料供给。在南非，煤炭很好地替代了石油。

目前，国外成熟的费托合成技术除了南非 Sasol 公司的费托合成技术，还有英荷壳牌公司的费托合成技术。英荷壳牌公司于 20 世纪 70 年代初就开始合成油的研究，其开发的费托合成工艺被称为 Shell 中间馏分油合成工艺，采用钴催化剂通过 F－T 合成制重烃，再加氢裂解与异构化转化为油品。1985 年壳牌公司成功开发了新型钴剂催化剂和重烃转化催化剂，产品以柴油、煤油为主，副产硬蜡。1989 年其在马来西亚建设的 GTL（天然气制油）中间馏分合成油厂，于 1993 年投产，生产出的高品质柴油远销美国。

此外，美国 Rentech 公司和 Syntroleum 公司也相继开发出各自的费托合成技术。美国 Rentech 公司于 1981 年成立，专门从事煤炭、天然气制液体燃料的技术开发。其开发的低温铁系催化剂浆态床费托合成技术，适用于 H_2/CO 从 0.67 至 3.5 的各种原料气，如气头为石油焦、煤、沥青、工业废气、天然气的合成气等，该工艺虽已运行了不同规模的示范装置，但尚未进行工业化建设。Syntroleum 公司于 1984 年成立，1997 年其开发的自热重整（ATR）工艺和所用的钴系催化剂在流化床中试装置上验证成功，此后还研制出用于浆态床反应器的钴系催化剂。2007 年，该公司完成钴基

① 姚斌：《发展煤制油应三思而行》，《中国石化》2011 年第 1 期。

表5　国外煤间接液化技术发展历程

时间	研究主体	重大事件
1923 年	德国科学家 Fischer 和 Tropsch	发现在铁类催化剂的作用下,CO 和 H_2 会发生非均相催化反应,合成以直链烷烃和烯烃为主的化合物,后被命名为 F－T 合成
1936 年	德国鲁尔化学公司	常压多级过程开发成功,并建成第一座以煤为原料的 F－T 合成油厂
1937 年		中压法 F－T 合成研发成功
1937 年	日本(与中国锦州石油六厂)	在德国工艺基础上,建立了钴催化剂的 F－T 合成循环产业
1944 年	德国	合成气循环为核心的中压法,促进了 F－T 合成工艺的进一步发展
“二战”结束后		受中东石油的大量开采冲击,F－T 合成技术工业化发展受阻
1952 年	苏联	建成 5 万吨/年的小规模 F－T 合成油中试厂
1955 年	南非 Sasol 公司	采用以铁催化剂为核心的 F－T 合成工艺的 SasolI 厂建成投入商业运行
1976 年	美国 Mobil 公司	开发成功了浆态床反应器技术、MTG 工艺和 ZSM－5 催化剂
1980 年	南非 Sasol 公司	SasolII 建成投产,采用了中压法,循环流化床反应器,熔融铁催化剂
1982 年	南非 Sasol 公司	SasolIII 建成投产,工艺与 SasolII 一致
1985 年	英荷壳牌公司	开发成功新型钴基催化剂和重质烯烃转化催化剂
1992 年	美国 Rentech 公司	建成悬浮态反应器、铁催化剂的天然气转液态烃示范装置
1993 年	英荷壳牌公司	以 SMDS(中间馏分油合成)工艺在马来西亚建成以天然气为原料的合成油示范厂,年产液体燃料 50 万吨,含中间馏分油和石蜡
1997 年	美国 Syntroleum 公司	自热重整(ATR)工艺和所用的钴系催化剂在流化床中试装置上验证成功

费托浆态床催化剂应用于煤制油的2500小时小试验证，获得钴系催化剂用于以煤为气头的费托过程的专利，不过受合成气中有毒物含量的波动，催化活性变化较大。2008年，Syntroleum公司将该技术转让给中石化，开始致力于生物质制燃料项目的开发。

（三）煤制油在我国的发展

1. 新中国成立前后的发展

我国的煤制油最早出现在1937年的锦州，由日本人引入德国的以钴催化剂为核心的F－T合成技术建设煤制油厂。该厂1943年投入运营并生产原油约100吨/年，1945年日本战败后停产。日本于1937年在抚顺建设的煤直接液化生产试验厂也于1945年停止试验。

1949年，新中国成立后，我国重新恢复和扩建锦州煤制油装置，采用常压钴基催化剂技术的固定床反应器，水煤气炉造气，1951年投产出油，1959年产量最高时达4.7万吨/年（70台箱式反应器），并在当时情况下获得了可观的利润。这期间，中科院石油研究所（大连）曾开展过煤直接液化试验的研究，抚顺石油三厂也进行过用煤焦油加氢生产汽柴油的工业性试验；该研究所还于1953年建成了4500吨/年的铁催化剂流化床合成油中试装置，但存在催化剂磨损、黏结等问题。随着1959年大庆油田的发现，我国的煤制油研发终止，锦州合成油装置也于1967年下马。

2. 新时期我国煤制油产业的发展

20世纪80年代初，随着经济的发展与能源需求的快速增长，我国重新恢复了煤制油技术的研究与开发。当时，研究煤炭液化技术的机构主要有两家：一家是煤炭科学研究总院，负责煤炭直接液化技术的引进和研究；另一家是中国科学院山西煤化所，负责间接液化技术的研究和开发。

在直接液化方面，煤炭科学研究总院以及国内有关大学在原国家科委、计委和煤炭部的支持下，开展了大量研究工作，在向国外引进三套煤直接液化连续试验装置的基础上，对我国煤种的液化特性和液化工艺技术进行了研究，完成了我国液化煤种和铁系催化剂的筛选，以及人工合成铁系催化剂研究、放大试验和催化性能评价的工作，直接液化技术已基本成熟。1996 年开始，为推动煤直接液化的工业化，我国先后同德、美、日等国合作，进行煤直接液化中间放大试验，完成了云南先锋褐煤（德国 IGOR 工艺）、黑龙江依兰煤（日本 NEDOL 工艺）和神华上湾煤（美国 HTI 工艺）直接液化工业化示范厂的可行性研究。21 世纪以来，随着我国石油进口量的增长、国际石油价格的高涨，煤直接液化技术开发进程得到进一步推动，根据我国煤质特性，结合国外技术，先后开展了高分散铁系催化剂的开发以及工程化、煤直接液化新工艺开发（6 吨/天）等。神华集团联合煤炭科学研究总院，借鉴国内外已有经验，于 2003 年开发了神华煤直接液化工艺和煤直接液化新型高效催化剂，并获专利，建成 100 千克/天小型试验装置，累计完成 5000 小时不同操作条件、不同催化剂的运转试验。2004 年，神华集团在上海建成煤处理量为 6 吨/天的直接液化工艺开发装置，且已通过长周期运转试验。2008 年，世界首套煤处理量为 6000 吨/天的神华煤直接液化工业示范装置建成运行，并于 2011 年 7 月 4 日通过国家鉴定。神华集团研制的高分散铁系催化剂的催化活性达到世界先进水平，单套规模 108 万吨/年的工业示范装置已于 2011 年转入商业化生产阶段。

在间接液化方面，中国科学院山西煤炭化学研究所于 1982 年提出将传统 F－T 合成与沸石分子筛相结合的固定床两段合成工艺（MFT），同时开发出了 F－T 合成沉淀型铁基工业催化剂和分子筛催化剂，并于 20 世纪 80 年代末，在山西代县化肥厂完成了

100吨/年的工业中试。1994年，中科院煤化所采用MFT工艺进行了2000吨/年的工业试验，生产出90号汽油，后因脱硫问题和技术经济性难以过关而终止试验。1996～1997年，研制出了更高效的超细粒子铁基催化剂，完成连续运转3000小时的固定床工业单管试验，汽油收率和品质都有大幅提高。1998年，大胆提出开发国际上最为先进的浆态床合成油工艺技术和工业催化剂的设想，随后在实验室开发出高效系列浆态床铁基催化剂，同时在浆态床合成工艺上也获得了重大技术突破。2001年，ICC－IA催化剂以及新型催化剂ICC－IB实现批量生产，各项指标超过国外同等催化剂。此外，还开展了钴基合成柴油催化剂和二段加氢裂化工艺的研究以及量子化学计算原理在催化机理方面、流体力学计算原理在反应器等关键设备结构方面的研究。2000～2002年，1000吨级（700吨/年）合成油中间试验装置建成并进行了多次1500小时的连续试验。在中科院重大项目计划、国家“863”计划、山西省政府以及内蒙古伊泰集团等企业的支持下，中科院山西煤炭化学研究所科学家团队又经过3年多的努力，打破了国外技术垄断，实现了我国煤炭间接液化关键技术的自主研发，确立了中国费托合成油的自主知识产权。2005年9月，科技部对其工艺进行验收，认为ICC－IA和ICC－IIA高活性铁系催化剂及其在1000吨级规模上的生产技术、高效浆态床反应器内构件、催化剂在床层中的分布与控制、产物与催化剂分离等关键技术达到了国际先进水平。2006年，在中国科学院山西煤炭化学研究所合成油品工程研究中心基础上，由中科院山西煤化所、内蒙古伊泰集团、神华集团、山西潞安矿业（集团）、徐矿集团等共同投资组建了中科合成油技术有限公司，专业从事煤化工技术，特别是煤基合成油技术的研究与开发工作。2005～2009年，在内蒙古伊泰集团、山西潞安矿业（集团）和中国神华集团建成3个16万～20万吨/年合成油示范厂。截至2014年，伊泰、潞安两个示范厂已运行超过5年。神华示范厂2010年开车验证成功，并于2011年在宁煤400万吨/年煤制油项目中决定采用中科合成油技术，迫使南非Sasol合成油技术退出了中国市场。此外，兖矿集团也很早就介入煤制油领域，并于2002年从南非Sasol公司聘请孙启文博士，开始研发煤制油间接液化技术，先后完成间接液化低温、高温费托合成工艺包和催化剂研发等，从前端气化以及费托合成等关键步骤，均已形成了兖矿自主知识产权技术。

在神华集团、内蒙古伊泰集团、兖矿集团等“敢吃螃蟹”企业的大量科研资金持续投入与科研人员的辛勤付出之下，我国煤制油工艺、反应催化剂及煤制油工业化装置等技术领域的自主创新不断取得突破，为煤制油产业化发展奠定了坚实的技术基础与智力支撑。随着我国煤炭企业大胆的“走出去”与“引进来”，煤制油产业国际化水平日益提高，国外先进的直接和间接液化、甲醇制汽油（MTG）技术不断在我国开花结果，形成基于差异化的技术、原料、装置与不同用途的产品产出。目前我国煤制油产业的发展已经呈现技术多样化、产品多元化、市场多层次化的良好发展态势，产业雏形已初步形成。

（1）基于中科合成油费托合成工艺的实践

中科合成油费托合成技术成熟之后，其示范项目随即展开。2009年，我国首个煤间接液化示范项目——内蒙古伊泰煤制油有限公司16万吨/年费托合成油装置投产，2012年产量达17.2万吨后，至今稳定运行，2013年提前4天产量达到18万吨的预期目标，2014年4月底，接受了国家能源局委派的专家组对示范项目72小时连续运行的参数指标测定工作，结果优于预期。目前，伊泰还在内蒙古鄂尔多斯、新疆伊犁和乌鲁木齐规划了煤制油项目，分别是：鄂尔多斯杭锦旗独贵塔拉工业园区120万吨/年煤基精细化学品项目、鄂尔多斯准格尔旗大路工业园区200万吨/年煤制油项目、新疆伊犁540万吨/年煤制油一期首套100万吨/年油品项目、新疆乌鲁木齐甘泉堡工业区540万吨/年煤（一期200万吨/年）煤制油项目。其中，鄂尔多斯准格尔旗大路工业园区200万吨/年煤炭间接液化示范项目已于2013年12月23日获得国家发改委核准。

山西潞安矿业（集团）间接煤制油示范项目产能为21万吨/年（16万吨/年铁基浆态床+5万吨/年钴基固定床），于2009年投产，项目还配套建设了18万吨/年合成氨、30万吨/年尿素以及利用费托合成低热值尾气发电项目。在示范项目的基础上，潞安集团在山西长治市襄垣县建设的高硫煤清洁利用油化电热一体化项目也已开工建设，总投资239亿元，建设规模为年产150万吨费托合成油、30万吨焦油、108兆瓦余热发电项目，生产包括柴油、LPG（液化石油气）、石脑油在内的40余种产品，预计于2015年投产。此外，潞安集团还在忻州布局了年产油品及化学品400万吨的煤炭清洁利用优化电热一体化项目，预计年产油品160万~220万吨。

位于宁夏宁东能源化工基地的神华宁煤400万吨/年间接液化煤制油项目，是继神华集团建设运营鄂尔多斯煤直接液化项目取得成功后，第二个国家煤炭深加工示范项目，也是全球单套装置规模最大的煤制油项目。该项目经历了10年的前期工作于2012年获批。该项目总投资550亿元，目前设备招标采购和建设工作已全面展开，预计2016年建成投产后年合成油品405.2万吨。神华集团还计划在新疆建设煤炭清洁转化项目，通过直接、间接液化工艺年产油品350万吨。

此外，中科合成油技术还将应用于内蒙古锡林郭勒100万吨/年、贵州500万吨/年（一期120万吨/年）等煤间接液化项目。预计到2016年，我国煤炭间接液化产业将形成产能约1300万吨/年，2020年形成产能约3100万吨/年。

（2）基于直接液化工艺的实践

2008 年 12 月 30 日，鄂尔多斯伊金霍洛旗神华煤直接液化百万吨级示范工程开始投煤试车；12 月 31 日，打通了煤直接液化装置流程，生产出合格的石脑油和柴油等目标产品，这标志着我国成为世界上唯一掌握百万吨级煤直接液化关键技术的国家。2011 年该工业示范装置转入商业化生产阶段，2012 年、2013 年分别产油 86.5 万吨、86.62 万吨，实现营业收入 60.38 亿元、58.8 亿元，实现利润 5.8 亿元、2.09 亿元。该项目第二、第三条生产线计划投资 240 亿元，预计 2018 年全部建成投产后，神华直接液化煤制油产能将接近 400 万吨/年。

（3）基于兖矿费托合成油工艺的实践

兖矿集团自 1998 年进入煤制油领域，并于 2004 年左右成功开发出具有我国自主知识产权的低温费托合成煤间接液化制油成套技术。兖矿与延长石油合资成立的陕西未来能源化工有限公司 100 万吨/年间接液化煤制油项目，采用的就是这一技术。该项目早在 2006 年 2 月 8 日就取得国家发改委路条，并于 2009 年 1 月 8 日完成各项报告；2014 年 9 月 23 日，国家发改委正式下文核准兖矿榆林 100 万吨/年煤间接制油项目。项目位于陕西榆林玉衡工业园区，已于 2011 年 6 月开工，总投资为 162 亿元，该装置预计年产柴油 79 万吨、石脑油 26 万吨，液化石油气 10 万吨。目前主要装置基本完成，预计 2014 年底全部建成，2015 年 3 ~ 4 月可投产。随后，兖矿集团还将再建设 300 万吨/年低温煤液化装置和 100 万吨/年高温煤液化装置，完成 500 万吨/年的一期规划总规模。在此基础上，兖矿集团将展开二期工程的建设，规模同样达到 500 万吨/年，产品方案以联产烯烃多的高温工艺为主，包括 300 万吨/年的高温煤液化装置和 200 万吨/年低温煤液化装置。二期建成后，兖矿煤液化装置的总能力合计将达到 1000 万吨/年（以液体产品计）。其中，采用低温工艺的煤液化装置总能力为600万吨/年，采用高温工艺的煤液化装置总能力达到400万吨/年。

（4）甲醇制汽油工艺的实践

我国利用高硫、劣质煤生产甲醇的技术居世界领先水平，且已初步形成了规模生产能力。截至2010年底，中国煤制甲醇企业为229家，产能达2068万吨/年。2012年2月29日，工信部决定在山西省、上海市和陕西省开展甲醇汽车用油试点工作，此举意味着甲醇汽油进入发展新时代。2012年8月《国务院关于印发节能减排“十二五”规划的通知》（国发〔2012〕40号），也明确指出“因地制宜推广醇醚燃料、生物柴油等车用替代燃料”。

目前，我国的甲醇制汽油（MTG）技术推广迅速，分别建成了以美国Mobill公司MTG技术为依托的山西晋煤集团10万吨/年装置，以中科院山西煤炭化学研究所MTG技术为支撑的庆华集团10万吨/年工业化装置，以及采用天津大学与山西煤化所耦合工艺建设的河北田元化工10万吨/年工业化装置等。其中，晋煤集团10万吨/年项目于2009年投产，产品以优质93号汽油为主，副产液化天然气、硫黄。在该项目的基础上，100万吨/年甲醇制清洁燃料项目也已开工建设。中科院山西煤炭化学研究所开发的3500吨/年MTG工业示范装置，于2007年12月中旬投产，截至2013年底，采用山西煤化所MTG技术的项目产能共计60万吨/年，其中有40万吨/年即将投产。

（5）煤焦油加氢制燃料工艺的实践

煤焦油经预处理并催化加氢后，即可制得紧俏的调和汽柴油。最近几年，随着油价的大幅上涨，煤焦油加氢新上项目不断增加。据粗略统计，全国目前在建、拟建的超过30个，投资规模近1000亿元，总产能近1700万吨/年。

陕西煤业化工集团神木富油能源科技有限公司自主研发的

“中低温煤焦油全馏分加氢多产中间馏分油成套工业化技术”（简称“FTH”）被誉为“世界首创、居领先水平”。通过煤焦油加氢制燃料技术，现已建成神木天元化工有限公司50万吨/年、内蒙古庆华10万吨/年两套中低温煤焦油延迟焦化加氢制取柴油、石脑油工业化装置，神木富油能源科技有限公司12万吨/年中低温煤焦油全馏分加氢多产中间馏分油工业化装置，以及黑龙江省七台河市宝泰隆煤化工公司10万吨/年高温煤焦油加氢裂解工业化装置。据了解，陕煤化集团目前已启动300万吨/年项目的建设，并计划在相关技术得到突破后，于2017年前形成1000万吨/年以上煤焦油加氢制取清洁液体燃料的生产能力，建成世界最大的煤炭分质分级高效清洁综合利用的产业化基地。

3. 我国煤制油产业发展预期

经过多年的探索和发展，我国煤制油产业已经展现出了新的局面。

一是项目投资积极性高。我国煤制油技术可行性及经济效益已基本得到了证实，产业化示范和技术进步效果也较为明显，这促使我国煤制油项目投资产生了很高的积极性，内蒙古、陕西、新疆、山西、贵州、云南等地新一轮百万吨级煤制油项目正在推进，很多企业都加大了煤制油项目规划和建设力度。

二是工艺路线多向展开。目前，我国煤制油工艺路线呈现多极化的局面，直接液化、间接液化、煤焦油加氢制燃料、甲醇制汽油、煤油共炼等工艺路线齐头并进，干煤粉气化、油气联产等新的工艺技术得到开发和优化，也被引入煤制油项目当中。

三是技术进步步伐加大。煤制油企业和相关科研院所都在加大煤制油工艺各环节的技术研发力度，在工艺放大、大型设备制造与安装、装置安全稳定运行、催化剂技术、节能环保措施方面均取得了较大的进步，正在进一步突破相关技术领域的瓶颈。

四是研发力量不断加强。目前我国煤制油产业已经汇聚了大量的科研人才，产生了一批卓越的学科带头人，组建了优秀的技术研发队伍。例如，我国煤炭间接液化技术的先驱——中科合成油技术有限公司，在建设煤炭间接液化国家工程实验室的过程中，打造了国内外一流的科技研发平台，并向海内外广纳贤士，使其研发力量不断得到充实。

五是混合所有制成为发展基础。从煤制油技术研发到项目建设实践，都能体现混合所有制的优势。国有科研单位和企业与民营企业合作，为煤制油技术研发带来了生机和活力，为煤制油项目的开展提供了更好的风险共担和运营机制，成为煤制油产业的发展基础。

六是商业化进程正在加快。许多煤制油示范项目投产后，高品质的产品顺利进入市场并得到高度评价，已经产生了较好的经济效益，许多企业通过加油站建设以及与常规成品油生产、销售方合作等方式，为煤制油产业的商业化打开了新的局面。

基于上文，我们认为，只要政府的产业政策方向对、力度大，能够进一步发挥市场的决定性作用，我国煤制油产业将会在现有基础上步入加速发展的快车道。

二　发展煤制油产业：中国能源革命性的战略举措

（一）能源革命：能源生产与消费的重大变革

能源安全事关经济安全和国家安全，是具有全局性和战略性的重大问题。面对能源供需格局新变化、国际能源发展新趋势，党的十八大做出推动能源生产和消费革命的战略部署；2014 年6 月 13 日召开的中央财经领导小组第六次会议再次强调推动能源生产和消费革命是长期战略，必须从当前做起，加快实施重点任务和重大举措。

能源革命是在人类社会生产力水平不断提高的基础上，发生的能源生产与消费及与其相关的产业转型升级、结构优化、技术进步、体制与机制创新等重大变革，是一个以新能源取代旧能源及由此产生的能源系统的演变更替过程。

能源是人类生存和发展的重要物质基础。随着人类征服自然、改造自然能力的逐步增强，其自身素质在不断提高，人口数量不断增加，对能源需求的数量和质量也在不断增加和提高。当能源领域供给和需求这一基本矛盾尖锐到危及人类的生存和发展时，能源生产和能源消费必将发生革命。

自从有人类以来，具有里程碑意义的能源重大变革有三次：第一次是钻木取火和薪柴的生产利用；第二次是煤炭取代薪柴成为主体能源；第三次是油气取代煤炭。目前仍在进行的是油气取代煤炭和新能源的开发利用。新能源的开发和利用是新的能源革命的前夜，有可能演化成为第四次能源革命。

大约在 200 万年前人类产生。早期的人刚刚学会直立行走，大脑不发达，对自然界的认识度极低，甚至怕火，其主要工具是天然石块和木棍，从事捡野果、捕鱼、打猎等原始劳动。

劳动创造了人，又促进了人的发展。随着长期的劳动经验的积累，人类有了思维，有了语言，能够制造简单工具，学会了利用天然火取暖和烧烤食物，而且出现了简单分工并形成氏族部落，人口数量也在增加，随之产生了人类生存空间半径范围内的天然资源（自然干枯的树枝等）无法满足人类生存和发展需要的矛盾。经过长期的实践摸索，人类不仅逐渐掌握了钻木取火技术，而且掌握了薪柴的加工利用技术，如林木砍伐、木炭烧制等。以钻木取火和薪柴加工利用为主要内容的人类原始能源革命取得了成功，实现了人类社会能源需求和供给的基本平衡。

薪柴时代在人类史上维持的时间相当长，大约到19世纪中叶。随着人类社会经济的发展和人口的增加，薪柴生产和消费的局限性越来越明显。经过上百万年的砍伐，人类生活半径范围内的森林资源供给难以保障；薪柴燃烧的热值小、燃烧温度低，难以满足生产需要；随着需求量的不断增加，不得不安排大量的劳动力从事薪柴采伐，造成了劳动力的浪费；供给严重小于需求，导致薪柴价格昂贵。在人类历史上存在了上百万年的薪柴能源模式面临挑战。

在长期的生产生活和实践中，人类发现了一种能够燃烧的矿石——煤炭。煤炭是原始植物堆积腐化而成的腐殖质，经过一系列复杂的物理和化学过程形成的黑色可燃矿物质。煤炭发现的初期，人类把它作为雕刻艺术品的原料，称之为“墨玉”；后来在实践中发现它可以燃烧，可替代薪柴，又称之为“石炭”。煤炭之所以能够取代薪柴逐步成为人类社会的主体能源，首先是由它的自然属性所决定的。煤炭不仅易燃，而且燃烧温度高，能够满足冶铁等生产需求；它易分割，便于运输。从其社会属性看，煤炭资源大都埋藏在人迹罕见的穷乡僻壤，开采时几乎不存在所谓的“产权纠纷”，其量大易得，交易价格相对便宜。正因如此，煤炭与薪柴比在短短的30年时间内就从1860年的2∶8达到1890年的5∶5，20世纪初煤炭成为人类社会的主体能源。

煤炭的开发利用，引发了产业革命。这一产业革命是以手工技术为基础的工场手工业过渡到采用机器生产的工厂制度的过程。17~18世纪，英、法等国资产阶级革命的胜利，为生产力的发展扫清了道路。工场手工业的发展和科学技术的发明，为向机器大工业过渡准备了条件。随着市场的扩大，以手工技术为基础的工场手工业日益不能满足需求，要求变革为工厂制度并广泛采用新技术。产业革命在18世纪60年代始于英国，首先从纺织业开始，80年代因蒸汽机的发明和使用而得到了进一步的发展，遍及化学、采掘、冶金、机器制造等部门。继英国之后，在19世纪，法、德、美、日等国也相继完成了产业革命。

产业革命促进了社会生产力的发展。随着社会生产规模的扩大和消费水平的提高，人类对能源产生了新的需求；石油、天然气的开发和利用，为新能源革命提供了物质基础。油气取代煤炭的能源革命终于爆发了。

据相关文献记载，人类开发利用石油和天然气的历史几乎和煤炭一样久远，但石油和天然气开始并不是作为燃料来使用，而是作为药物以及实现防水和润滑等功能。到了近代，随着科学技术的发展，石油和天然气作为能源的自然优势和性能优势开始显现，相较于煤炭，不仅具备其所有优点，能量密度也更高（比煤炭大约高50%），而且环境污染小。石油和天然气长期没有作为能源使用的主要原因是安全和运输问题。随着社会经济的发展和科学技术的进步，这两个问题均得到了解决。1859年，世界上第一口油井钻探成功；1890年，防漏管线连接技术发明成功，使得天然气输送技术获得重大突破，20世纪初管道技术的进一步发展使得长距离运输天然气成为可能。很快，油气取代煤炭的第三次能源革命爆发并持续到今天。

目前正在进行中的第三次能源革命具有如下特点：

第一，能源结构趋于一元为主、多元并存的格局，但化石能源仍是能源主体。根据《BP世界能源统计年鉴（2014）》，2013年石油占世界能源消费总量的32.87%，天然气占23.73%，煤炭占30.06%，水力发电、核能和可再生能源合计占13.34%。

第二，革命开展的不平衡性。各个国家和地区生产力水平发展的不平衡性，导致能源革命开展的不平衡性。例如，目前我国能源消费中70%左右是煤炭，而沙特阿拉伯和新加坡等国已经不再使用煤炭，成为纯粹以油气为主体能源的国家。美国能源消费中石油所占比重为36.68%，天然气为29.61%，而煤炭仅为20.11%。法国则是以核能为主体能源的国家，核能占能源消费的比重为38.61%，石油所占比重为32.33%，煤炭仅占4.91%。

第三，政治化倾向明显。这里的政治化倾向不是指社会政治制度，而是指地缘政治。能源是一种极具政治性的产品。在全球化视野下，能源问题早已经成为国际政治、经济、环境保护等诸多问题的中心议题，甚至成为国际政治的重心。国家之间围绕世界能源的控制权所进行的激烈争夺、各国维护自身利益所制定的能源安全战略，以及各国政府积极主导的各种形式的新能源革命，使能源问题日益成为国际社会的焦点。

第四，环境制约因素正在加强。随着人类认识水平的提高，特别是环境问题日益突出，人类社会对环境的重视程度前所未有，使得环境因素对能源革命的制约日益加强。当前，全球应对气候变化要求发展低碳能源，中国长期粗放式经济增长带来日益严重的污染问题，环境容量已成为制约我国能源安全的重大问题，国内环境治理已经开始制约能源消费增量，实行煤炭消费总量控制就是例证。

综观人类有史以来所爆发的历次能源革命，我们可发现其具有如下特点。

第一，客观性。只要能源生产和消费领域的供求矛盾尖锐到危及人类的生存和发展时，能源革命必然爆发。这里的供求矛盾包括总量矛盾和结构矛盾。总量矛盾尖锐化必然引发能源革命；总量平衡、结构严重失衡也会爆发能源革命。

第二，条件性。能源革命依赖于能源生产和消费技术的进步，尤其是新的能源资源开发利用技术的应用；取决于新能源对传统能源的替代程度及其开发利用过程的投入产出收益；受影响于人们对能源革命的认知度及由此所决定的参与程度。

第三，时代性。不同时代、不同国别地区能源革命爆发的原因、演进方式和最终结果，表现出与时代特点相一致、与生产力发展水平相适应的多样化与包容性。例如，在煤炭成为主体能源的条件下，薪柴依然占有一定的市场份额；油气取代煤炭革命深入至今，也无法实现“去煤化”。

第四，渐进性。能源革命是一个从量变到质变的过程，新的能源技术的普及、新能源取代旧能源的过程都不可能一蹴而就。例如，煤炭取代薪柴成为主体能源用了数万年，而油气取代煤炭成为主体能源也用了接近一百年，它们都是以渐进的方式完成的。

第五，进步性。能源革命最重要的特征是对代表落后生产力的能源生产和消费工艺技术的淘汰，短期内会对经济社会造成一定的冲击，乃至付出一定代价，但长期看，其进步性是无疑的。作为产业革命引擎的能源革命的进步性表现在：促进了生产力的发展，推动了生产方式的转变，推进了产业结构的优化，并最终推动社会经济的发展，使人类社会不断从低级阶段向高级阶段发展，使人类自身得到日臻完善的全面发展。

（二）中国能源革命：顺应能源大势之道

中国是爆发能源革命最早的国家，不仅是世界上发现、开采和利用煤炭最早的国家，而且是最先开展规模化煤炭生产和消费的国家。根据民间传说和史料记载，燧人氏是发明钻木取火第一人并最早教人吃熟食。在宋代，煤炭已成为人民生活的重要燃料。据北宋朱翊《猗觉寮杂记》记载：“石炭自本朝河北、山东、山西方出，遂及京师。”宋人季庄裕在《鸡肋编》中记载：“昔汴都数十万家，尽仰石炭，无一家燃薪者。”北宋统治者不仅对煤炭的开采极为重视，而且设置了专门机构“石炭务”和“石炭场”进行管理。至明、清两代，煤炭更是成为关系国计民生的重要资源。明神宗朱翊钧就曾有“煤乃民间日用之需”的论断，宋应星的《天工开物》

一书，专门对找煤、开拓、支护、运输、通风、照明、提升、排水直至煤加工利用都做了系统阐述[①]。换言之，相比西方社会16世纪随着资本主义兴起开始的能源革命，我国能源生产和消费革命的时间更早。

虽然中国较早开始能源革命，但由于历史的原因并没有跟上人类能源革命的步伐。我国历史悠久，但长期处于自然经济状态。自然经济是社会生产力水平低下和社会分工不发达的产物，它以家庭为主要基本生产单位，生产规模相当小，技术落后，男耕女织、自给自足，无法产生更大的能源需求，能源生产与消费处于低水平的平衡状态，缺少能源革命的技术经济社会条件。随着社会生产力的发展，至鸦片战争前，我国也产生了资本主义萌芽，但由于封建制度的根深蒂固和帝国主义列强的侵入，始终没有形成足以破坏封建制度、建立资本主义制度的独立力量。随着鸦片战争的爆发，中国逐步沦为半殖民地半封建社会，列强与中国封建势力和后来形成的官僚资本相勾结，堵塞了民族资本发展的主要经济通道，破坏了民族资本壮大的必要社会条件；同时，帝国主义与中华民族的矛盾、封建主义和人民大众的矛盾成为当时社会的主要矛盾，使得近代中国开展能源革命的条件与动因缺失。

客观地讲，新中国成立后，中共中央、国务院非常重视能源生产和消费，并在这方面取得了巨大成就，特别是改革开放以来，能源发展更是令世人瞩目。但是，必须清楚地看到，我国能源生产方式和消费方式并没有发生根本性变革，总体上看是粗放、落后的，面临的问题也比较多，严重影响了能源产业的健康、稳定和可持续发展。从目前我国能源总体情况看，这些问题主要表现在需求压力

① 参见中国煤炭志编纂委员会《中国煤炭志·综合卷》，煤炭工业出版社，1999，第5～6页。

巨大，供给制约多，生产和消费对生态环境损害严重，总体上技术相对落后等方面。

目前，我国能源整体格局已陷入“总量短缺、结构失衡”的困境。中国已经是世界上最大的能源消费国，能源总量供需紧张局面短期内很难缓解。《BP 世界能源统计年鉴（2014）》显示，2013年中国的能源消费占全球消费量的22.4%。虽然中国政府已公布的能源战略和规划中还没有关于中国能源需求峰值和拐点的明确论断，但国内外主流研究基本认为中国中长期能源需求仍将呈持续增长态势。中国工程院开展的“中国能源中长期（2030、2050）发展战略研究”和吴敬儒等开展的“中国电力工业2010～2050年低碳发展战略研究”均认为2050年前我国能源电力需求将持续增长，不会出现峰值。而依照世界能源中国展望课题组的估算，“到2035年，中国能源需求将占世界能源需求的24%，而中国的能源需求增量将占世界能源需求增量的38.5%”[①]。在承受巨大能源需求压力的同时，中国能源整体需求结构失衡。国内石油资源不足，原油产量不能满足需求；资源禀赋好的煤炭却需求不足，产能严重过剩。可以说，化解巨大的能源需求压力、调整能源需求结构失衡，已成为目前我国一项长期性、复杂性、艰巨性的任务。

同时，我国在能源供给方面存在诸多制约因素。虽然身处“油气取代煤炭”的第三次能源革命潮流之中，但深受资源赋存条件约束，很难做到。煤炭占我国一次能源资源的比重为94.22%，而石油、天然气不足6%，这就决定了我国以煤为主的能源格局在未来很长一段时期内不会改变。虽然我国正在加大水电、风电、核电，以及太阳能、生物质能等可再生、非化石能源的发展力度，但

① 参见世界能源中国展望课题组编《世界能源中国展望（2013～2014）》，社会科学文献出版社，2014。

这毕竟是一个十分缓慢的过程。在整体能源不足背景下呈现“煤炭过剩、油气短缺”的矛盾，以及原油紧缺与成品油过剩的矛盾、天然气严重依赖进口与大量地下气难以开采的矛盾，这已对中国能源安全供给构成严重制约。而且，由于能源市场化体制和机制改革相对滞后，诸如垄断、价格、税费、所有制等问题也很突出，势必将进一步影响能源供给的长期稳定。

随着社会的发展，传统能源的开发、消费带来的环境污染、健康损害等外部性问题日益突出，而外部性问题的内部化，必将带来生产与消费成本的不断增长，这也注定传统能源生产与消费模式的不可持续与推动能源革命的必要性。中国是世界上最大的煤炭生产国，煤炭开采引发水资源破坏、瓦斯排放、煤矸石堆存、地表沉陷等问题，对矿区生态环境造成危害。在中国，有80%以上的原煤直接燃烧，高耗低效燃烧煤炭向空气中排放出大量二氧化硫、硫化氢、一氧化氮等有害气体和烟尘。由于相当长一段时期对火力发电、工业锅（窑）炉、民用取暖和家庭炉灶等燃煤污染问题的不重视，煤炭整体上燃烧技术水平不高，由此带来了雾霾、酸雨等严重的环境污染问题。石油生产与消费对环境的损害也十分严重。目前石油污染已是我国水体环境第二大类污染源。近年来，石油开采、炼化、运输、销售事故频频发生，仅灾难性的石油炼化设备与管道爆炸事故就有数十起。

总体上看，我国能源领域生产力水平较低，作为主体能源的煤炭领域很多基础理论和重大技术亟待突破和创新，煤炭技术装备的自动化、信息化水平及可靠性程度低，采掘机械化程度和生产效率远低于先进产煤国家。石油天然气领域技术水平相比发达国家也显得较为滞后，不仅应用产业研究和高技术探索性研究的基础薄弱，而且石油化工设备、安全、节能、环保等方面的技术与发达国家相比差距较大，海洋钻井、页岩气钻探等新兴领域也普遍存在技术

"短板"。新能源领域，虽然在光伏、风电、生物质能等领域发展迅速，但在生产能耗、物料循环利用以及关键材料等方面整体水准不高，许多设备依靠进口或仿制，自主创新能力不足，多数产品档次较低，缺乏核心竞争力，易遭到国外技术、环保等贸易壁垒封锁。

中国能源发展落后于世界能源供应新格局和发展新趋势已成为不争的事实，必须通过革命方式奋起直追，迎头赶超。为此，中共中央从国家发展和安全的战略高度，审时度势，借势而为，找到了顺应能源大势之道：从当前做起，推动能源生产和消费革命。中央把能源革命的一般规律与中国能源的具体实际相结合，明确要求：推动消费革命，抑制不合理能源消费；推动能源供给革命，建立多元供应体系；推动能源技术革命，带动产业升级；推动能源体制革命，打通能源发展快车道；全方位加强国际合作，实现开放条件下能源安全。

（三）顺势而为：走具有中国特色煤炭产业革命道路

客观地讲，新中国成立特别是改革开放以来，我国煤炭产业取得了长足的发展，为国家的能源安全做出了重大贡献。但是，我们必须清醒地看到，由于受多种因素的影响，目前我国煤炭产业还存在诸多突出问题，如资源开采过度，产能严重过剩，环境压力加大，产品提质不快，产业升级缓慢，消费方式落后，改革相对滞后等。煤炭产业迫切需要采取革命性措施实现重大变革，以适应能源供需格局新变化和国际能源发展新趋势。我们必须按照党中央提出的能源革命要求，审时度势，借势而为，积极探索煤炭产业顺应中国能源革命大势之道，把煤炭产业革命推向深入。

由我国能源资源赋存条件和现实能源生产能力所决定，在今后较长时间内，煤炭作为主要的基础能源和化工原料的地位不会改变。煤炭产业的战略地位及所存在亟待解决的突出问题，使煤炭产业成为中国能源革命的主战场，煤炭产业革命的开展直接涉及中国能源革命的全局。我们必须提高对煤炭产业革命重要性的认识，高举“红色+绿色”煤炭产业革命的大旗，在党中央的统一部署和正确领导下，以党的十八大报告和2014年6月13日习近平同志在中央财经领导小组第六次会议上的讲话为革命纲领，全面贯彻落实“节约能源资源、保护生态环境”的基本国策，并将其作为贯穿革命全过程的主线。

任何一场革命，其主旋律都是积极向上的，但在革命过程中必然会触及一部分利益主体的利益，甚至还要付出代价。煤炭产业革命也会如此。伴随先进生产力取代落后生产力的历史进程，那些落后的煤炭生产和消费方式，定会在革命潮流中被荡涤。对此，要有端正的态度和心理准备。煤炭产业革命的成功，要依靠整个产业大军成为生力军，要敢于淘汰落后不留情，发展先进不退缩，为了革命的成功要肯于奉献。

一切从实际出发、实事求是，是马克思主义活的灵魂，推动煤炭产业革命也必须如此。作为产业革命基础条件的生产力，其先进性是相对的，而其发展的不平衡性是绝对的。在不同的时空条件下，不同的部门单位，无论从形式到内容都会存在客观的差别。因此，应坚持革命的原则性与具体实践的灵活性相结合，无论是做战略规划布局，还是选择战术措施，乃至具体的革命实践，都要从客观存在的事实出发，有的放矢，切合实际；要深入调查研究，掌握真实的数据资料信息；要坚持有进有退，有增有减，有所为有所不为，稳中求进；要及时进行总结，不断深入研究，不断完善战略战术。

在推进煤炭产业革命的过程中，要始终坚持“安全、节约、高效、清洁”的方针。能源安全事关国家安全，而煤炭是我国能源安全的基础；安全生产是煤炭产业发展中的头等大事，是科学发展之本。我们要始终把确保开放条件下的能源安全作为煤炭产业发展的第一使命；要始终把煤矿安全生产作为煤炭生产的第一要务。煤炭资源是不可再生的，节约煤炭资源是煤炭产业可持续发展的根本保障；煤炭消费造成污染是不可避免的，节约用煤是节能环保的“硬”措施。推动煤炭产业革命始终要把节约放在优先的位置，要处理好产业革命与产业发展的关系。推动煤炭产业革命，不能“为革命而革命”，要始终坚持“发展是硬道理”，要始终以提高效率和效益为价值取向。目前，我国煤炭的生产和消费已成为生态破坏和环境污染的重要推手，实现煤炭清洁生产和消费应作为煤炭产业革命的重要方针。

推动煤炭产业革命，措施手段要得当。我们要按照党中央的统一部署和要求，积极探索煤炭产业顺应能源革命大势之道。

第一，做好产业规划，化解产能过剩。前不久，国家能源局已正式部署能源“十三五”规划的编制工作。我们要抓住“十三五”能源规划以及我国开展能源革命的战略契机，做好煤炭产业“十三五”发展规划和煤炭产业革命战略规划。为此，要深入了解国际、国内经济社会发展环境，客观分析研判我国经济、能源发展趋势，切实做好能源信息统计等基础性工作，统筹煤炭、油气以及新能源和可再生能源等能源品种之间的发展关系，把握好下一阶段煤炭需求变化趋势；要整合多方专业研究机构的人才、技术，加强煤炭峰值理论、预测预警建模技术与方法研究，提高决策的科学化与民主化水平，科学、准确地预测煤炭需求；要实质性地摸清现有煤炭产能状况，掌握在建拟建产能释放、落后产能淘汰以及衰老矿井退出情况，进而合理规划煤炭产能总量；要有效调整产能结构和产业布局，优化产能建设和释放时序，从源头化解煤炭产能过剩问题；要随着形势等各方面的变化，对规划进行适时评估调整，实现产业规划的不断优化。

第二，节约煤炭资源，科学合理开采。要进一步强化勘探水平，科学编制煤炭勘查规划和煤炭生产开发规划；强化规划的落实，做好煤炭开发规划与资源管理的衔接、配合工作；要优化开采模式，千方百计提高回采率；提高煤机装备设计制造能力，提升建井掘进技术水平，加强现代信息化矿井建设；推广充填开采技术，盘活呆滞煤炭资源，加强井下资源开发利用，鼓励低品位难开采煤炭的地下气化等示范工程建设；要加强煤系伴生资源的综合利用，强化煤系伴生矿物勘察及综合利用技术研发，提高与煤共伴生资源的利用率，提升低浓度煤矿瓦斯利用水平，加强矸石、矿井水利用水平和能力；要改进资源管理方式，加强资源回采率执法检查，健全资源开采监管体系，实现由粗放型开采向科学合理、安全节约型开采转变。

第三，提高商品质量，清洁高效利用。要进一步加大煤炭洗选加工力度，提高煤炭洗选比例和洗选质量，实现煤炭的洁净生产与供给，加强褐煤干燥、改性、热解等提质技术和工艺的研发与应用；推动煤炭向煤基化工原料的高效转化，科学有序发展现代煤化工工艺；要大力推进煤炭分级分质梯级利用，大力发展高含油、高挥发分煤种中低温干馏和干馏化产高质高效利用；提升煤焦化工艺水平，充分利用热能，高效利用焦化副产品，积极发展煤－焦－化等煤基多元化工产品；要加快实施燃煤机组节能减排升级改造，降低煤耗以及污染排放水平，进一步加大工业燃煤锅炉技术改造和分散燃煤小锅炉淘汰力度。

第四，坚持创新驱动，推动产业升级。要坚持技术创新，提升灾害预测预报及治理能力，强化机械化装备研发，提高采掘设备的可靠性，加强低质煤炭提质技术研发，提高低浓度瓦斯以及乏风瓦斯利用水平，加强煤泥脱水干燥技术与装备的研发，提升煤炭液化、气化技术水平及工艺装备成套性和可靠性；要坚持组织创新，以大型企业和企业集团为核心，构建资源开发、加工利用、科技研发和服务一体化的煤炭产业大型基地，以大基地为平台，采取战略联盟、交叉持股、产权置换等有效措施形成高关联度的产业联盟，发展专业化分工、规模化生产、社会化协作的产业集群；要推动产业模式创新，以煤炭加工为基础，拓展产业链，形成“煤为基础、多元并举”的产业模式，实现煤炭产业由燃料为主向燃料与原料并举跨越，并积极发展装备制造、成建制生产队伍、瓦斯综合治理等生产性服务产业，从单一产品生产者过渡到综合解决方案的提供者；要加强商业模式创新，推行上下游长期供需合约方式，力求实现按需生产，进一步建立健全并利用好煤炭产品期货市场，融合互联网信息技术，引入第三方交易模式；要加强管理模式创新，优化产业管理模式，改革煤炭产业管理体制，集中煤炭产业管理职能，根治“九龙治煤”问题，要进一步创新集团管控和企业管理模式，实施精细化管理，提高企业、矿井管理水平。

第五，全面深化改革，释放产业活力。要还原煤炭资源的商品属性，全面实行市场化的资源配置与再配置，通过资源的商品化，促进资源资本化，既可以将资源量化为股，作为国有资本参与开发，也可以将资源进行一次性配售分期购买，缓解开发主体的资金压力，提高其积极性和竞争力；要深化煤炭价格市场化改革，加强市场体系、市场规则建设，努力形成准确反映市场供求关系的市场信号，打破垄断性壁垒，创造体系完整、统一开放、信号准确、竞争有序的煤炭交易市场环境；要转变监管方式，进一步深化行政审批制度改革，提高行政审批效率，逐步由事前审批为主向事中、事后监管为主转变，严厉打击和问责超能力生产、劣质煤长途运输、扰乱市场秩序等行为，规范市场经济条件下的政府行为，加强市场失灵情况下的政府规制；要完善煤炭法律法规体系，加快修订

《煤炭法》，尽快完善《煤炭产业政策》，加大推进煤炭税费制度综合改革力度、加快“正税清费”步伐，切实推动煤炭法律、产业政策、部门规章的废改立工作，形成完整的硬法、中法和软法相互配合的煤炭法律体系。

第六，扩大对外开放，保障能源安全。加强对国际煤炭市场规律的研究，提高经济全球化新形势下国际煤炭市场的适应能力，继续实施“走出去、引进来”战略。在“走出去”方面，要进一步培育参与和引领国际煤炭经济合作竞争新优势，开展全方位的国际合作；充分利用好国际国内“两个市场、两种资源”；积极参与境外煤炭资源开发和利用，提高境外权益煤炭产能，延伸煤炭资源供应链，进而优化国内外煤炭资源配置，促进我国国际战略储备体系的建立；要加强对外工程承包和技术服务，鼓励大型煤炭企业承揽境外煤矿建设、技术改造以及运营管理，提高技术服务水平，鼓励有条件的企业投资境外煤炭加工转化项目。在“引进来”方面，要加强先进技术与管理理念的引进，促进我国煤炭装备制造业发展，提升我国煤炭企业管理水平；加强国际交流与合作，突破各种限制与壁垒，获取国际优秀人才、高端技术和专业经验，要巩固和发展与主要煤炭资源国长期稳定的贸易关系，拓展国际贸易，鼓励进口优质煤炭。为此，要建立高层次境外投资领导协调机制，完善境外投资法律制度和保险体系，提供政策性融资支持，“走出去”的煤炭企业要建立符合国际化要求的内部管理制度，建设适应国际化要求的员工队伍，并建立风险防范机制。

（四）发展煤制油产业：中国能源革命性的战略举措

近年来，国际能源多元化变革趋势越发明显，各国对能源安全关注程度越来越高，主要国家纷纷结合本国情况推出差异化的能源自主型战略。例如，美国借助所谓“页岩气”革命，已初步实现了能源独立；德国放弃核电，转而大力发展可再生能源，在利用光伏发电上，每千瓦时的成本就在7年内降低了3/4；法国则依然以核电为主，有73%的电力来自核能，但近期奥朗德政府也在力推能源转型；日本政府根据本国地理和地质特点，在2012年公布了实现可再生能源飞跃发展的新战略，着力拓展海上风力、地热、生物质、海洋（波浪、潮汐）4个领域的发电能力。由此可见，虽然新一轮国际能源革命大潮特征明显，各国能源变革方向趋同，如努力减少对石油依赖、重视可再生能源开发等，但是普遍性中也有特殊性，各国的能源实际发展战略仍然各有侧重，都受本国国情所制约。

中国作为能源生产与消费大国，能源战略的制定应当从基本国情尤其是资源禀赋出发。大力发展煤制油产业，正是契合我国实际，符合产业转型升级要求、顺应当前能源发展大势的探索。近年来，煤制油示范项目和技术进步效果明显，具备进一步产业化推广的基本条件。有序推进煤制油示范项目建设，适度发展产业规模，不仅有助于化解煤炭产能过剩，实现煤炭清洁高效转化，而且有利于拓宽我国油品供应渠道，优化能源供给结构，保障能源供应安全，是推动煤炭产业乃至中国能源革命的战略性举措。

1. 克服石油资源供给瓶颈

根据国土资源部的数据，截至2012年底，我国煤炭剩余技术可采储量2157.9亿吨①；石油剩余技术可采储量为33.3亿吨；天然气剩余技术可采储量约为4.4万亿立方米②。三种化石能源剩余技术可采储量转换成标准煤计算后，石油的比重最低，仅占2.90%（见图1）。尽管油气资源新增探明储量与剩余技术可采储量均保持较大幅度的增长，但是由于我国经济社会发展对石油的刚

① 参见国家统计局：《中国统计年鉴2012》，中国统计出版社，2012。
② 参见国土资源部：《中国矿产资源报告（2013）》，地质出版社，2013。

性需求增长速度较快，石油资源增量依然满足不了国内经济发展的客观需求。石油和化学工业联合会提供的数据显示，2012 年国内石油表观消费量达到 4. 92 亿吨，而同期全国石油产量仅为 2. 05 亿吨，同比仅增长 1%[①]。有专家预测，到 2030 年我国总油品消耗量将会达到 7 亿 ~7. 5 亿吨，甚至更多，可以断言，我国国内现有石油供给受资源供给瓶颈的约束，已无法满足刚性的石油需求。

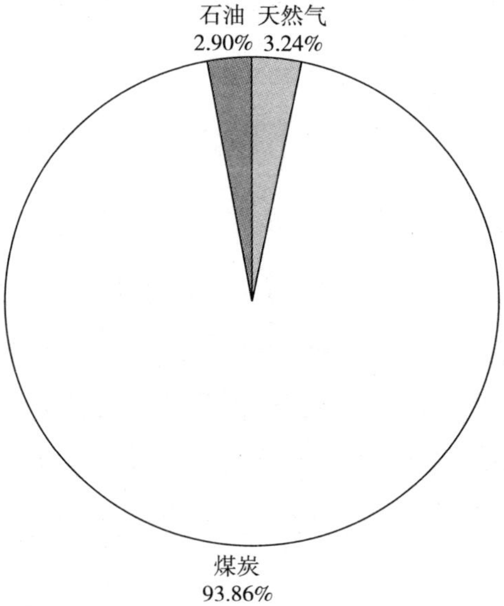

图 1　我国化石能源剩余技术可采储量占比

在石油刚性需求无法降低的情况下，解决石油供给瓶颈的途径无非如下：①扩大石油供给和提高石油利用效率，即加强石油生产与利用的技术改造，节约集约利用石油资源；②扩大石油进口规模；③利用“富煤”的资源条件搞“煤制油”等转化。第一种方法需要进一步推动技术变革，短期内无法见效；第二种方法短期内

① 参见国土资源部《2012 年我国石油天然气和主要固体矿产资源储量情况》，2013 年 3 月。

确实有助于稳定国内石油供应，但不断攀升的石油对外依存度潜在风险很大，无异于饮鸩止渴。最佳的选择是第三种方法，从我国能源资源禀赋出发，发展煤制油产业将煤田变为“油田”，由“挖煤”变“炼油”。

2. 化解石油对外依存度过高的风险

据英国石油公司《BP 世界能源统计年鉴（2013）》统计显示，过去 13 年里，我国已经有 12 次成为石油消费增量最大国家的记录。2012 年国际原油年均价创历史新高，而我国石油消费量也屡创新高（见图 2），每天消费的石油超过 1022 万桶，石油净进口量也占据了全球增量的 86%。据国务院新闻办公室 2012 年发布的《中国的能源政策》白皮书披露，近年来，中国石油对外依存度上升很快，已从 21 世纪初的 32% 上升至目前的 58%。随着石油对外依存度日益上升，石油海上运输安全风险不断加大，跨境油气管道安全运行问题不容忽视，国际石油市场价格波动也严重影响着国内油品市场的稳定。与此同时，由于我国能源储备体系并不完善，石油储备整体规模较小，应急能力相对较弱。当前过高的石油对外依存度，对我国的能源安全，乃至经济安全和国家安全都构成了威

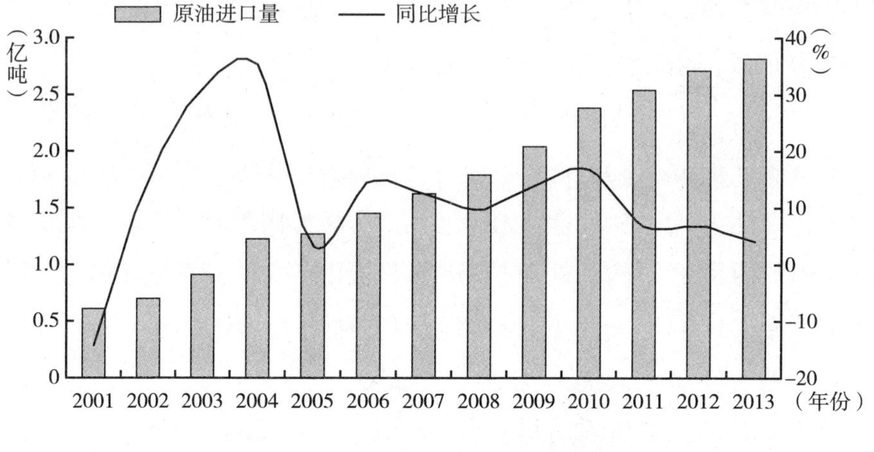

图 2　2001 ~ 2013 年我国原油进口情况

胁。因此，在国内寻找石油替代品，通过煤制油对传统石油的补充和部分替代，化解石油对外依存度过高的风险，应是扭转被动局面最为直接、有效的途径。

3. 有利于从源头上扭转生态环境恶化趋势

近年来，笼罩我国中东部地区的雾霾天气备受人们关注。从华北到江南，空气质量预警持续，污染指数居高不下；首都北京的雾霾天气尤为突出。雾霾污染危害严重，它会改变地区的气候特点，易引发极端天气等其他灾害；会对自然生态环境造成严重的破坏；对人体健康会产生极大的危害；严重影响人们正常的生产与生活，危害整个社会的经济发展。随着我国工业化、城镇化的深入推进，能源资源消耗持续增加，生态环境恶化趋势愈加明显，大气污染防治压力持续加大。

直接燃煤对空气质量的影响不可忽视，它不仅会产生二氧化碳、一氧化氮、二氧化硫等常规污染物，还会产生多环芳烃等化合物以及汞、砷、铅等重金属污染物，不少燃煤污染物排放到大气中会继续发生化学反应，产生新的污染物。研究表明，燃煤是我国雾霾产生的重要源头之一。有关部门对北京 PM2.5 排放源进行分析，发现燃煤与机动车尾气排放为最主要的雾霾来源，其中燃煤在北京年平均 PM2.5 排放中占了 26% 的比重。

党的十八大报告明确提出要“着力推进绿色发展、循环发展、低碳发展，形成节约资源和保护环境的空间格局、产业结构、生产方式、生活方式，从源头上扭转生态环境恶化趋势”。以化石燃料为主的能源消费结构和严重依赖燃煤的粗放型经济发展模式，不仅使非可再生资源本身储量日益匮竭，对生态环境的污染加剧，也对濒临极限的环境承载能力构成重大威胁。

从能源消费角度看，同样作为化石燃料，油品燃烧会比煤炭燃烧产生更小的污染。而煤炭液化工艺的逐步成熟，已经使得我国洁净煤技术和应用水平提升到了一个新的高度。可以说，依托当前我国煤制油技术，已经能够实现煤炭高品质转化，并生产出相对传统油品更为优质环保的产品。从示范项目的实际运作看，使用煤制油品明显比直接燃煤更加绿色环保。中科合成油煤炭间接液化生产的柴油，硫、氮等污染物含量极低，属于优异的环保型清洁燃料；神华煤炭直接液化生产的汽油，在不添加任何辛烷值改进剂的前提下，即可达到国Ⅳ93 号和京Ⅴ92 号车用汽油要求，环保效益毫不逊色。因此，发展煤制油产业，实现煤炭由“燃料”到“原料”的转变，是从源头上扭转生态环境恶化趋势的重要措施，不仅有助于克服目前煤炭产品质量水平提升不快的问题，而且能从根本上解决直接燃煤带来的环境问题，有效地减少直接燃煤所带来的粉尘、二氧化硫、氮氧化物等污染。

4. 促进煤炭产业健康发展

目前，影响煤炭产业健康发展最突出的问题是煤炭产能过剩。2013 年，我国产煤 37.2 亿吨，消费 36.1 亿吨，过剩 1.1 亿吨，加上进口的 3.3 亿吨，供大于求达到 4.4 亿吨。从数据看，煤炭产能过剩的问题已经十分严重。产能过剩对煤炭产业发展危害很大，始于 2011 年 11 月的煤炭产业经济形势大逆转，很大程度上与此有关，必须采取及时有效措施加以解决。2013 年，国务院发布了《关于促进煤炭行业平稳运行的意见》（国办发〔2013〕104 号），提出了控制增量、优化存量、抑制超能力生产等要求。无疑，这些举措是正确的，但一个重要的现实问题不容忽视，那就是客观上已经实际形成的产能必须有序释放；否则，将造成极大的浪费。因此，除了通过行政手段管住源头，在问题没有解决之前，不再扩能以外，还要创造条件化解过剩的产能。化解煤炭过剩产能，从战略上讲，应在形成煤炭新的消费增长点上做文章。若形成 1 亿吨煤制油品的转化能力，则可以消化 4 亿吨左右的煤炭，在化解我国石油供给瓶颈的同时，还可以大幅消化过剩的煤炭产能。因此，充分发挥市场自发的调节作用，发展煤制油，增加市场对过剩煤炭的有效消费，变产能相对过剩为绝对有效供给，是解决煤炭产能过剩问题的战略性措施。

发展煤制油产业有助于完善煤炭产业链条，实现产业转型升级，推动煤炭产业由初级化工向精深化工方向转型。国务院曾于2012年初正式发布《工业转型升级规划（2011～2015年）》（国发〔2011〕47号），明确指出我国工业已进入必须以转型升级促进又好又快发展的新阶段。目前，我国煤炭产业转型升级滞后已经成为不争的事实。国务院已经指出了“煤炭工业转型升级滞后”这一矛盾，加快煤炭产业转型升级显得十分紧迫。煤制油作为现代新型煤化工的重要内容，具有技术含量高、管理要求高、布局门槛高与产业链的地位高的特点，其产业的发展必将有利于我国煤炭产业结构、布局结构、组织结构和技术结构的全面调整与进一步优化。

5. 促进优势煤炭企业加快发展

经过长期发展，特别是近几年的兼并重组，我国煤炭产业中的优势企业群体已经形成。从规模上看，截至2013年底，形成了8家亿吨级、17家5000万吨级、52家千万吨级以上的煤炭生产企业格局。共有11家煤炭企业入围2014年《财富》世界500强，排名均在400名以内。其中，神华集团高居第165位，比上年上升13位。前100家煤炭企业实现营业收入总额4.16万亿元，较上年增长10.03%。营业收入超过1000亿元的企业达到16家，与上年持平。百强企业共完成煤炭产量30.05亿吨，同比增长6.33%，占全国煤炭产量的比重首次达到80%以上，为81.66%。

但优势企业依然普遍存在大而不强和发展空间局限性问题。2013年，100家煤炭企业完成煤业收入16948亿元，在产量比上年增加5.47%的情况下，收入较上年下降了1.21%，100家企业平均销售净利率仅为2%。入围世界500强的煤炭企业，其总体利润水平也呈下滑态势，11家企业共完成净利润610.27亿元，同比下降21.38%，有4家企业亏损，7家利润出现不同程度的下降。简言之，我国煤炭企业只是实现了“做大”，并没能真正“做强”，虽然寄希望于转型升级，但结果并不尽如人意，整体抗风险能力仍然不足，转变经济发展方式进展较慢、相对滞后，资本经营效率不高，亏损面较大，企业缺乏稳定增长的长效机制。

煤炭企业大而不强的原因是多方面的，但长期依赖原煤初级产品的开采和加工，缺少新的经济增长点，无疑是主要原因。要避免产品单一化，积极提高产品附加值，尽快拓展产业链。优势煤炭企业发展煤制油产业，可以拓展发展空间，有利于煤炭产业链上优势企业特别是上游特大型煤炭企业的做强做大。为了发展好煤制油，优势企业有能力也有必要加大企业科技投入，更加重视高新技术装备、人才的引进和培养以及新产品开发和品牌创造，推动原煤采掘与煤炭转化的良性互动，实现企业核心竞争力的提高。因而，煤制油不仅可以拉动优势煤炭企业的发展速度，也能促动优势煤炭企业发展质量的提升，对我国煤炭企业长期健康发展意义重大。

6. 有利于增强我国在愈演愈烈的国际能源战中的优势

随着后金融危机时代的到来，各国经济逐渐复苏，能源需求不断增长，能源变革压力越来越大，国际能源的争夺将会愈演愈烈。毫无疑问，国际能源问题将会成为国际社会更为关注的焦点，能源战略将成为国别间施压的手段，各国在新一轮能源革命中的实际进展将成为能源战的重要表征。目前，石油依然是国际能源战的有力武器。在石油消费高度对外依赖的情况下，我国已经不具有国际能源战的优势。要获得这一优势，必须走出传统国际能源战略的思维，寻求新思路。其中，把目光转向国内，利用自身资源优势做文章，推动能源革命，转变能源结构构成，降低对传统石油的依赖度，发展相关的技术，寻找石油替代品，是事关能源战略全局的选择。

作为煤炭大国，发展煤制油是确保“长缨在手”迎接后金融危机时代新一轮国际能源战的有效措施，有助于提高本国的能源安全，避免陷入国际石油纷争，增强国际能源市场的话语权，减少国际政治摩擦乃至军事冲突，确保国家在国际能源竞争中的主动地位，有利于我国紧紧抓住21世纪经济发展的重要战略机遇期。

三　煤制油产业发展的条件分析

（一）技术成熟度

经过多年的探索和实践，我国煤制油已形成多种技术工艺，在有的方面已居世界领先水平。随着示范项目的成功运行，技术成熟度已得到验证，同时还积累了较为丰富的工程建设经验。煤制油企业与机械装备企业开展合作，促进了煤制油装置设备制造安装技术的提高。

中科合成油技术有限公司研发的高温浆态床费托合成和油品加工技术，攻克了ICC－IA和ICC－IIA高活性铁系催化剂及其在千吨级规模上的生产技术、高效浆态床反应器内构件、催化剂在床层中的分布与控制、产物与催化剂分离等关键技术，研究成果涵盖国际先进的煤间接液化所有核心技术，全面达到了国际同类先进水平。该技术的主要产品有费托合成柴油、石脑油、重质液体石蜡、液化气等。柴油产品为硫含量、残炭、灰分、色度极低的清洁燃料，十六烷值大于70，可以在0号至35号柴油之间进行调节。经实验监测，柴油车尾气排放符合欧洲V号标准。石脑油产品直链烷烃含量在90%以上，硫含量、金属含量极低，可作为烯烃、无芳烃溶剂油生产的优良原料。目前，中科合成油已经形成了“基础研究—工程技术基础研究—工程设计与工程承包—催化剂生产与放大—大型特种专用设备加工制造”的产学研一体化的技术研发与产业化技术支撑体系，积累了丰富的工程放大经验和大量现场数据，有着丰富的施工、项目管理、装置开车和技术支持的经验，为煤间接液化工业大规模产业化建设奠定了基础。2014年4月，国家能源局委托专家组对采用该技术的首个示范项目——内蒙古伊泰16万吨煤间接液化装置进行了72小时连续运行的现场参数指标测定，测定结果优于预期，相关技术标准将成为制定煤炭间接液化“国家标准”的主要依据。

神华煤制油化工公司先后攻克“煤直接液化核心工艺放大、超大型设备制造和安装、首套工业化示范装置的安全稳定长周期运行”三大世界性技术难题，形成了拥有自主知识产权的世界上第一套煤直接液化技术和纳米级煤直接液化催化剂制备成套技术，开发了防止反应器矿物质沉聚、含固物料系统防止结焦、超大超厚煤直接液化反应器现场制造和吊装等核心技术，研制了高温高差压耐磨阀、高温残渣输送泵等关键装置以及煤炭液化反应器、煤加氢稳定反应器、干煤粉气化炉等多台套超大型煤直接液化专用设备，使我国成为世界上唯一实现百万吨级煤直接液化技术工业化的国家。目前，已累计申请专利127项，其中发明专利85项，该技术专利迄今已在美国、日本、俄罗斯、澳大利亚、加拿大、乌克兰、印度、印度尼西亚8个国家获得专利授权；已累计专门制定煤制油产品标准6项，方法标准5项。位于内蒙古鄂尔多斯高原的神华百万吨级煤直接液化工业化示范项目在实现长周期稳定运行的基础上，随着科技的不断创新，节能减排水平亦不断提高，示范装置完全实现污水的全程处理并达到“零排放”目标，二氧化硫实现近零排放，油渣作为电厂锅炉燃料进行循环利用，二氧化碳捕集与封存（CCS）示范项目进展也较为顺利。

以“陕煤化版煤制油”为核心的煤炭分质清洁高效转化多联产技术，包含块煤干馏中低温煤焦油加氢制取清洁燃料油、中低温煤焦油全馏分加氢多产中间馏分油以及高温煤焦油加氢制取汽柴油等技术，建成了粉煤快速热载体热解装置、煤焦油加氢装置、煤焦油提酚装置等工业化装置。2013年4月11～14日，中国石油和化学工业联合会对采用FTH技术建成的全球首套煤焦油全馏分加氢工业化装置进行了72小时现场考核。结果显示，该装置C3以上液体产品收率为98.3%，C5以上液体产品收率为97.4%，能量转化效率为92.71%，脱硫率为99.68%，脱氮率为99.84%，脱煤沥青率为98.24%，脱胶质率为99.13%，脱残炭率为99.19%，各项指标均显著优于传统工艺。其中，液体收率较延迟焦化或切分技术高20个百分点，较悬浮床+固定床组合工艺高12个百分点。陕煤化坚持先示范后推广、有序发展的原则，在中低温热解制油装置建成后，不断试车、整改、优化工艺，获得了大量有价值的数据，积累了丰富的生产经验，为该工艺的升级和工业化放大提供了宝贵的技术基础。

MTG（甲醇制汽油）工艺相对简单，装置少，投资低，技术已非常成熟。采用美国Mobill公司MTG技术的晋煤集团天溪煤制油10万吨/年项目于2013年1～7月完成煤制汽油产品6万吨。该产品无硫、低烯烃、无残留物、动力性好、诱导期长，达到国Ⅳ标准；煤基合成油甲醇中甲醇含量达99.9%，符合国家优等品标准；均四甲苯混合液中均四甲苯含量达50%以上，是精细化工领域的高品质原料；硫黄的纯度为99.9%以上，达到国家优级品标准。这标志着该公司的油品均达到高度清洁燃料标准，MTG技术已经比较成熟。中科院山西煤化所开发的3500吨/年MTG工业示范装置，辛烷值符合

92 号汽油要求，该技术已在河北、云南等多地投产。江苏煤化工工程研究设计院在 Mobill 公司技术基础上开发的 CMTG 技术，以其投资少、能耗低、油品收率高的特点受到投资者青睐。

兖矿集团通过自主研发以及与华东理工大学、中石化石油科学院合作，于 2003 年在低温费托合成油关键技术上取得突破，成功开发了拥有自主知识产权的具有高柴油选择性的低温费托合成技术，2004 年中试装置成功运转并连续稳定运行，采用这一技术的榆林 100 万吨/年煤间接液化制油工业示范项目早于 2008 年通过国家发改委的审核评估，只是受政策影响而被搁置，2011 年项目重启。2012 年 8 月，兖矿百万吨低温费托合成油技术、煤间接液化油电联产系统优化继承与设计技术、百万吨煤间接液化及电联产系统工业试验与示范、日处理 2000 吨煤新型水煤浆气化技术等 “863” 课题通过国家验收。兖矿集团掌握的技术成果涵盖煤间接液化的各个方面，已经形成 50 余项专利，目前已形成诸多优势，如柴油选择性高，催化剂消耗低，费托合成反应器生产强度大，拥有全球领先的费托合成技术和最大的费托合成反应器，绝大多数技术工艺拥有自主知识产权，煤炭利用率、转化率及水资源节约率均处于国内外最优水平等。该集团的大型煤间接液化各单元装置完善优化的耦合方案，已获取了大量装置设计及操作的基础数据，为这一工艺的产业化推广奠定了很好的技术基础。2013 年 8 月，兖矿集团的 “低温费托合成工艺过程动态模拟与操作员培训系统研究开发” 科技成果在北京通过专家组鉴定。2014 年 3 月，兖矿集团自主研发、单体产能国内外最大的低温费托合成反应器吊装成功，为该工业示范项目的顺利建设和如期投产奠定了坚实的基础。

上述煤制油装置少则连续运行 1 年，多则运行 5 年，已通过不断技术改造和工艺优化。其中，较为典型的是伊泰鄂尔多斯 16 万吨/年、潞安长治 16 万吨/年、神华鄂尔多斯 18 万吨/年三套煤炭间接液化示范工程均已实现安全稳定长期高效运行，神华百万吨煤炭直接液化示范工程成功转入商业化生产。这标志着中国完全掌握了多种不同路径的煤制油工业化技术，关键技术及配套技术均得到了考验，说明我国具有完全自主知识产权的煤制油成套技术是成熟、可靠的，我国煤制油产业化已经有了强大的技术支撑。

总体来看，我国煤制油技术已经趋于成熟，但该技术真正实现产业化必须经历“实验—半工业实验—工业化示范—大规模工业化示范—商业化大规模生产”的完整过程。目前，我国煤制油产业处于工业化示范向大规模工业化示范过渡，在经验不十分丰富的情况下，其过程中很多技术风险是难以预测的，而且尚有不少现实的技术问题没有有效解决或没有暴露。例如，大型设备的制造、运输及安装问题；煤直接液化工艺中设备大型化、降低磨损、结焦、长期连续运转等问题；煤间接液化工艺中气化炉等设备大型化、粉煤输送加压等问题；煤焦油加氢制燃料工艺中直立炉升级、粉煤热解技术优化、煤焦油加氢技术优化以及粉焦的利用等问题；尤其是煤制油工艺在转化过程中需要消耗大量的不可再生的水资源和煤炭资源，并产生大量废水、固废以及二氧化碳。在提高能源转化效率、降低资源消耗以及减少污染排放方面还存在不少的技术问题有待解决。

（二）人才资源保障

人才是制约煤制油产业发展的重要因素之一。随着煤制油技术和产业的不断发展，对专业化人才的需求将越来越多，素质要求会越来越高。近些年来，通过引进人才和自我培养，目前我国已经拥有了煤制油领域顶尖的科学家，而且在经历多年的研发和工程示范之后，也形成了一批基础理论和应用技术研究、工程开发设计和管理、生产运营管理队伍。人力资源基本可以满足煤制油产业化目前发展的需求。

自20世纪80年代我国重新恢复煤制油技术的研发以来，中国科学院山西煤炭化学研究所在煤间接液化工艺上展开了一系列研究和实验，为煤制油人才的培养搭建了平台。中国科学院院士彭少逸先生的弟子李永旺先后在比利时根特（GENT）大学室友研究所、比利时新鲁汶大学催化研究所、德国埃尔朗根（Erlangen）学习和研究。2000年回国后，担任中科院山西煤化所煤炭间接液化国家重点实验室副主任，组织完成了科技部“863”项目、中国科学院知识创新重大工程项目“煤基合成液体燃料浆态床工业化技术”的研究开发工作，并确立了我国费托合成油的知识产权。2006年在内蒙古伊泰集团等战略合作伙伴的支持下，发起组建了中科合成油技术有限公司。公司化的体制吸纳了百余名的国内外科研和工程开发人才，研发队伍由2000年的20多人发展到2014年的800多人，包括研究员10名、副研/高工80多名，形成了一支以44名博士、176名硕士、334名学士为骨干的基础研究、工程技术开发和设计、催化剂开发和放大生产，以及相应的组织管理团队。2008年，伊泰集团煤间接液化示范项目“一岗三人”的配置之道为煤制油产能放大储备了人才。兖矿集团也早在1998年就把当时全球唯一煤制油产业化成功的南非沙索公司副总工程师孙启文请回国，担任煤制油项目负责人，组建技术研发团队，2007年起承担了煤液化及煤化工国家重点实验室的建设任务，并于2010年通过验收。经过十余载的研发探索实践，兖矿集团已形成一支集技术研发、工程设计建设的煤制油人才队伍，其示范项目建设主体陕西未来能源公司在建设过程中大力培养高素质、高技能人才，为该工艺的产业化推广储备了人才资源。

煤直接液化项目自1996年被再次列入我国科研攻关重点课题后，时任煤科院煤液化研究所所长的李克健、副所长舒歌平等一批中青年科学家就全身心投入了这项事业中。2001年，神华集团开始为煤制油事业广招人才，时任煤炭科学研究总院院长的张玉卓加入了神华，并主管煤制油工程技术。此后，李克健、舒歌平以及吴秀章（时任燕山石化副总工程师）、张继明（时任辽宁石化厂厂长）等人相继加盟。神华集团从相近相关行业积极引进各类优秀专业技术人员，并为人才成长和培养提供了广阔的发展平台与空间，保证了人才队伍的稳定，化解了项目建设所面临的人才难题。目前，神华集团已经从国内外不同行业聚集了5000多名科学技术、工程建设、经营管理等方面的人才，为煤制油项目的实施奠定了良好的人才基础。

陕煤化集团于2008年与探索煤焦油转化燃料油、粉煤热解和煤焦油全馏分加氢技术的神木天元化工公司、神木富油公司合作重组，通过并购以及向化工企业、研究院所参股、注资等方式汇聚了化工领域的诸多专家，并大力从化工企业引进加氢专家和煤化工装置生产管理精英，专门为陕煤化版煤制油工艺的不断创新和产业化建设组建了人才队伍。

（三）自然资源条件

1. 原料煤

就目前的技术条件，平均每生产1吨油品，将消耗大约4吨煤炭。而且，煤制油对原料煤的煤种也有一定的要求，特别是直接液化对煤质的要求十分苛刻。直接液化的适宜煤种一般为褐煤、长焰煤等年轻煤，要求原料煤活性好、可磨性系数大、硫氮等杂质含量低、灰分小于5%等。相对而言，间接液化的适用煤种比较广泛，不仅适用于褐煤、烟煤等年轻煤种，还特别适合年老煤、高灰煤等煤种，而且反应及操作条件温和。

我国煤炭资源丰富，北方从山西、内蒙古一直向西延伸至宁夏、陕西、新疆等省份（见图3），是世界上煤炭蕴藏量较为丰富的地区之一，是我国主要的煤炭生产和输出地区。截至2012年底，全国查明煤炭资源储量1.4万亿吨①，剩余技术可采储量2157.9亿吨②，在我国化石能源可采资源储量构成中占九成以上。而我国查明煤炭资源储量中，55%以上为褐煤和煤化程度较低的烟煤。

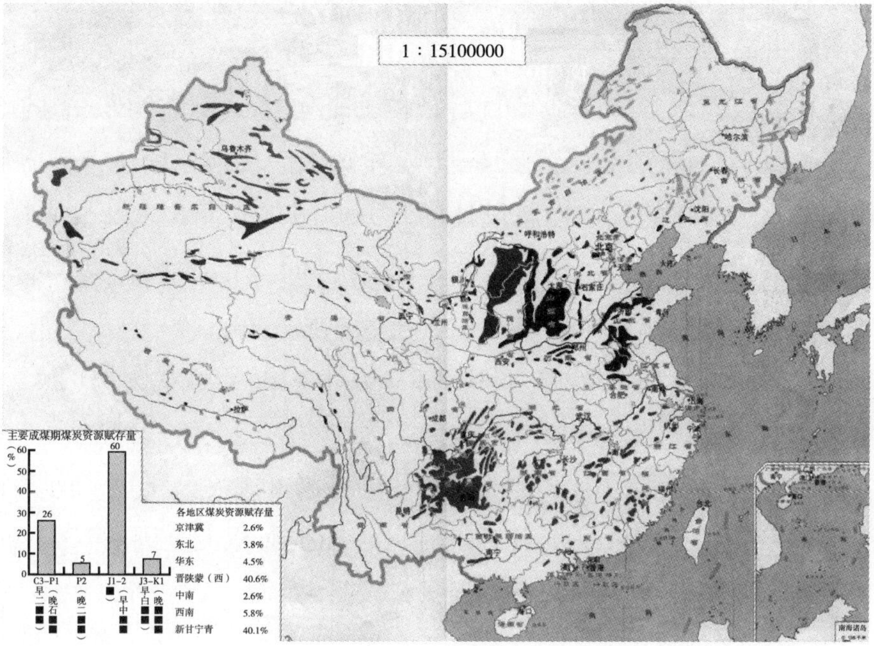

图3　中国煤炭资源分布情况

储量丰富的煤炭资源为煤制油提供了充足的原料保障，而将其中较大比重的低阶煤转化成高附加值的油品也符合煤炭资源优化配置的方向。《国家发展改革委关于加强煤化工项目建设管理Ⅱ促进产业健康发展的通知》（发改工业〔2006〕1350号）提出，国家实行煤炭资源分类使用和优化配置政策，其中，褐煤和煤化程度较

---

① 国土资源部：《中国矿产资源报告（2013）》，地质出版社，2013。

② 国家统计局：《中国统计年鉴2012》，中国统计出版社，2012。

低的烟煤优先用于煤液化工业。国家也鼓励发展以褐煤、高硫煤等低质煤为原料的煤炭深加工项目。

2. 水资源

煤制油项目对水资源依赖程度较高，生产用水量大，随着技术的不断进步，用水量有明显下降趋势。公开资料显示，神华鄂尔多斯108万吨/年煤炭直接液化项目2013年前4个月吨油耗水6.92吨，在完成污水处理改造项目后，吨油耗水将从目前的6.92吨降到6吨以下。伊泰鄂尔多斯16万吨/年煤炭间接液化项目，目前吨油水耗是13.45吨，但在新设计的百万吨级煤炭间接液化装置中，通过加大投资，综合采用空冷器、部分冷却水闭路循环、夹点技术等一系列节水技术，吨油水耗也将降至6吨左右。

我国淡水资源总量为28000亿立方米，占全球水资源的6%，排在世界第4位，但人均占有量少，为2240立方米，是全球13个人均水资源最贫乏的国家之一。在我国，水资源的分布呈“南多北少”的格局（见图4），长江以北地区，国土面积占全国的63.5%，

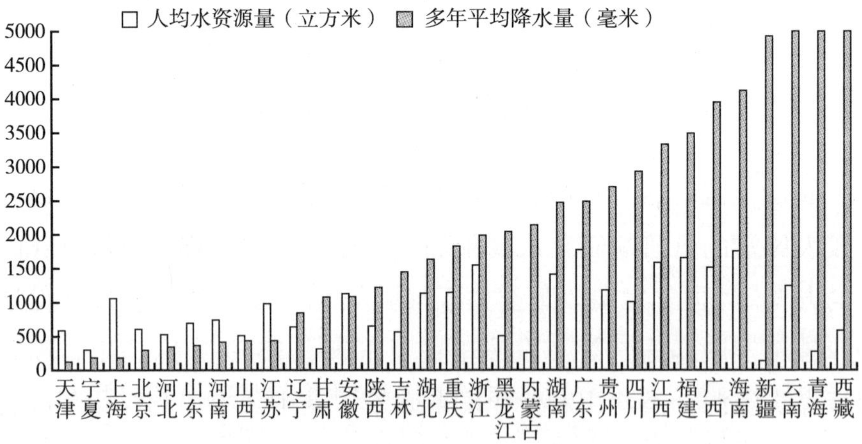

图4 中国水资源分布

资料来源：《中国国土资源公报2010》。

水资源量仅占全国的19%，而我国煤炭资源与水资源呈逆向分布。煤炭资源相对丰富的宁夏、山西、陕西等地水资源缺乏，人均水资源量在有数据统计的31个省、自治区、直辖市中，排名靠后，内蒙古、新疆等地水资源相对较为丰富，人均水资源量排名靠前。

煤制油项目所在地的水资源条件是项目建设和长期运行的主要制约因素。目前，我国规划的大型煤制油项目主要分布在新疆等水资源相对丰富的地区，水资源不成问题。投产或在建的煤制油示范项目主要分布在内蒙古西部、陕西、山西、宁东等相对缺水地区，则需在确保当地生活用水和工农业用水的前提下，坚持“节约优先、量水而行、科学布局、合理调配”的原则，适度发展煤制油产业。

3. 土地资源

煤制油项目建设往往需要占用大量的土地，如正在建设的兖矿榆林百万吨煤间接液化项目厂区占地3000余亩，伊泰集团在新疆伊犁规划的540万吨/年煤制油项目厂区征地7000余亩，神华宁东400万吨/年煤间接液化项目总占地面积12000余亩，神华鄂尔多斯煤直接液化一期工程（建设规模为320万吨/年）厂区与场外工程占地面积约5000余亩。

我国土地资源的整体特点是山地多、平地少，较难利用的沙漠、戈壁、高寒荒漠、石山和冰川及雪地面积较广。耕地少、质量不高，而且存在明显的区域差异性，即东部地区土地质量较高，但人均面积低，土地利用率高；西部地区土地质量差，但人均面积大，土地利用率低，中国耕地资源分布情况如图5所示。西部地区，以内蒙古和新疆为例，其共同特点是土地资源丰富、人口稀少，内蒙古地区人均国土面积是全国平均水平的6.7倍，新疆人均地区国土面积是全国平均水平的10.6倍。而且这些地区耕地资源相对较少，内蒙古和新疆的地区总面积分别占国土总面积的12.3%和16.7%，但耕地面积仅占全国耕地总面积的5.87%和

4.16%。以黄土高原、黄土广泛覆盖的山地高原为特色的陕西、山西地区，同样存在耕地资源较少的情况，耕地面积分别占全省土地面积的23.3%、30.6%。

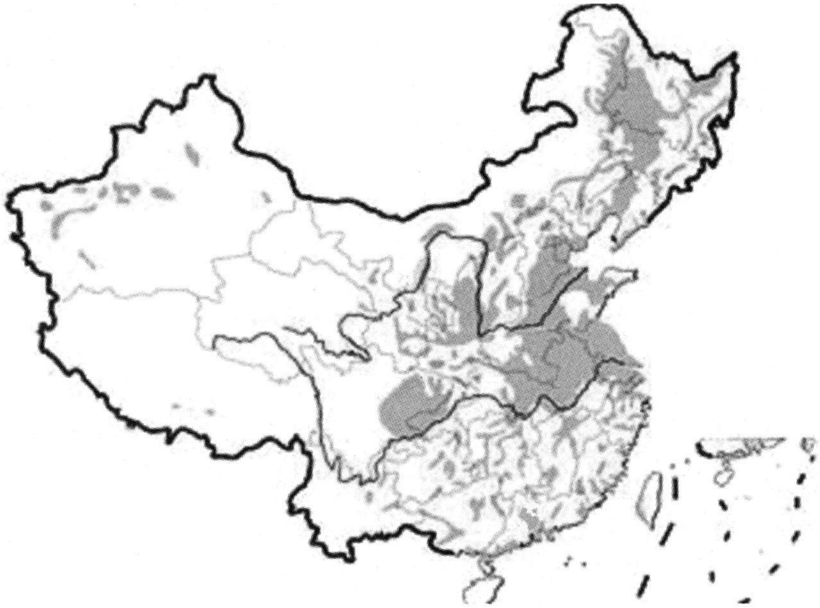

图5　中国耕地资源分布情况

因此，在非耕地资源多、土地利用率低的“三西”（蒙西、山西、陕西）以及新疆地区布局煤制油产业，是有充分的土地资源做保障的。

（四）环境保护

煤制油生产过程中，会形成相当数量的废渣、工业废水以及大量的含硫工业废气和二氧化碳。其中，二氧化碳排放达到6吨/吨油，是煤制油项目最大的环保问题，需要庞大的二氧化碳收集和处理系统。如果“三废”的排放处理不当，会对项目所在地的生态环境造成不容忽视的影响。从目前的情况看，利用最新的环保技术，煤制油“三废”排放可得到不同程度的有效处理。

固体废弃物方面，如煤间接液化制油配套的粉煤加压气化，产生的灰渣碳含量低、品质较好，是建筑、陶瓷工业生产的优质原料，可进行商业化规模的利用，从而在减少固废排放的同时实现资源的循环利用。

工业废水方面，按照污水分质、分类处理的原则，通过设置含油污水处理系统、含氰污水处理系统，采用A/O法处理、生化处理、过滤反渗透和蒸发器机械蒸发等方式，可处理煤炭间接液化制油所产生的大部分废水。剩余少量难以处理回用的污水则可通过厂外蒸发塘以自然蒸发的方式处理，蒸发后析出的固废分别在干盐池和危废填埋场填埋，最终实现废水的零排放。2013年8月15日，神华煤制油全厂污水处理已达到“零排放”目标，这是目前世界范围内化学污水处理的最高水平。

二氧化硫方面，煤炭间接液化的工艺流程提供了一条高效的脱硫路径，消耗相同煤量排放的SO_2仅为火力发电厂通过湿式钙法脱硫处理后的2%，同时副产品硫黄也是附加值很高的工业产品。

二氧化碳的处理目前主要采用三种方式，即CO_2存储、CO_2循环利用、CO_2转化。二氧化碳捕集与封存（CCS）技术是煤制油产业化生产短期较为可行、有效的方法。位于鄂尔多斯伊金霍洛旗境内的“神华集团10万吨/年CCS示范项目”，是神华百万吨级煤直接制油示范项目的环保配套工程，也是我国第一个列入国家科技支撑计划的CCS科研项目，是亚洲首个大规模、全流程的陆上盐水层二氧化碳永久封存示范工程。2013年3月底，该项目累计CO_2总注入量达到10.14万吨，取得节点性突破。该项目运行和监测的情况证明，在低孔隙度、低渗透率的鄂尔多斯盆地实施二氧化碳咸水层封存是安全、可靠、可行的。二氧化碳循环利用的主要手段有利用还原剂将其变成再生能源进行二次利用、直接回收将其变成超低温固体进行二次利用等，但二次利用后二氧化碳会重新排放，并不能达到有效减少二氧化碳排放的效果。二氧化碳转化的主要手段是加强绿化、加大碳汇林建设，进而提高二氧化碳的吸收能力，直接将排放的二氧化碳转化成“植物”进行固化，是最好也是最科学的选择，其二氧化碳转化率高，生态影响小，成本大大低于工业减排，但建设周期较长，大面积植树也有一定的土地需求。为解决煤制油中产生的二氧化碳问题，伊泰集团大力开展碳汇林工程，已完成50万亩碳汇林的建设。截至2013年底，该建设项目累计投资达2.04亿元，已累计种植灌木（沙柳、沙枣等）20余万亩，乔木（松、柳、杨树、文冠果等）1000多万株。碳汇林工程有效地改善了当地的生态环境，而且沙柳等植被还是生物质发电、造纸、密度板生产等产业的主要原材料，由此，当地还形成了以沙柳、杨柴、柠条等沙生灌木为燃料的可再生能源生物质热电项目，以及以沙柳切片等为原材料的造纸、饲料、保健品产业链。伊泰计划将煤制油项目总投资的1%～1.5%用作碳汇林的建设与研究，继续强化碳汇林工程改善环境的作用。

因此，随着固废循环利用水平的提升、废水密闭处理程度的提高以及二氧化碳处理技术的进步，煤制油“三废”对环境的影响将得到有效控制，可以最大限度地减少对生态环境的破坏。

（五）基础设施

煤制油作为大型能源化工项目，其产业布局大都在偏远地区，有着与煤炭开采业类似的产需逆向分布的特点，需要通过发达的铁路、公路等运输系统满足大型设备的运输需求，并且为煤制油产品的销售创造良好的输送条件。油品的特殊性决定了其最为理想的运输方式是管道运输；成品油销售网络也是煤制油产业发展的制约因素之一，只有实现煤制油产品的最终销售，煤制油产业才能顺利地进行再生产。因此，煤制油的产业化发展需要配套必要的交通运输、输油管线和发达的配送网络。

1. 交通运输

近年来，我国交通基础设施建设步伐加快。截至2013年底，铁路运营里程达到10.31万公里（其中高铁运营里程达1.1万公里），公路运营总里程达435.62万公里（其中高速公路运营里程达10.44万公里），内河航道通航里程达12.59万公里，全国港口拥有生产用码头泊位31760个，民用运输机场有193个。煤制油产业分布的主要地区——西部地区，近年来交通基础设施建设规模正在扩大。“十一五”末期，西部地区公路里程达156.8万公里，占全国的39.1%；高速公路里程达2.13万公里，占全国的28.7%；铁路由昔日的不足千公里跃升到3.8万公里（2012年底），在整个路网中的比重上升到36.9%。国务院批复的《西部大开发“十二五”规划》提出，在西部基础设施建设领域继续突出交通和水利领域，交通方面重点解决通道建设和路网完善问题。要求加快形成西部地区铁路路网主骨架，“十二五”末期路网规模达到5万公里左右，复线率达到50%以上，电化率达到60%以上；基本建成国家高速公路网西部地区路段，二级及以上公路比重超过80%。交通运输部发布的《深入实施西部大开发战略公路水路交通运输发展规划纲要（2011~2020年）》也提出，到2015年，西部地区高速公路总里程将达到3.6万公里。新疆作为煤制油产业的重点布局地区，交通基础设施正在不断改善，为该地区的资源开发开辟了通道。截至2013年底，新疆公路运营里程已经达到17万公里，其中高速公路3000公里；铁路营运里程达到4915公里，其中电气化铁路1535公里，复线里程1236公里；民用运输机场有16个。

国务院印发的《“十二五”综合交通运输体系规划》提出，“十二五”期间，国家要初步形成以“五纵五横”为主骨架的综合交通运输网络，总里程达490万公里。随着交通运输整体局面的改善，运输“瓶颈”制约问题基本消除，对西部地区煤制油产业发展过程中大型设备运输等需求形成了有力的支撑。

2. 输油管网

截至2013年，我国油气管网总里程达到10.6万公里，覆盖了31个省（区、市）以及特别行政区。其中，天然气管道6万公里，原油管道2.6万公里，成品油管道2万公里，基本形成了横跨东西、纵贯南北、连通海外的油气管网格局。输油管线主要有：华北、中部地区原油管道，东北地区原油管道，华东地区原油管道，陆上成品油管道等。《西部大开发“十二五”规划》提出，国家将积极推进能源通道建设，完善国内外原油、成品油、天然气等能源输送管网。这将有效克服目前输油管线对煤制油产业发展产生的制约。

然而，我国油气管道建设运营主要以三大石油生产商（中石油、中石化、中海油）为主体。其中，中石油在管道建设和运营中目前处于绝对控制地位，占比达70%左右，在目前的格局下，非管道运营商的油、气很难进入油气管网。这种管网一体化的经营模式产生了很多弊端。为此，《中共中央关于全面深化改革若干重大问题的决定》提出“实行以政企分开、政资分开、特许经营、政府监管为主要内容的改革，根据不同行业特点实行网运分开、放开竞争性业务，推进公共资源配置市场化”，为油气管道的下一步发展指出了方向。该文件还指出，政府定价范围主要限定在重要公用事业、公益性服务、网络型自然垄断环节，提高透明度，接受社会监督。电网、油气管道网就属于上述“网络型自然垄断环节”。显而易见，油气供应与管输分离将是油气管网改革的方向，或是由专门机构负责投资、建设和运营，或是在统一规则下分散投资，仅承担“输送”的任务，并由国家定价。只有加快这方面的改革，煤制油产业油品输送问题才能得到有效解决，而随着混合所有制经济、全面深化改革的推进，油气管网改革已经逐步浮出水面。

3. 配送网络

相对于石油管道的高垄断性，成品油批发经营领域较为开放。我国自2007年开放了成品油批发经营权，但同时商务部门严格了市场准入，加强加油站、油库建设的审核。至2012年底，我国共有成品油批发企业2623家，国有占75.2%，民营占24.4%，外资占0.4%；有成品油仓储企业414家，国有占55.6%，民营占39.6%，外资占4.8%；有成品油零售企业11.02万家，其中加油站9.63万家，加油点1.21万家，加油船及其他0.18万家。在加油站中，国有占53.8%，民营占44.1%，外资占2.1%，民营加油站销售量为整体销售量的1/3，但由于没有参与上游环节，其竞争力远不如国内的石油巨头。目前，成品油销售领域的话语权仍旧掌握在中石油、中石化手中，主要以零售为主，二者不断拓展零售市场，在成品油零售市场的份额超过80%。

通过以上分析可以看出，目前我国的交通运输设施基本能够满足煤制油产业的发展需求。在输油管网的建设力度不断加大的前提下，只要破除油气管网建设运营的体制障碍，就可以有效解决煤制油品的输送问题。配送网络受成品油销售市场相对垄断格局的制约，将会影响煤制油产业的发展。煤制油产业一方面需要向现有成品油销售网络渗透；另一方面，要加强自身销售网络的建设。

（六）市场供求

近年来，我国石油需求刚性上扬，而石油产量增长缓慢，石油缺口日益扩大。2013年，我国石油消费量约为4.98亿吨，而石油产量仅约为2.1亿吨（见表6），仅为消费量的42%，存在的巨大的石油供给缺口只能通过进口来弥补。分析研究表明，石油自给率低于 50%，对能源安全将构成威胁。

表 6　我国石油消费及生产量

单位：万吨

年份	2001	2003	2005	2007	2009	2010	2011	2012	2013
消费量	22888	27126	32535	36659	38385	43245	45379	49539	49800
生产量	16396	16960	18135	18632	18949	20301	20288	20747	20813

随着经济规模的扩大，我国石油消费量将随之快速增长，但我国石油生产经历了 20 世纪 70 ~ 80 年代的快速增长后，产量趋稳，尤其是 21 世纪以来石油产量进入缓慢增长阶段，受资源赋存条件约束，国内石油产量难以大幅度提高（见表 7）。

表 7　我国石油消费及产量预测

单位：万吨

年份	2014	2015	2016	2017	2018	2019	2020
消费量	51396	52516	55633	59367	61860	63353	64035
生产量	20987	21045	21336	21813	22264	22644	22904

目前，我国投产的各项煤制油项目形成的产能约为 330 万吨/年，对石油缺口的弥补量仅为 2% 左右（目前我国原油加工成品油收率为 60% 左右）。结合当前煤制油项目进展及规划情况，预计 2017 年我国煤制油产能可达到 3000 万吨左右，但也仅能弥补 2017 年我国石油缺口的 13%。按表 8 的预测值，届时要将石油自给率提高到 50%，在 3000 万吨煤制油的基础上，我国还存在 3000 万吨左右的石油缺口；到 2020 年，这一数字甚至将达到 1 亿吨左右。可见，煤制油产业市场广阔，规划产能仍旧落后于市场需求。若要

进一步提升我国石油自给能力，乃至“石油独立”，以充分保障国家能源安全，煤制油产业存在更为巨大的发展空间。

（七）投入产出

发展煤制油，一方面，为了解决石油供给短缺、化解煤炭产能过剩、促进产业转型升级；另一方面必须考虑经济性问题，即是否能以最小的投入获得最大的产出。如果用煤制油不如进口石油具有经济性，其发展的必要性则要大打折扣。

理论分析证明，煤间接液化与直接液化的投资建设成本，随着不同时期原材料价格的变化会有所变化，但总的差别不大，均为1.5万元/吨左右，其他工艺投资成本则相对较低。直接和间接液化工艺的投入产出及经济性比较（估算）如表8所示。

表8　煤直接和间接液化工艺的经济性比较

	间接液化	直接液化
主要产品	1吨柴油	1吨柴油
副产品	0.4吨石脑油、LPG等	0.5吨石脑油、LPG等
吨油耗煤	约4吨原料煤	约3吨原料煤
生产用水	6~8吨(目前小型示范项目为12)	约6吨
能源转化率	约42%	约58%
煤炭成本(坑口)	假设200元/吨	假设200元/吨
盈利点	国际原油48美元/桶以上	国际原油38美元/桶以上

由于间接液化和直接液化两种工艺生产的油品有较大差异，间接液化生产的是高质量油品，直接液化生产的油品质量稍差，需要考虑一定的产品优化费用。因此，在以上计算价格基础上，当原油价格高于38美元/桶时，煤直接液化具有经济性；当原油价格高于48美元/桶时，煤间接液化更具经济性。

2001年以来，国际原油价格持续上涨（见图6），近三四年均在100美元/桶左右浮动，远高于煤制油项目的盈亏平衡点。

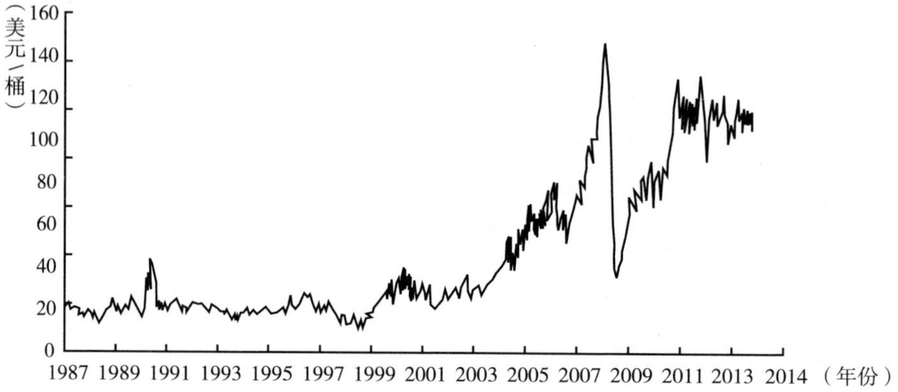

图6　北海布伦特原油FOB价

资料来源：国际能源署（EIA）。

从示范工程的运营结果分析，煤制油项目的经济效益较为显著。

伊泰鄂尔多斯16万吨/年煤间接液化项目，总投资约27.89亿元，2009年出油，生产油品2.51万吨；2010年年中进入满负荷生产状态，当年生产油品7.17万吨，全年实现净利润198万元；2011年生产油品15.2万吨，实现净利润2652万元；2012年生产油品17.2万吨，实现净利润1.41亿元；2013年实现超负荷生产，生产油品18.2万吨，实现净利润1.93亿元。二期540万吨/年的煤制油项目，概算总投资约606亿元，据专业机构评估，原油价格在50美元/桶时，项目财务评价税后全部投资内部收益率为9.17%，原油价格在85美元/桶时，项目财务评价税后全部投资内部收益率达到20.77%。规划建设的杭景旗120万吨/年、大路200万吨/年、伊犁100万吨/年（首期）、甘泉堡200万吨/年（首期）煤间接液化项目，投资总额共约1003亿元，平均投资回收期为9年，预计年实现净利润约100亿元，平均税后内部收益率达到14%左右。

神华鄂尔多斯108万吨/年煤直接液化示范工程（包括自备电站）总投资140.7亿元。其中，建设投资129.5亿元，建设期贷款利息10.17亿元，流动资金1.01亿元。项目投资财务内部收益率（税后）为10.17%，总投资收益率为9.05%。该项目于2011年开始盈利，实现利润4.05亿元；2012年生产86.5万吨油品，实现利润5.8亿元；2013年生产油品86.62万吨，实现利润2.09亿元。由于示范装置中溶剂加氢反应器设计过小，该项目未能达到设计产能，而且导致外购原料，影响了最终利润，这一问题若得到解决，项目的经济效益将得到有效提升。该工程第二、第三条线建成后，工程总投资预计为475亿元，年利润可达到37亿元。

（八）风险可控性

1. 系统风险

一是政策风险。煤制油是资金和技术密集型产业，投资、建设周期长，需要有良好的政策预期。政策的不稳定性和不连续性，对于需要长远规划以及大量资金和技术投入的煤制油产业将会带来较大的风险。

综观我国煤制油产业政策实践，证明系统风险依然存在。煤炭工业“九五”“十五”“十一五”规划都曾鼓励积极开展煤炭液化项目的发展，《国务院关于促进煤炭工业健康发展的若干意见》提出推进洁净煤技术产业化发展，其中就包括积极开展液化等用煤的资源评价，稳步实施煤炭液化工程，能源“十一五”规划也正式提出“煤制油技术作为石油替代工程”，2007年的《煤炭产业政策》也明确了可以发展煤制油产业的区域，为选取煤制油示范项目地点提供了指导。2006～2012年煤制油项目审批重启，国家几乎每年都要出台一个限制包括煤制油在内的煤化工的指导文件。2006 年，国家发改委连发两道禁令——“不批准年产规模在 300 万吨以下的煤制油项目”以及“在国家煤炭液化发展规划编制完成前，暂停煤炭液化项目核准”。2008 年 8 月 4 日，国家发改委再次发布《关于加强煤制油项目管理有关问题的通知》，明确指出煤制油项目投资风险大，不能一哄而起、全面铺开。2009 年 9 月，国务院批转了发展和改革委员会等部门《关于抑制部分行业产能过剩和重复建设引导产业健康发展的若干意见》，抑制煤化工产业的盲目发展。2011 年 3 月，国家发改委发布了《关于规范煤化工产业有序发展的通知》，强调节能、环保、高效、明确，并明确界定了包括煤制油在内的煤化工产业准入标准。如兖矿集团 100 万吨/年间接液化煤制油项目早在 2006 年 2 月 8 日就取得国家发改委路条，但 2008 年的文件规定“除神华煤制油项目和宁东煤制油项目外，其他煤制油项目一律停止实施”，将这个与神华集团煤制油项目规模相差无几的煤制油项目划入了“一律停止”的范畴，其累计投入的 162 亿元投资款仅财务成本和货币贬值因素造成的损失就几乎将之消耗殆尽。

二是经济周期风险。在煤制油工艺经济效益的诸多影响因素中，国际原油价格的影响最大。石油是经济发展的基础性能源，而经济运行中客观存在经济扩张与经济紧缩交替循环的周期性现象。国际原油市场作为大宗商品市场的重要组成部分，其价格受经济周期影响特别大。自 1989 年以来，世界经济出现过 4 个较为完整的周期（见图 7）。每一轮经济的增长都带动原油价格的上涨加速，每一轮经济的衰退导致油价涨幅减缓甚至下跌。尤为明显的是，美国次贷危机引发全球金融危机，进而导致全球经济衰退，原油价格跟着急剧下跌，跌幅达 36%。从立项到生产需要约 5 年时间的煤制油项目，必然需要考虑经济周期带来的影响。

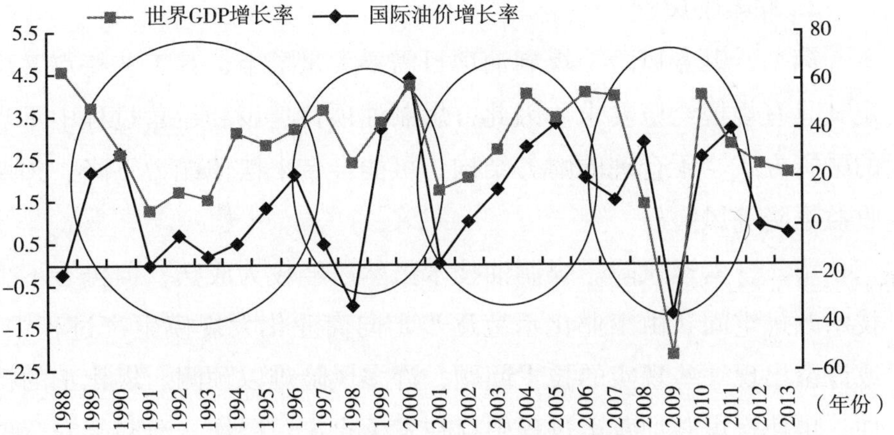

图7　世界经济发展的4个周期

三是市场风险。原油的生产和消费是世界性的，原油市场的影响因素有很多。第一是地缘政治。公认的世界三次石油危机，均源自中东地区战争的爆发。作为世界原油主要供应地的中东和北非地区的动荡局势，将继续为原油市场增加不确定性。第二是国际汇率。由于国际大宗商品均以美元计价，美元指数的变动也影响着原油市场的变化。第三是金融投机，原油期货市场与国际原油市场息息相关，受资本追逐利益的驱动，期货市场往往脱离实体经济，从而对国际原油市场造成影响。第四是他国政策因素，如各国出于环境保护考虑出台的提高燃油品质、减少核电站建设等政策，也会对原油市场造成影响。第五是能源消费格局变化，如美国页岩油气技术的革命，对世界原油市场乃至世界能源格局产生了巨大冲击。由于受诸多因素的影响，世界原油市场变幻莫测，这就为煤制油产业带来了很大的不确定性和风险。

四是不可抗拒风险。如地震等自然灾害，将会对煤制油设施、输油管道等造成破坏；战争爆发，包括煤制油基地在内的能源设施将会成为打击目标。

2. 非系统风险

第一，财务风险。煤制油项目需要大量资金，其工艺特点又决定其具有规模经济要求。因此，煤制油项目建设和运营过程中不当的融资方式、不合理的财务结构，可能会带来偿债能力下降、预期收益下降等风险。

第二，营运风险。煤制油技术虽然已经较为成熟，但仍有不少技术改进空间，由工业化示范逐步走向商业化大规模生产过程中，或许会出现一些现实的技术问题，许多风险难以预测。煤化工的特性，也使得煤制油营运过程中存在发生火灾、爆炸、泄漏等安全事故及次生的环境污染风险。伊泰煤制油基地就曾于2009年4月发生火灾，直接财产损失达400多万元。

虽然这些风险是客观存在的，但只要发挥人的主观能动性，除了不可抗拒性风险，其他风险都是相对可控的。系统风险是煤制油产业的首要风险，单个投资主体难以回避，需要政府在政策制定上更趋科学和稳定，整个产业则需时时关注国际、国内经济发展趋势和能源供需格局的变化，把握好产业的发展方向，及时调整战略。非系统风险可以通过企业加强财务筹划、强化运营管理等方式得到最大程度的降低。

综合以上分析，目前我国煤制油技术成熟度、资源和生态条件、项目经济性明显，只要加强风险控制，推动煤制油的产业化发展已具有可行性。

四　我国煤制油产业发展思路

（一）技术路径的选择

煤制油技术在我国已经取得重大突破，打破了国外的垄断，有些方面处于国际领先水平，且同时探索出多条技术路径，多种技术示范装置安全稳定运行，商业化生产亦稳步推进。具体技术路线的选择，应基于目前我国煤炭资源探明储量、品种和品质，借鉴煤制油发展先驱国家的经验，总结我国示范项目取得的相关数据，考虑政府关于煤炭深加工和转化产业政策要求。

由此，我们认为，我国目前煤制油产业发展的路径是：重点发展间接液化，继续示范直接液化，提高煤炭分质利用、热解制油技术和其他工艺水平，加大技术创新力度，打造中国煤制油技术的升级版。

从国外实践看，煤间接液化产业化在南非经过50多年的实践，呈稳定发展态势。从目前我国煤制油工艺的示范结果看，间接液化优于其他工艺。《煤炭深加工产业发展政策（征求意见稿）》（未出台）曾提出“鼓励发展以褐煤、高硫煤等低质煤为原料的煤炭深加工项目”，而该类煤适宜进行间接液化。从我国煤炭资源赋存情况看，煤炭资源丰富，且褐煤等低阶煤所占比重较大，较适合发展煤间接液化。

煤炭分质利用、热解制油技术是煤炭清洁高效转化利用、提高煤炭潜在价值的有效途径，其中目前较为成熟的有中低温热解制煤焦油、煤焦油加氢制汽柴油等轻质燃料油技术。考虑到我国煤炭资源储量中一半以上为低阶煤、开采量中大部分为粉煤的情况，若能在粉煤干馏热解、低阶煤中低温热解制油等已经取得初步成绩的技术领域加快技术升级，将会更有效地提高我国煤炭资源的整体附加值；而且进一步提高煤热解、煤焦油深加工技术水平，延伸发展种类繁多的煤化工下游深加工产品，还可以在更加广泛的化工领域形成对原油的替代。

就目前示范项目看，煤炭直接液化示范项目数据不如间接液化理想，转化率与油品质量相对较低；煤制油先驱国家目前也无一选择直接液化作为产业化发展方向。尽管如此，煤直接液化还需要在原有基础上继续示范探索；从理论上讲，相对于煤炭间接液化，直接液化工艺具有油收率较高、耗煤量较小、工艺步骤较简单、设备体积较小、运行成本较低等优点，煤基甲醇制汽油、煤油共炼等其他工艺也是如此。

（二）产业布局

产业布局是指产业在一国或一区域内的空间分布，是关系到经济建设、技术进步、生态环境、民族团结、社会稳定乃至经济、社会与政治安全的重要问题。

目前我国煤制油示范及在建项目主要集中于“三西”（蒙西、山西、陕西）地区，并在新疆地区规划了一批大规模项目。但据我们了解的情况，除首批 7 个国家示范项目外，内蒙古、陕西、山西、河南、安徽、宁夏、贵州、新疆、黑龙江等省（自治区）也都开始或准备规划上煤制油项目，个别地方规划或拟规划的项目不止一个，有“遍地开花”之势，为了健康、稳定和可持续发展，应高度重视这一问题。

煤制油产业布局既要考虑到当地煤炭资源富裕程度，又要符合国家煤炭资源分类使用和优化配置政策。在我国，适宜转化的以褐煤和低变质烟煤为代表的低阶煤主要分布在内蒙古东部、云南、新疆及鄂尔多斯盆地一带；“三西”、宁东、新疆等地，既有丰富的煤炭资源，又有煤炭资源转化的客观需求，而且人口相对稀少，生态环境承载力较强，基础设施日益完善，目前我国运行、在建及规划的煤制油项目均分布在这些地区。《煤炭工业发展“十二五”规划》（发改能源〔2012〕640 号）提出，全国煤炭开发总体布局是控制东部地区、稳定中部地区、发展西部地区。综合分析煤炭资源、水资源、环境容量、生态承载力、基础设施条件，以及煤制油产业发展实际情况和产业政策导向，我们提出“立足西北、加快新疆、拓展海外、不断优化”的煤制油产业布局的基本思路。

“立足西北”主要基于我国煤炭资源目前可采储量在地理分布上“西多东少、北富南贫”这一客观实际。“加快新疆”主要是基于在新疆发展煤制油产业具备煤炭资源、运输能力、自然承载力与水资源等巨大优势。“拓展海外”是考虑了目前我国一些优势企业已经走出去，可以进一步在煤炭资源富集、水资源充足的俄罗斯、蒙古、印度尼西亚、印度、越南等邻近国家发展煤制油产业。产业布局是一个不断优化的过程，起步阶段的煤制油产业发展，更要充分考虑生态、环境、资源承载能力，特别是资源的新发现和科技进步情况，常态化地不断优化产业结构。

此外，西南个别地区的煤种，转化率高，适合液化，亦可适度布局煤制油项目。

（三）产能规划

产能即生产某种产品的实际能力，是生产主体在既定的组织结构和生产技术条件下在生产要素满负荷运转时所能实现的最大产量。产能规划是政府对产业发展实施有效调控的重要手段。

我国煤制油产业刚刚起步，在石油对外依存度逐渐攀升的背景下，目前不会发生产能过剩问题，但也不宜盲目扩张。根据我国能源生产和消费的客观实际，充分考虑国家产业政策因素，本着“节约优先、确保安全、量力而行、稳中求进”的原则，我们提出以下产能规划目标。

1. “十二五”期间，完善已形成的产能，确保其顺畅达产

预计到2015年，我国石油消费总量将达到6.3亿吨，石油生产能力达到2.2亿吨，为保证我国石油自给率达到50%，有1亿吨的石油需要替代。这部分石油缺口若通过煤制油弥补，则对煤制油的产能需求约为6000万吨。由于煤制油项目建设周期较长，根据目前我国煤制油项目投产及在建情况，2015年各类煤制油项目总规划产能约为1500万吨，远低于6000万吨这一需求。因此，“十二五”期间，需要完善已形成的煤制油产能，确保这些项目的顺利达产。

2. “十三五”期间，对达产项目进行科学扩能，并规划新的产能

随着在建煤制油项目的达产、扩能，以及新规划煤制油项目的陆续投产，在现有规划基础上，初步估计“十三五”末期我国将形成约5000万吨的煤制油生产能力。“十三五”期间一方面要促成5000万吨煤制油项目顺利达产，并优先对达产项目进行科学扩能；另一方面，要做好新的规划以形成新的产能，进而提升我国石油自给能力。

3. 长期目标

石油对外依存度50%是国家能源安全的警戒线，因此，从能源安全战略角度出发，我国煤制油产业的长期产能规划应以“将石油对外依存度降低至50%”为基本目标，产量至少为2亿吨。在此基础上，综合考虑资源、环境等因素，继续发展煤制油产业，进一步提高我国石油自给率。

（四）生产主体

煤制油是当代高新技术产业，不仅对人才需求高、资金投入大，而且受资源、生态与环境制约大，对作为生产主体的企业要求高。尽管煤制油已走过90年的发展历程，但毕竟在我国目前仍处于由示范向产业化发展阶段，还有许多问题有待进一步探索、研究和解决，其中的风险还很大。有鉴于此，我们建议应本着“有所为、有所不为”的原则，着力培养掌握核心技术、实力强、规模大、代表煤制油先进生产力、有发展前景的大企业或企业集团，作为我国目前乃至今后一定阶段的煤制油生产主体。有必要明确的主体条件具体包括以下内容。

第一，技术条件。掌握和拥有一种（包括）以上煤制油工艺技术，经过示范过程并取得成功，得到国家级技术认证机构认证。

第二，管理条件。建立健全的现代企业制度，具有经营决策的自主权，规范的决策程序和规则，运营监管有效制衡的机制，完善的风险控制系统和风险承担能力。

第三，经济条件。总资产规模不小于项目投资总额；项目投资中的自有资金不少于30%；资本收益率不低于产业平均值或税后利润不少于当期投资的25%；有顺畅的融资渠道，且当期融入的资金不少于当期项目投资的缺口。

第四，可持续发展条件。拥有技术研发平台和结构合理的科研队伍，有基本能满足产业发展需要的人力资源储备，有与产业发展规划相匹配的资源保障，有与生产规模相适应的生态环境承载力。

（五）物流服务

按上述发展思路，煤制油品产销异地、远距离、大批量运输不可避免。煤制油品基本为成品油，种类较多，而且具有“同类不同质、同质仍细分”的特点。生产主体的相对分散，决定了煤制油品物流是一个从分散到集中、再到分散的过程，极易形成物流经营权的垄断。

目前，我国煤制油产业刚刚起步，总体规模较小，运输需求不大，物流条件制约尚不明显。但随着煤制油产业向商业化方向的进一步发展，运输需求将随着煤制油品产量的放大而急剧增长，运输瓶颈、物流条件制约等矛盾也会逐渐暴露出来。对此，必须深化我国油品物流体制改革，科学安排油品流通制度，以保障煤制油产业的健康发展。

1. 打破成品油市场的垄断格局

成品油市场垄断格局的主要原因在于三大石油生产商掌握了成品油批发经营的上游环节，并以此占据市场的绝大多数份额。目前，我国成品油批发经营虽已市场化，但仍存在进一步放开的空间，尤其是成品油进口方面要打破垄断，并进一步推进价格改革，促进油源和经营主体多元化，以及品牌和服务差异化的市场竞争格局的形成。

2. 油品生产与管网分离，组建第三方物流服务公司

在油气资源相对单一的情况下，油气企业上中下游一体化经营的方式有其存在的客观必然性，但随着煤制油气、煤层气、页岩气等非常规油气资源的开发，对独立油气管网的需求越来越迫切，有必要组建专业化的油品管网公司，实行第三方油品物流服务。

3. 加强油品质量标准化管理

为保证煤制油品运输的稳定性和高效性，应制定不同煤制油品的质量标准，确保油品质量符合要求。为提高油品运输的便捷性，有必要建立统一的石化炼油厂，对煤制油产品进行加工、调配，建立标准统一的产品系列，并在运销环节加强油品质量管理，防止油品污染、变质。

4. 全面提升油品物流服务信息化水平

发挥科技创新的作用，完善油品物流信息共享机制，提升信息化水平和物流服务质量，搭建能够覆盖生产、运输、消费的油品物流信息网络服务平台，引导煤制油产业的合理生产和有序运输。

（六）环境保护

煤制油产业对环境要求高、潜在危害大、影响范围广。目前我国煤制油产业规模小，示范单位普遍不计成本地采取各种措施提高资源利用水平、遏制污染排放，其危害没有显露。但随着产业规模的不断扩大，特别是从示范转为商业化运作后，这一矛盾将会暴露。

考虑煤制油产业对环境的要求，在产业推进过程中要坚持生态优先、环保先行、综合配套、联合攻关、加强规制的原则。

1. 生态优先

选择具备环境容量、合适水源的地区建厂，采用最先进的空冷和密闭循环技术控水，积极应对煤制油过程中的碳排放问题，通过提高装置的整体能源利用效率来实现二氧化碳相对减排。

2. 环保先行

煤制油项目建设要遵循“保护环境”的基本国策，严格按照《环境保护法》要求，实行“三同时”制度，即配套的环保工程必须与主体工程同时设计、同时施工、同时投产使用，防治污染的设施必须经审批环境影响报告书的环保部门验收合格后，方可投入生产或者使用。对于环评不合格、措施不到位的煤制油项目实行一票否决，坚决不予立项。

3. 综合配套

发展循环经济，配套“三废”利用项目，努力实现污水的零排放以及废水、废渣的循环利用，做好碳汇交易，鉴于碳汇林建设的显著效果和重大意义，应加强其示范及推广，提高二氧化碳治理水平，形成源头削减、过程控制、末端治理、循环再利用的综合配套的环保管理体系。

4. 联合攻关

扭转目前各自为政的局面，改变目前保示范项目成功的“小”

环境保护的做法，实行对节水、CO_2 减排、“三废”利用等煤制油产业关键环保技术联合攻关、综合治理的“大”环境保护措施。

5. 加强规制

考虑到环境保护问题上的市场失灵，在煤制油产业环保问题上同样要加强政府规制，有针对性地出台煤制油相关的环保制度法规，完善环境规制法律体系，制定煤制油污染排放和治理标准，严格煤制油企业污染行为的处罚，提高监督监管水平，加大违法违规惩治力度，改革环境规制体制，设立相对独立的环境规制工作机构。

（七）资源配置

质量符合技术工艺要求，数量满足产业规模需要的煤炭资源和水资源的有效供给，是煤制油的基本物质条件。优化配置煤炭资源和水资源，是从战略上安排煤制油产业发展的基本要求。基于我国煤炭资源、水资源的客观实际，我们提出统筹兼顾、节约优先、量水而行、效率第一的资源优化配置的思路。

第一，统筹煤制油产业与煤炭产业及其相关产业协调发展，兼顾社会生产与人民生活，按照能源革命的基本要求，科学、合理、有效地配置资源。

第二，坚持“安全、节约、高效、清洁”煤炭产业革命的基本方针，实行煤炭资源分类使用和分质利用，使褐煤和煤化程度较低的烟煤优先用于制油。在煤炭产能相对过剩的情况下，要优先通过现有产能发展煤制油。对于错配和超配的煤炭资源，可通过资源置换、依法赎回、公平交易等方式实现优化再配置。

第三，加大科研投入，加强节水技术研究，进一步提高水的循环利用，千方百计地节约用水。广开水源，在增量上做文章。在有条件的地方加大水库建设力度，科学论证，增加现有水库储水能力，努力探索矿井水直供煤制油使用的最佳途径。

（八）科技创新

科技发展永无止境，只有更好，没有最好，科技创新是产业发展的经常态。目前，我国煤制油技术尚处于工业化应用初期，还存在较大的技术进步空间，要努力打造升级版的煤制油，而关键在于科技创新。为此，我们建议如下。

1. 加强基础理论与工艺研究

相关高等院校、职业院所要加强煤制油专业学科的建设，相关科研机构要加强理论与实践的交流合作，加强对引进技术的消化吸收再创新，进一步提高自主创新能力。鼓励煤制油技术与关联技术如节能节水、环保技术，关联产业如石油化工等的合作与融合。

2. 加快科技队伍建设

煤制油企业及教学科研单位要双管齐下、通力合作，加快人才的培养、创新用人体制机制，加快煤制油产业技术人才的积累和从业人员队伍的建设。

3. 加大技术创新平台建设力度

建立以市场为导向、企业为主体、官产学研相结合的煤制油技术创新体系、体制和机制。引导具有较强研发实力和技术基础的重点骨干煤制油企业和科研院所建立有效的资源共享机制，提高技术研发效率，建立健全财政政策激励机制，建立一批产业技术研发中心，加大研发机构之间的合作，共同提升煤制油技术创新与工艺研发水平。

4. 实施国家科技重大攻关（支持）计划

将煤制油关键领域技术攻关纳入国家科技重大攻关（支持）计划，集中力量解决煤制油工艺中大型设备设计、制造和安装的关键技术问题，加强整体过程的系统集成优化。积极开发煤炭分级分质液化技术，形成新一代煤制油技术；开发多样性的油品加工和化学品加工新工艺，进一步优化产品结构。

五　发展我国煤制油产业的政策建议

（一）我国煤制油产业政策综述

1. “十五”期间政策

“十五”期间，煤制油作为煤炭深加工和燃油替代的重要方式，已经为政策所认可，得到政府政策的支持。2001 年通过的《国民经济和社会发展第十个五年计划纲要》强调要优化能源结构，提高利用效率，加强环境保护，“开发燃料酒精等石油替代产品”；同年，由国家计委牵头编制的《国民经济和社会发展第十个五年计划能源发展重点专项规划》肯定煤炭液化属于洁净煤技术，并特别强调“要把推动煤炭液化技术产业化，开发石油替代资源作为‘十五’乃至更长时期的一项战略任务抓紧抓好”，并在“十五”时期初步考虑建设陕西神东、云南先锋和黑龙江依兰等煤炭液化工厂。国家经济贸易委员会于同年发布的《煤炭工业“十五”规划》，则更为具体地指导煤炭液化项目与技术的开展，明确提出要推进煤炭液化和气化技术的开发和应用，引进国外先进技术，建设大型煤炭气化与煤化工示范项目，并特别强调要开展洁净煤技术的攻关研究，重点开展煤炭直接液化技术等在内的技术研究。2004 年 6 月 30 日，国务院印发《能源中长期发展规划纲要（2004～2020）（草案）》，提出要加快煤炭液化工程实施进度，发展替代燃料。2005 年 6 月 7 日，《国务院关于促进煤炭工业健康发展的若干意见》（国发〔2005〕18 号）发布，提出推进洁净煤技术产业化发展，积极开展液化用煤的资源评价，稳步实施煤炭液化工程，并特别明确了可以发展煤制油产业的区域，为选取煤制油示范项目地点提供了指导。同年《国家发展改革委关于炼油、乙烯工业有序健康发展的紧急通知》（发改工业〔2005〕2617 号）中提出，完善政策促进机制，实施石油替代战略。制定节油和代油激励政策，稳步实施油改煤、气代油、掺烧醇醚燃料、煤制合成油等替代措施。

2. “十一五”期间政策

“十一五”之初，煤制油问题尤其受到重视，政府发布了一系列政策文件用以指导煤炭液化、煤制烯烃的工业化示范。2006 年发布的《国民经济和社会发展第十一个五年规划纲要》明确提出“发展煤化工，开发煤基液体燃料，有序推进煤炭液化示范工程建设，促进煤炭深度加工转化……发展煤炭液化、醇醚类燃料等石油替代产品”。2006 年国家发改委制定了《煤化工产业中长期发展规划（征求意见稿）》，提出 2010～2020 年实现煤制石油替代产品较快发展，建成八大煤化工产业基地，逐步建立安全、稳定、可靠、具有较强竞争力的煤制石油替代产品供给能力的积极产业政策。该规划设定的煤制油产品发展目标，即 2010 年、2015 年和 2020 年规划年产分别为 150 万吨、1500 万吨和 4000 万吨。有必要指出，该规划虽经反复征求意见，但至今未能出台。2007 年国家发展和改革委员会公布的《能源发展“十一五”规划》中专门强调“石油替代工程”，要求按照“发挥资源优势、依靠科技进步、积极稳妥推进”的原则，加快发展煤基、生物质基液体燃料和煤化工技术，统筹规划，有序建设重点示范工程，为“十二五”及更长时期石油替代产业的发展奠定了基础。2007 年 1 月，国家发展和改革委员会发布《煤炭工业发展“十一五”规划》，提出积极开展气化和液化等用煤的资源评价，做好煤化工基地规划，调控煤化工规模，防止低水平、小规模盲目建设，推进煤炭液化示范工程建设。

“十一五”中期，世界经济形势急转直下，美国次贷危机引发的金融危机波及全球。尽管我国政府采取积极措施有效地应对了这一冲击，并保持了经济平稳较快发展的态势，但不少产业还是出现了盲目投资的现象。为了控制盲目投资，政府有针对性地出台了一系列政策。2007 年 11 月 23 日，国家发展和改革委员会制定了《煤炭产业政策》，指出在水资源充足、煤炭资源富集地区适度发展煤化工，限制在煤炭调入区和水资源匮乏地区发展煤化工，禁止在环境容量不足地区发展煤化工。2008 年 8 月 4 日，《国家发展改革委办公厅关于加强煤制油项目管理有关问题的通知》（发改办能源〔2008〕1752 号）指出，当前我国煤制油仍处于示范工程建设阶段，不能一哄而起、全面铺开。应坚持通过煤制油示范工程建设，全面分析论证，确定适合我国国情的煤制油技术发展主导路线，在总结成功经验的基础上再确定下一步工作。目前可以继续开展工作的煤制油示范工程项目有已开工建设的神华集团公司煤直接液化项目。神华宁夏煤业集团公司与南非沙索公司合作的宁夏宁东煤间接液化项目，需在认真进行可行性研究后按程序报批，未获批准前不得擅自开工。除上述项目外，一律停止实施其他煤制油项目。各级政府投资主管部门要立即停止煤制油项目的核准，严禁化整为零、巧立名目、违规审批。2009 年 5 月 18 日，国务院办公厅发布《石化产业调整和振兴规划》，并于同年 9 月 26 日发布了《国务院批转发展改革委等部门关于抑制部分行业产能过剩和重复建设引导产业健康发展若干意见的通知》（国发〔2009〕38 号），两个文件都提出要稳步开展现代煤化工示范，坚决遏制传统煤化工盲目发展，今后三年原则上不再安排新的煤化工试点项目。

3. “十二五”期间政策

“十二五”期初，针对当时复杂多变的国际政治经济环境和国内经济运行情况，政府做出了“稳中求进”的经济社会发展战略决策。这一主基调对“十二五”期间我国各方面政策包括煤制油政策产生了影响，使政策普遍趋于稳健。2011 年 3 月 23 日，《国家发展改革委关于规范煤化工产业有序发展的通知》（发改产业〔2011〕635 号）指出要高度重视煤化工盲目发展带来的问题，认为“煤制油品和烯烃尚处在工业化试验和示范阶段，还存在技术和工程放大风险”，要“稳步推进工业化试验和示范工程的建设，加快煤制油品和烯烃产业化步伐，适时启动大型煤制油品和烯烃工程的建设”，特别强调“一般不应批准年产规模在 300 万吨以下的煤制油项目”，“对煤制油、煤制烯烃和外商投资煤化工项目，按照有关规定严格实行核准制”。2011 年发布的《国民经济和社会发展第十二个五年规划纲要》正式提出煤制油的产业化问题，要求推动能源生产和利用方式变革，推进能源多元清洁发展，强调“有序开展煤制天然气、煤制液体燃料和煤基多联产研发示范，稳步推进产业化发展”。2011 年 12 月 13 日，工信部出台《石化和化学工业“十二五”发展规划》，明确指出现代煤化工煤制油等现代煤化工项目要按照有关产业政策，要综合考虑煤炭、水资源、生态环境、交通运输、地区经济发展情况及区域二氧化碳、节能和主要污染物减排指标等综合条件，在蒙、陕、新、宁、贵等重点产煤省区，适度布局，并采取集中集约、上下游一体化方式建设现代煤化工生产基地及煤电化热一体化示范基地；其余省区，尤其是煤炭调入和基本平衡省区、生态环境脆弱地区、大气联防联控重点区域、主要污染物排放总量超标和节能评估审查不合格的地区，严格限制现代煤化工的发展。2012 年 3 月，国家发展和改革委员会发布《煤炭工业发展“十二五”规划》，该规划指出要稳步推进煤炭深加工示范项目建设。在内蒙古、陕西、山西、云南、贵州、新疆等地选择煤种适宜、水资源相对丰富的地区，重点支持大型企业开展煤制油、煤制天然气、煤制烯烃、煤制乙二醇等升级示范工程建设，加快先进技术产业化应用。不断创新和完善技术，提高能源转化效率、降低水耗和煤耗、降低生产成本，增强竞争力。

这期间，受煤制油区域政策的激励，我国各地方政府纷纷出台相关文件，规范引导煤制油产业发展。如 2011 年内蒙古经信委发布的《内蒙古自治区“十二五”工业和信息化发展规划》中明确提出要加快煤制油国家示范工程产业化，积极扩大示范规模，适时启动东、西部各 500 万吨煤制油项目可行性研究，到 2015 年，力争煤制油产能达到 1000 万吨，初级产品转换率达到 50% 以上。

近两年来，在煤制油前期产业化示范和技术进步效果逐步显现、项目投资积极性高涨的背景下，政府开始关注煤制油“有序发展”问题，政策环境较之前相对宽松。2013 年国务院印发的《能源发展“十二五”规划》提出推进煤炭深加工升级示范，要求总结现有煤炭深加工示范项目经验，按照能量梯级利用、节水降耗、绿色低碳等要求，完善核心技术和工艺路线，稳步开展升级示范。“重点在中西部煤炭净调出省区，选择水资源相对丰富、配套基础条件好的重点开发区，建设煤基燃料、烯烃及多联产升级示范工程，探索符合我国国情的科技含量高、附加值高、产业链长的煤炭深加工产业发展模式，为适应未来能源更替和变革提供战略技术储备。”其中，首次设定能源转化效率，即“十二五”时期，新开工煤炭间接液化、煤制烯烃项目能源转化效率分别达到 42%、40% 以上。2014 年 7 月 17 日，《国家能源局关于规范煤制油、煤制天然气产业科学有序发展的通知》（国能科技〔2014〕339 号）发布，就严格产业准入要求、规范项目审批程序、强化要素资源配置、统筹规划试点示范、做好项目监督评价、落实相关管理责任六个方面问题进行说明，其中特别要求“禁止建设年产 100 万吨及以下规模的煤制油项目”。该通知还表示，国家发展和改革委员会、能源局正在研究制定《关于有序推进煤制油示范项目建设的指导意见》，并尽快发布实施。

（二）我国现行煤制油产业发展政策的特点

1. 整体上较为审慎

我国煤制油（煤炭液化）产业的发展应“石油替代”问题而生，对于煤炭产业清洁高效利用、国家能源安全具有重要的战略意义，更是推动我国煤炭产业革命乃至能源革命的重要举措，理应积极推动，而政策实践较为审慎。

从“十五”至“十二五”期间发布的各项宏观、中观规划中，煤制油项目都以技术装备开发、示范项目探索为主，并且反复强调“稳步”与“适度”。尤其2006年以来，国家几乎每年都要出台一个限制包括煤制油在内的煤化工的指导文件，诸如“对于煤炭液化项目，在国家煤炭液化发展规划编制完成前，各级投资主管部门应暂停煤炭液化项目核准”（2006年）、“限制在煤炭调入区和水资源匮乏地区发展煤化工，禁止在环境容量不足地区发展煤化工”（2007年）、“除神华集团直接液化项目及神华宁煤与南非沙索公司合作的宁东煤间接液化项目外，一律停止实施其他煤制油项目。各级政府投资主管部门要立即停止煤制油项目的核准，严禁化整为零、巧立名目、违规审批”（2008年）、“稳步开展现代煤化工示范工程建设，今后三年原则上不再安排新的现代煤化工试点项目”（2009年）、“在新的核准目录出台之前，禁止建设年产100万吨及以下煤制油项目”（2011年）、“煤制油品等领域根据产业化示范情况，主要在煤炭资源丰富、水资源有保证、生态环境许可、运输便捷或适宜管道输送的地区择点建设”（2012年）等，政策整体上较为审慎的特点非常明显。

2. 缺少相对稳定性

发展煤制油是战略性举措，客观上要求政策取向、措施力度等应保持相对稳定，但综观我国煤制油产业政策，其变动十分频繁，缺乏相对稳定性。煤炭工业“十五”“十一五”规划都积极鼓励煤炭液化项目的发展。然而，2006 年以后，突然转向为严格限制，国家发改委连发两道禁令——“不批准年产规模在300 万吨以下的煤制油项目”以及“在国家煤炭液化发展规划编制完成前，暂停煤炭液化项目核准”。2008 年 8 月 4 日，国家发改委再次发布《关于加强煤制油项目管理有关问题的通知》，明确指出煤制油项目投资风险大，不能一哄而起、全面铺开。2014 年，国家能源局发布的《国家能源局关于规范煤制油、煤制天然气产业科学有序发展的通知》，将上述“300 万吨红线”改为“禁止建设年产 100 万吨及以下规模的煤制油项目”，前者是后者的 3 倍。

3. 引导性和扶持力度不够

我国煤制油技术的形成与应用，凝聚了几代科学家的心血，倾注了示范企业的大量财力、物力，发展至今，实属来之不易。作为发展初期阶段的高新技术产业，政府应努力做到规划先行、明确标准、强化引导、加大扶持。

客观地讲，目前我国煤制油产业基本上是在缺乏总体发展规划的背景下开展的，虽每年都在出台政策，但多数是义务性规范和禁止性规定；类似于宏观政策的上位政策内容过多，缺少承接宏观规划的、体现产业政策的具体化内容；政策重心主要是管控，手段主要依赖项目审批，缺少引导性；尽管目前我国煤制油技术已经较为成熟、示范效果较为显著，但仍然缺少相应的技术标准、建设标准、产业管理细则与行业准入标准；更为不妥的是，现行煤制油产业政策没有充分体现国家对高新技术产业的鼓励和支持。

（三）完善我国煤制油产业政策的建议

伟人毛泽东曾经说过，政策和策略是党的生命，各级领导同志务必充分注意，万万不可粗心大意。同理，煤制油产业健康、稳定和可持续发展，与该产业发展政策息息相关，不仅需要科学的政策引导和指导，而且需要有力的政策支持和推动。不必讳言，从目前我国煤制油产业政策特点看，远远不能满足该产业发展的实际需要，我们从煤制油示范企业所做的示范项目发展报告中也能得出这一结论。完善我国煤制油产业政策，已成为该产业发展亟待解决的问题，对此，我们建议从以下方面着手。

1. 统一认识，明确产业定位

产业政策是政府部门根据国民经济发展要求和一定时期的产业现状及发展趋势，为实现产业转型升级和协调发展而提出的主张，其取向性取决于决策者对政策问题的认识水平。我国目前的煤制油产业政策之所以整体上较为审慎，其主要原因之一是对发展煤制油的战略意义认识不统一，社会关于发展煤制油的“杂音”过大，干扰了决策者的决策。所以，完善煤制油产业政策，首先要提高并统一认识。我们的研究已经证明，发展煤制油是中国能源革命性的战略举措，是煤炭产业面对能源供需格局新变化、能源发展新趋势，结合中国能源资源、煤炭产业客观实际做出的转型升级的必然选择。形象地讲，如果说正在开展的中国能源革命的主战场在煤炭产业，那么关键性的战役之一便是煤制油。我们应在产业政策层面明确煤制油的战略意义和产业定位，并据此调整政策取向，由审慎约束转向积极推进。

2. 规划先行，绘制发展蓝图

产业发展规划作为基础性和前瞻性的产业政策，其基本内容是产业主管部门根据生产要素供给情况，在充分分析市场供求矛盾及其发展趋势的基础上，对处于不同阶段的产业发展预期做出的动态安排，形象地讲，产业发展规划是产业发展建设的蓝图，不仅是产业发展的指南，而且是政府相关政策制定的依据。

产业要发展，规划要先行。作为现代高新技术产业，煤制油产业所具有的投资大、建设周期长、市场风险高、制约因素多等特点，客观上要求产业主管部门事先制定发展规划，这对于从示范阶段转至商业性产业化发展阶段的我国煤制油产业发展来说尤为重要。然而，至今该产业发展规划一直没有出台，在现实发展过程中，所出现的政策“缺少相对稳定性”与此有直接关系。

有鉴于此，我们建议，利用国务院已部署编制“十三五”发展规划的有利时机，抓紧编制“煤制油产业发展规划”，并列入全面主体功能区规划，具体包括发展煤制油产业的宗旨目标、遵循的原则、结构布局、产能安排、产业准入、资源配置、产业技术、产业组织等一系列内容，向社会传递政府发展煤制油产业的预期信息，以便引导我国煤制油产业进入发展的新阶段。

3. 严格准入，夯实发展基础

产业准入一般指政府对自然垄断或关系国计民生的特殊产业的生产经营主体所采取的条件性限制措施，主要包括准入条件、准入程序和退出机制。

产业是企业的聚合，企业是产业的微观基础，企业群体素质决定产业整体素质。由我国煤制油产业的战略地位和自身特点所决定，必须要从产业发展源头上控制非优势企业进入，由优势企业构成产业发展基础和产业主体，确保产业健康发展，同时为产业管理部门提供管理工具。

一个如此重要的产业政策工具，目前在我国基本上是一片空白。由于没有煤制油生产主体的准入标准和准入程序方面的规定，产业主管部门只能采取行政化的项目立项核准，发放“项目路条”这一手段。事实上，目前所存在的“遍地开花”式的众多企业排队申报、“低水平的重复建设”等问题与产业准入政策缺失有直接关系。

为此，我们建议产业主管部门应抓紧制定并尽早出台煤制油产业准入政策。

第一，明确准入标准。对进入煤制油产业的企业技术条件、管理条件、经济条件和可持续发展条件做出明确规定，并根据生产力发展的水平进行动态调整，逐步提高。

第二，规定准入程序。企业按标准自我评价，自认为具备准入标准后，自主提出准入申请，并报送产业主管部门。产业主管部门委托有资质的评估机构对企业申报材料进行核实、做出评价后将材料返还企业主管部门。产业主管部门综合申请企业、评估机构意见，最后核准企业有无煤制油生产主体资格。取得生产主体资格的企业，通过公平的市场竞争获得国家规划立项项目，由此进入煤制油产业。

第三，建立健全退出机制。准入与退出是同一行为的两个方面。退出机制是对准入机制的进一步完善。对已进入煤制油产业的企业，因弄虚作假，或准入后实际水平达不到预期目标，或由于技术进步，政府制定出新标准而企业没有保持同步，要建立退出机制，包括资源退出、劝说退出或依法强制退出。

4. 政策扶持，促进产业加快发展

煤制油是基于科学的发展与技术创新而形成的高新技术产业。人类进入21世纪以来，世界各国特别是发达国家非常重视高新技术产业的发展，它们纷纷制定高新技术发展规划，相继出台扶持性的财政、税收和金融政策。

美国在高新技术产业的发展上采用研发活动由政府直接投资的方法；于1981年通过《经济复兴税法》，1986年又通过该法的修正案，大幅减免税收；对高新技术产品由政府采购。法国设立“创新资助金”对由高新技术研究人员创办未满3年的高新技术企业予以资助，设立“技术咨询补贴”用于企业聘请专家解决重大技术问题或技术咨询，补贴额度占发生费用的50%。日本政府出台了《高新技术工业密集区开发促进法及其政令、施行令》，对高新技术企业施行优惠信贷政策，不仅延长贷款期，而且实行优惠利率。

“他山之石可以攻玉”，发达国家对高新技术产业采取扶持政策的做法，对我国煤制油技术研发、示范和产业化发展很有借鉴意义。我们建议，煤制油技术研发由分散的企业投入为主的模式转变为集中的政府投入为主的模式，并加大投资力度；改变煤制油企业税收参照石油企业税收的做法，实行差别化的较低税率；拓宽煤制油产业融资渠道，在银行信贷、企债发行、股票发行和上市融资等方面给予优惠和优先；着手设立煤制油产业发展基金。

5. 加强组织，提升产业管理水平

产业组织是产业生产经营活动时所形成的相互联系及其组合状态。在市场经济条件下，这种联系和状态主要由市场决定；在市场失灵情况下，需要政府规制。因此，产业组织的核心内容是政府、市场、企业三者的关系；产业组织政策是政府为实现产业组织科学化而制定的政策。具体到煤制油产业组织政策，我们建议从以下方面着手。

第一，总的政策取向是规范政府、市场、企业的关系，突出政府的监督作用，凡属于企业自主权的一律由企业决定，凡是市场能解决的一律靠市场去决定。

第二，明确政府管理的内容，并做好部门分工，政府的工作应放在煤制油产业发展战略规划、有关标准制定、产业关系协调、市场秩序维护、产业运行调控等方面。要进一步明确政府职能部门的分工，防止“九龙制油”问题的发生。

第三，突出市场的决定作用。实现煤制油生产要素商品化并主要由市场实现优化配置；发挥市场供求规律作用，实现市场化的油品价格形成机制；开展公平竞争，防止任何形式的市场垄断、市场割据和市场排斥。

第四，加强行业自律。鼓励煤制油企业本着互惠自愿原则组建行业协会等各类社会团体、中介组织，依法开展技术服务、市场分析、信息服务、政策研究等方面的工作，为政府提供决策咨询，规范企业行为，维护产业秩序。

6. 深化改革，优化产业政策环境

政策环境是影响政策制定、执行和完善因素的总和，在很大程度上决定着制定的政策正确与否、实施的难易程度和目标的实现效果。因此，政策主体必须在认识和把握政策环境的基础上制定政策，充分发挥主观能动性，对政策环境进行优化，以保证政策能顺利实施并达到预期目标。需要指出的是，政策环境并不是一成不变的，政策主体需要根据变化了的政策环境相应地调整政策。具体到我国煤制油产业政策环境的优化，我们的建议如下。

第一，改革规划编制方式方法。产业发展规划具有很强的时效性，若落后于产业发展则会失去其意义，因此，应改革产业主管部门闭门编制规划的做法，由产业主管部门牵头，重视发挥社会专业研究机构、煤制油企业的作用，及时编制、出台具有前瞻性的产业发展规划。

第二，创新科研体制机制。建立企业、科研院所、高等院校与政府部门间的多方合作机制；加强煤制油技术领域国家重点实验室等创新平台建设；整合科技资源，对关键技术、重大课题进行联合攻关；采取提高科研人员物质和精神方面待遇、对有突出贡献的人员给予重奖等有效的激励机制，调动科研人员积极性。

第三，坚持“三个打破”，拓展发展空间。打破所有制、地区和产业界限，科学构建混合所有制经济；调动产权主体积极性、主动性和创造性，积极开展兼并重组，提高产业集中度；发展产业联盟，提高煤制油产业生产加工、运输贸易、消费利用关联度。

第四，加快市场建设。充分发挥市场在资源配置中的决定性作用，全面实行市场化的资源配置与再配置；完善市场体系，加快油气管网建设和运营的市场化步伐；尊重价值或生产价格规律，形成反映供求关系的煤制油品价格；破除成品油市场的垄断格局，形成统一开放、竞争有序的交易体系；完善市场规则，创造公平的市场环境。

第五，转变政府职能。进一步深化行政审批制度改革，减少和简化程序，由项目核准向服务项目转变；提高煤制油项目行政核准时效，逐步由事前核准为主向事中、事后监管为主转变；完善行政制度，规范政府行为。

第六，扩大产业对外开放。加大煤制油产业发展所需高端人才和关键技术的引进力度，努力实现人才培养国际化和高端设备制造本土化。发挥我国煤制油技术工艺国际领先优势，走出国门，实现煤制油产业发展国际化。在不违背世界贸易组织规则的前提下，对我国企业在海外生产的煤制油输入国内市场给予优惠。

附表　目前我国煤制油项目一览

项　目	规　模
投产项目	
伊泰鄂尔多斯煤间接液化	16 万吨/年
潞安长治煤间接液化	21 万吨/年(16+5)
神华集团鄂尔多斯煤间接液化	18 万吨/年
神华集团鄂尔多斯煤直接液化	108 万吨/年
晋煤集团 MTG(甲醇制汽油)技术项目	10 万吨/年
山西煤化所 MTG 技术项目	全国约 100 万吨/年
陕煤化集团煤焦油加氢制清洁燃料	50 万吨/年+12 万吨/年(天元、富油)
预计 2015 年底前投产项目	
潞安集团长治高硫煤清洁利用油化电热一体化项目	180 万吨/年
兖矿集团榆林基地一期工程之煤间接液化示范项目	100 万吨/年
晋煤集团 MTG 技术项目	100 万吨/年

续表

项　目	规　模
预计“十三五”期间投产项目	
神华宁东煤间接液化	400 万吨/年(2017 年投产)
伊泰鄂尔多斯杭锦旗煤基精细化工项目	120 万吨/年(2016 年投产)
伊泰准格尔大路工业园区煤间接液化	200 万吨/年(2017 年投产)
伊泰新疆伊犁煤间接液化(分三期)	540 万吨/年(首期 100 万吨/年,2016 年投产)
伊泰新疆乌鲁木齐煤间接液化(分三期)	540 万吨/年(首期 200 万吨/年,2017 年投产)
神华鄂尔多斯煤直接液化一期工程第二、第三条生产线	266 万吨/年(2017 年左右投产)
潞安忻州煤炭清洁利用油化电热一体化项目(油品及化学品 400 万吨/年)	160 万 ~220 万吨/年
兖矿榆林基地一期工程之低温煤液化装置	300 万吨/年
兖矿榆林基地一期工程之高温煤液化装置	100 万吨/年
陕煤化煤焦油加氢制清洁燃料	约 300 万吨/年
内蒙古锡林郭勒煤间接液化项目	100 万吨/年
贵州煤间接液化项目	500 万吨/年
远　期	
神华新疆煤炭清洁转化项目(含直接、间接)	350 万吨/年
兖矿榆林基地二期工程之低温煤液化装置	200 万吨/年
兖矿榆林基地二期工程之高温煤液化装置	300 万吨/年

B.2 神华集团煤制油示范项目发展报告

神华集团有限责任公司*

摘 要：

本报告介绍了神华煤直接液化和间接液化示范项目的建设过程和运营情况，以及采取的技术风险防范和环境保护措施；对煤制油项目的未来产业化发展提出了相应思路和政策建议。

关键词：

神华集团　直接液化　间接液化

---

* 课题组组长：梁仕普，神华集团有限责任公司煤制油化工部总经理，教授级高工。副组长：温新生，神华集团有限责任公司煤制油化工部副总经理，高级工程师。成员：张洪涛，神华集团有限责任公司煤制油化工部经理，高级工程师。

神华集团有限责任公司（简称“神华集团”）是于 1995 年 10 月经国务院批准设立的国有独资公司、中央直管国有重要骨干企业，是以煤为基础，电力、铁路、港口、航运、煤制油与煤化工为一体，产运销“一条龙”经营的特大型能源企业，是我国规模最大、现代化程度最高的煤炭企业以及世界上较大的煤炭经销商。神华集团总部设在北京。由神华集团独家发起成立的中国神华能源股份有限公司分别在香港、上海上市。神华集团在 2013 年度《财富》全球 500 强企业中排第 178 位。截至 2013 年底，神华集团共有全资和控股子公司 21 家，总资产 8827 亿元，在册员工 21.4 万人。2013 年，神华集团生产原煤 4.96 亿吨，煤炭销量达 6.54 亿吨，自营铁路运量完成 3.98 亿吨，发电量完成 3355 亿度，两港口吞吐量完成 1.79 亿吨，营业收入达 3678 亿元，利润总额达 785 亿元。神华集团国有资本保值增值率处于行业优秀水平，企业经济贡献率连续多年居全国煤炭行业第一位，年利润总额在中央直管企业中名列前茅，在安全生产方面多年来保持世界先进水平。神华集团正继续向“建设具有国际竞争力的世界一流煤炭综合能源企业”的宏伟目标稳步迈进。

一 示范项目简介

（一）煤炭直接液化示范项目

神华煤直接液化示范项目以神华集团公司神东矿区的高品质原煤为原料，经过煤液化加氢处理后，再经过加氢稳定（T－STAR）、加氢改质等过程，生产出柴油、石脑油和液态烃（LPG）产品，核心技术采用具有自主知识产权的“中国神华煤直接液化工艺技术”。

神华煤直接液化项目总体规模为年产油品 500 万吨，分二期建设。其中，一期工程建设规模为年产油品 320 万吨，由三条生产线组成。考虑到本项目是世界首套煤直接液化工业化装置，为规避风险，先期建设一条生产线（先期工程），装置规模为油品 108 万吨/年，总投资 141 亿元。先期工程包括 15 套工艺装置以及配套的储运和公用工程系统，每年可转化约 350 万吨煤，生产柴油、液化石油气、石脑油等产品 108 万吨。其中，柴油 72 万吨、液化石油气 10.2 万吨、石脑油 25 万吨、酚等其他产品 0.8 万吨。本项目于 2002 年获得国家发改委批准（计基础〔2002〕1587 号），于 2004 年开工建设，2008 年 12 月工程竣工，2008 年 12 月 30 日首次投煤试车，技术改造后于 2009 年 9 月再次投煤试运行，2010 年下半年实现稳定运行，2011 年转入商业化生产。项目反应条件较为苛刻（高温、高压、气液固三相流），在试车阶段设备和管道磨蚀问题严重，导致运行周期不长，经过不断地进行技术攻关和改造，问题逐步得到解决，实现了长周期运行。

（二）煤炭间接液化示范项目

煤间接液化项目与煤直接液化项目在同一个厂区，采用国内开发的“煤基液体燃料合成浆态床工业化技术”和神华集团拥有自主知识产权的催化剂，充分依托煤直接液化项目的公用工程系统和辅助设施及煤制氢装置的富余产能，以神东煤炭集团上湾煤矿生产的煤炭为原料，通过煤气化制合成气，合成气催化合成，合成生成的轻质油、重质油、重质蜡经加氢精制和裂化后制取柴油、石脑油、液化气等产品。项目设计年产液化气 4.96 万吨、石脑油 3.57 万吨、柴油 9.81 万吨。

2007 年 6 月 6 日，国家发改委批准在神华集团煤直接液化一期工程中增加合成油品装置，即煤间接液化装置。项目于 2008 年 4 月 26 日开工建设，2009 年 7 月 30 日机械竣工，2009 年 12 月 20 日打通全流程，产出合格的石脑油、柴油及高熔点合成蜡等目标产品。

间接液化项目未配备合成气装置，使用煤直接液化的合成气，由于该气源能力不足，目前处于停工阶段。

二　示范工程设计

“十五”期间，神华集团在国家“863”高科技计划支持下，联合煤炭科学研究总院等国内研究机构，开展了“煤炭直接液化关键技术”和“煤直接液化高效催化剂”研究，建立了神华煤直接液化工艺 BSU（小型连续试验装置）和 PDU（中试连续试验装置）及“高效催化剂”试验装置，完成了系列工艺评价试验和煤种试验，取得了“神华煤直接液化工艺”及“煤直接液化高效催化剂”等重要技术成果。在示范工程的建设过程中，神华集团也取得了 6 个具有里程碑意义的重大成就：拥有自主知识产权的世界第一套商业化煤直接液化技术；拥有自主知识产权的世界首套纳米级煤直接液化催化剂制备成套技术；世界最大、最重的加氢反应器制造与吊装技术；世界最厚达 88 毫米的 347H 不锈钢厚壁管道焊接与热处理技术；国产的世界首台 8800 千瓦增安型无刷励磁同步电机；国内首套沸腾床加氢（T－STAR）应用技术。在技术研发和工程建设的工程中，神华集团注重知识产权的形成和保护。截至 2010 年 12 月，在煤直接液化领域共申请专利 56 项，其中发明专利 36 项；已获授权专利 27 项，其中发明专利 13 项。在此主要介绍神华煤炭直接液化工艺的相关内容。

（一）总体设计

为实现将煤直接液化技术从试验装置到工业装置的目标，神华集团从 1997 年开始围绕核心工艺技术开展了一系列前期工作。

2000 年 9 月神华集团将神华煤直接液化项目建议书上报国家主管部门。2001 年 3 月 15 日，国家主管部门正式通知神华集团开展煤直接液化项目可行性研究工作，编制可行性研究报告。2002 年 2 月 5 日，神华集团将神华煤直接液化项目可行性研究报告上报国家主管部门。

2002 年 10 月完成了煤直接液化项目先期工程和一期工程的总体设计工作。随着对国外煤液化工艺的认识、了解和研究的进一步深化，发现国外工艺可能存在影响煤液化装置长期、稳定、连续运转的因素。通过多方面的开发、研讨和优化并吸取了其他煤直接液化工艺的特点，神华集团于 2002 年底决定对原可研报告选定的国外煤液化工艺技术方案进行调整和优化。2002 年 11 月 9 日，国家计委正式批准了煤直接液化示范工程。

2003 年 4 月神华集团对原可行性研究报告及据此完成的总体设计进行了修改，对此次技术路线及进料变化所产生的影响进行了总体评价，并完成了先期工程的总体设计修改报告。

（二）基础设计

在总体设计修改的基础上，神华集团委托美国公司及国内多家设计单位分别对项目先期工程开展基础设计工作。

在基础设计的同时，国内有关煤直接液化技术的开发研究也在紧张地进行。随着国家“863”高效合成煤直接液化催化剂的开发成功，并经过 BSU 连续运转试验的验证，2004 年 1 月，采用国家“863”高效合成煤直接液化催化剂的中国神华煤直接液化工艺逐渐形成。该工艺拥有自主知识产权，工艺连续试验装置的试验结果经过了各方面专家的审查和认可。2004 年 6 月神华煤直接液化工艺通过了由中国石油化工协会和中国煤炭工业协会联合组织的技术鉴定，鉴定意见为“建议加快该工艺的商业化进程”。国家主管部门在2004年8月对方案优化后的可行性研究报告补充内容进行了审查核准批复。

神华集团要求煤直接液化示范工程先期工程（即工业化示范装置）的基础设计要按照神华煤直接液化工艺连续试验装置（BSU）的试验结果，并结合基础设计审查意见、消除风险审查及优化意见，对已完成的基础设计进行修改。

2004年8月20日国家主管部门批准本项目按新工艺开工建设先期工程。

（三）工艺选择和优化

神华煤直接液化项目集成了多个工艺技术，其中煤液化技术为核心工业技术。在项目的前期及设计过程中，围绕煤液化技术、配套的相关工艺技术开展了一系列的创新和优化工作。

1. 备煤

整个备煤系统采用“一级磨粉干燥 + 一级粉煤分离收集 + 中间贮仓”的工艺技术。

磨机形式选择：根据神华上湾煤具有挥发分高、水分高、燃点低、可磨性较低（HGI指数为50）的特点，选择辊盘式中速磨煤机、中间贮仓式流程的技术方案。

干燥工艺：备煤系统的干燥介质采用热烟气。根据上湾煤的特点，补充部分氮气以控制烟气氧含量；为减少煤尘排放量和热量消耗，干燥介质热风大部分循环，部分排放；为提高干燥系统的运行可靠性，热风炉和磨机配置采用一对多工艺方案。

2. 催化剂及其制备工艺选择

原可行性研究及总体设计阶段催化剂及其制备装置系采用了美国HTI提供的工艺包及专利技术，以硫酸铁、钼酸铵、磷酸和氨水为原料，加水后配制成GELCAT催化剂。鉴于煤炭研究总院在

21 世纪初与神华集团合作开发了具有世界先进水平的高分散铁系催化剂，即“863”高效合成煤直接液化催化剂（简称“863”高效催化剂或“863”催化剂）。神华集团在研究 GELCAT 催化剂、“863”高效催化剂等催化剂性能、制备工艺的基础上，通过催化剂反应器冷膜试验、工艺包数据向工程设计数据转化等工作，确定了“863”高效催化剂工业化制备工艺技术路线，在制备过程中采用特殊的技术，将催化剂制备成纳米级超细颗粒，使催化剂活性中心达到最有效发挥，同时避免了水基催化剂与煤、热油直接混合脱水存在的工程问题，提高了可靠性。“863”催化剂不仅价格低、活性高，而且添加量少，油收率高。

3. 煤液化

（1）液化反应

液化反应采用神华煤直接液化工艺，主要特点是采用了自主知识产权的“863”高效催化剂，全部采用预加氢的供氢溶剂，并采用强制内循环的悬浮床反应器，溶剂加氢也是首次采用悬浮床加氢反应器，同时采用了成熟的减压蒸馏固液分离技术，这些工艺技术在溶剂质量、热利用率、液相利用率的提高以及加氢稳定性的提升等方面产生了很好的促进作用。

（2）加氢稳定

加氢稳定采用 T－STAR 沸腾床缓和加氢裂化工艺技术进行全溶剂加氢，结果证明：能够很好地处理煤液化油中含有的少量固体颗粒和金属，避免了类似固定床反应器压降急速上升而带来的停工等问题；能保证催化剂具有高活性，从而保证了装置长周期开工，而且可以节省操作费用。

（3）加氢改质

加氢改质装置采用国内的工艺技术和催化剂。精制段和裂化段的反应器床层均为二层，增加催化剂的装填量，降低空速，调整反应温度，减少相应设备。

（4）轻烃回收

采用低于常温下（12℃）的吸收解吸稳定工艺，回收气体中的C3及C3以上组分。调整后，装置的主要产品为干气、液化气和石脑油。

4. 煤制氢

配有两套相同规模的煤制氢装置。气化工序采用干煤粉加压气化技术，承担着向煤直接液化单元供应纯度99.6%的氢气任务；变换工序依据煤气化粗合成气压力、成分，采用两段宽温耐硫变换串一段低温耐硫变换工艺，从稳妥可靠并节约投资的角度，两段变换选用不同的催化剂；气体净化采用低温甲醇洗工艺，与其他工艺比较，综合能耗低，操作运行费用低，CO_2、H_2S、COS的吸收和再生选择性高；制氢工序采用PSA工艺，国内厂家供应，为当时国内最大的PSA制氢装置，不仅节省投资，也加快了大型PSA装置国产化的进程。两套制氧空分装置采用了德国公司的空分技术，空分工艺采用氮循环、氧内压缩成熟工艺流程，为煤制氢装置提供氧气，最大制氧能力为2×50000标准立方米/小时。

5. 回收工艺

煤制油过程中会产生氨、酚、硫和油渍等物质，如果不进行回收，将产生较大的浪费和污染。

原基础设计方案中曾考虑氨不回收，但从全厂流程优化角度考虑，需要生产液氨，供催化剂制备装置使用。考虑到煤液化及加氢装置的酸性废水成分复杂，H_2S、NH_3含量特别是酚含量较高的特点，由单塔低压汽提工艺变为双塔加压汽提工艺，同时增加了氨精制、氨吸收、氨蒸馏工艺，以确保汽提效果。

酚回收方面，采用了溶剂萃取脱酚技术，从氨汽提来的酚水采用液-液萃取工艺，在萃取塔中萃取剂与酚水逆流接触将酚萃取出来。

硫黄回收方面，采用“SSR”（Sinopec Sulphur Recovey）无在线炉硫回收工艺。制硫部分采用克劳斯部分燃烧法处理酸性气生产硫黄；尾气处理部分采用“SSR”加氢还原吸收工艺。

油渣成型回收方面，液体油渣通过油渣成型装置进行成型处理后回收。该工艺是根据液体硫黄、沥青等物料的成型工艺，自主开发的油渣间接冷却固化工艺。

6. 污水处理

污水处理场建有4条水处理工艺线，分质分类处理含油污水、高浓度污水、含盐污水及催化剂废水，最大限度地提高水的重复利用率及废水资源化利用率。其中，高浓度污水和催化剂废水的处理如下。

（1）高浓度污水

由于项目前期污水水质的不确定性，关于高浓度污水的处理流程曾一度困扰。通过对煤液化小试装置排出污水的原水水样进行水质分析，将可研阶段的两级SBR（Sequencing Batch Reactor Activated Sludge Process，序批式活性污泥法）处理工艺，在总体设计阶段调整为一级活性污泥法加一级ABFT（Aeration Biological Fluidized Tank，曝气生物流化床）处理工艺。其后，在进行基础设计的同时，对煤液化的污水处理进行了小试实验，经检测，处理后出水可以达到循环水回用要求。

（2）催化剂废水

针对催化剂废水含有大量硫酸铵的特点，采用专有设备盐卤蒸发器/浓缩器进行蒸发脱盐，回收硫酸铵固体。

（四）核心设备工程化

作为采用新一代液化技术的首套工业化装置，神华集团联合国内外设备供应商开展了科技攻关，成功研制了煤炭液化反应器、煤加氢稳定反应器、干煤粉气化炉等多台套超大型的煤直接液化专用设备；成功完成了超大型煤液化反应器等设备一次吊装成功；攻克了世界上最厚的超厚壁不锈钢管线焊接与热处理技术难题。

1. 工程集成

煤液化加氢液化有反应器两台，高温高压分离器一台。

煤液化反应器为当时壁厚最厚、世界最重的加氢反应器，技术要求高，目前世界上只有少数国家可以生产。经过前后将近一年的实验，才攻克了在超厚的筒型锻件内部堆焊凸台这一世界难题。上下封头开孔较多，每个封头的全部接管焊接完成大约需要两个月，为提高焊接速度，国内首次采用双丝焊接，比单丝焊接省略了一半时间。

煤液化装置的筒反应器体壁厚为375毫米，经与国内研究院合作攻关试验研究，在检测中采用了超声波衍射时差法无损检测新技术（TOFD），解决了厚壁射线检测困难的难题。与射线检测和超声波检测相比，缺陷检出率高、检测速度快。该项新技术为神华后续项目的检测发挥了越来越大的作用。

神华煤直接液化项目超重、超限设备数量多、运输和吊装难度大，大件吊装工程能否按期完成对煤直接液化项目顺利建成意义重大。从2004年开始，神华集团与国内外多家优秀吊装运输专业公司开展技术交流，进行了多方案的比较分析，并组织召开了“煤直接液化项目大件设备吊装方案审查会”，通过了优化后的吊装方案。

煤液化反应器单台重达2100吨，常规吊耳不能满足吊装要求，必须进行特殊设计。为此组织国内外吊装专家对煤液化反应器吊耳的结构形式进行广泛研讨，并成立技术攻关小组进行攻关，最后决定以煤液化反应器出口法兰作为吊耳受力基点，设计和制造专用吊盖。最后，吊装取得圆满成功，并大大节省了吊装工装费用。

2. 气化炉的组装

气化关键设备要实现高空一次组对成功难度非常大。气化炉与合成气冷却器中心跨距 10 米，而中心误差不能超过 15 毫米，为此神华集团组织国内外专家对气化关键设备三大件的结构形式现场广泛研讨，并与吊装公司密切配合。

为了使 1100 吨吊车能按时松钩吊装其他重型设备，印度公司派出最优秀的焊工日夜加班，组织技术力量，通过科学试验、应力分析及周密论证，最终采用了两条黄金焊缝同时无悬挂焊后热处理方案，圆满完成了黄金焊缝的焊接工作，取得了气化炉组装技术上的又一个突破，实现了一次高精度组对成功。

3. 减压分馏塔整体热处理技术攻关

煤液化装置的减压分馏塔是该单元的重要静设备之一，包括 4 段，塔体总长度约 45 米，塔体总重约 800 吨。由于塔基层材料为低合金材质，塔筒体壁厚较厚且焊接量较大，为了消除塔体组焊时产生的残余应力，改善焊接接头和热影响区的组织和性能，防止焊缝的氢脆裂纹的产生，需要对焊缝及热影响区进行整体热处理。最理想的热处理方法就是将塔体一次性焊接完，安装就位后采用内焰法进行整体热处理，但难度很大。通过采用多种热处理工艺及技术措施并精心操作，开创了构造复杂（一台容器多种筒体壁厚、多种直径且较长）的大型立式容器，在设备安装后的基础上用内燃法进行热处理的成功先例。与其他方法相比（整体炉内或分段热处理），在确保了质量的同时缩短了施工周期，降低了工程成本。

4. 8800 千瓦增安型无刷励磁同步电机的研制

煤液化装置补氢压缩机所配电机为 8800 千瓦增安型无刷励磁同步电机，国内外电机制造商均无制造 8800 千瓦增安型无刷励磁同步电机的业绩和经验。经过多家单位的联合技术攻关，在短短 8

个月时间里就研制出了世界第一台 TAW8800 - 20/3250 增安型无刷励磁同步电动机。经过几年的运行验证，各项指标均达到设计要求。

三　示范工程运行情况

2008 年 11 月 12 日，国务院领导主持召开了神华煤直接液化示范工程专题会，之后国务院成立了试车协调指导小组，由工业和信息化部任组长单位，能源局为副组长单位，科技部、国资委、安监总局、中科院、工程院、中石油、中石化等单位参加，负责指导和协调神华集团开展联动试车工作。协调指导小组下设三个工作组：一是由中石化牵头，中石油、科技部、中科院、工程院等部门和单位有经验的专家组成专家组，帮助解决联动试车中的技术难题，协助完善技术方案；二是由安监总局牵头，有关地方政府和企业组成安全组，负责指导、督促神华集团落实安全措施，组织做好应急救援准备工作；三是由国资委牵头，有关企业组成保障组，负责协调国内有关企业，做好设备材料、备品备件、维护维修等方面的保障工作。

（一）运行准备

第一次投料试车，是对从技术、设计、设备到生产准备的重大考验。为此，做了充分的运行准备。

神华煤直接液化单元作为首次工业化的核心装置，没有可以直接借鉴的经验。因此，生产准备很多属于创造性的工作。神华集团从神华煤直接液化工艺实验室小型连续试验装置（BSU）和 6 吨/天神华煤直接液化工艺开发装置（PDU）建设运行，到编制操作规程和培训教材、人员培训等开展了一系列生产准备工作。先后多次聘请国内外煤直接液化专家对工厂技术人员进行培训。通过对国外日处理煤百吨级工业性试验装置运行资料的分析和整理，以此作为培训基础材料，制订培训计划，开展业务培训，使工厂技术人员掌握了煤直接液化原理、工艺过程、煤直接液化装置运行过程中易发生的故障及设备性能等。

试生产是保证整个示范工程顺利运行的重要环节，除在人力资源方面做好充分准备外，还做了如下准备。

第一，组织准备。成立了以集团董事长为组长的试车工作领导小组，成员由集团职能部门和相关单位组成，全面领导神华煤直接液化示范工程的试车工作。

在试车工作领导小组的指导下，煤直接液化公司成立了试车指挥部，具体负责神华煤直接液化示范工程的试车工作，下设十个小组：试车专家顾问指导组、工程支持组、投料试车组、生产调度专业组、设备动力工程专业组、自动化专业组、物资采购专业组、HSE 专业组、后勤服务专业组和技术、质量专业组。试车指挥部于 2007 年 10 月批准了《神华煤直接液化项目先期工程总体试车方案》，并上报神华集团领导小组；陆续组织全厂各车间和单元编制技术规程、试车方案、操作手册、紧急预案并进行了审批。

各小组按照分工和职责，认真开展相关工作，有力地推动了试车各项工作的开展。

第二，资金与物资准备。编制了提前进厂人员生产准备费用资金计划和联合试运转费用资金使用计划，严格按照资金计划做好资金使用控制，有效控制各项费用在概算控制指标内。按照总体统筹控制计划，在开工前做出了物资准备计划，并按计划完成采购任务。针对部分开工用原料有特殊要求、国内无法短时间采购到的问题，派出专门人员提前进行资源调研，并在工厂具备接收的条件下，提前开始采购，为示范工程顺利试生产做好了充分准备。

第三，营销准备。针对煤直接液化油品无现行国家及行业标准可以沿用的问题，集团极为重视投产后的营销工作，在制定发布神华煤直接液化示范工程企业产品标准的同时，组织人员对产品市场、供应渠道进行了调查研究，解决了产品的销路问题。

本着投煤一次成功、确保安全环保零事故的原则，详细统筹试运行的总体进度安排，提前梳理试运行的难点和可能出现的问题，并制定解决预案。2008 年 12 月 30 日，神华煤直接液化示范工程开始投煤试车，连续稳定运行 13 天、投煤 303 小时，打通全部工艺流程，第一次投煤试运转取得了成功。

1. 合理确定首次试运行的总体原则

神华煤直接液化示范工程是世界首套煤直接液化工业生产装置，操作条件苛刻，系统集成复杂，包括煤液化、煤制氢、加氢稳定、加氢改质、催化剂制备等 14 套主要生产装置，以及 15 个单元储运设施、32 个单元公用工程和厂内、外设施，首次试运行的难度巨大。为此，神华集团结合煤液化示范装置的实际情况，合理确定了首次试运行的总体原则：按照全厂各装置互为条件、紧密衔接的原则，抓住煤制氢和煤液化两个关键路线，采取倒开车方式，实现投煤一次开车成功。

2. 精心梳理首次试运行的难点

根据煤直接液化工艺流程单系列、主要装置硬连接、中间罐容小、试车程序紧凑的特点，精心编制完成《神华煤直接液化项目先期工程总体试车方案》和《煤直接液化厂总体开车计划安排》，保证了试车工作的顺利开展。

结合本项目单套装置加工规模大、管理模式和工艺装备先进等特点，尤其是煤液化装置目前没有工业装置的运行经验可以借鉴的特点，精心梳理出试车中的主要难点。包括空分“一拖二”机组的正常运行，气化炉水冷壁吹扫存在的爆管隐患，煤制氢变换反应器正常硫化问题，液氨的储存、中转和停工排放问题，催化剂制备问题，备煤装置磨机试运中的煤粉处置问题，煤液化热高分减压阀和煤液化进料减压阀磨损问题，煤液化减压塔和成型机稳定运行问题，煤液化含固重污油外排冷却器的维护和备用问题等。

3. 运行条件的确认

为达到首次试运行的总体目标，严格按照神华集团批准的总体试车方案进行，在投煤首次试运行前严格检查和确认图 1 所示投料试车条件。

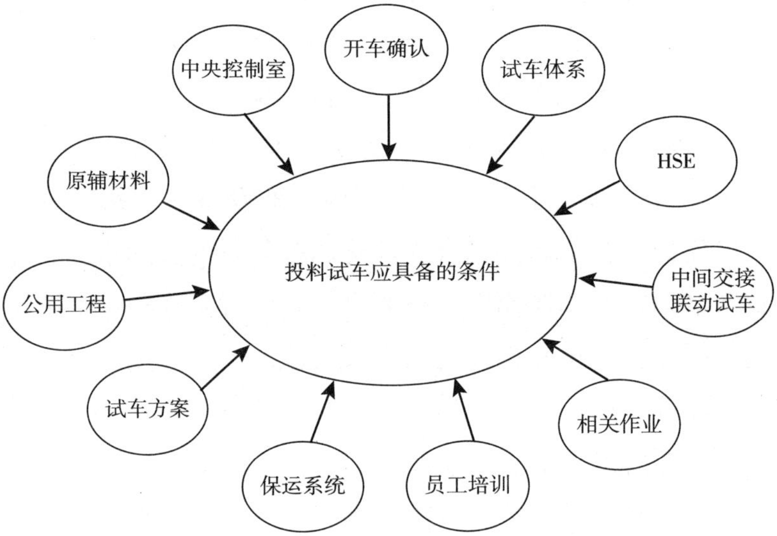

图 1　投料试车条件

4. 投料试车总体安排

第一，按照全厂各装置互为条件、紧密衔接的原则，抓住煤制氢和煤液化这两个主轴线统筹组织进度，合理部署《煤直接液化厂总体开车计划安排》。

第二，突出关键节点，包括公用工程系统投用、关键设备试车、开车条件确认和投料试车。

第三，在安全环保方面要求做到试车步步有安全环保措施，事事有安全环保检查，安全环保设施先于生产装置投用。

第四，试车过程本着合理利用开工物料的原则，充分估计开车过程的复杂性，储备足够的开工起始溶剂、柴油、石脑油等物料。

第五，试车安排充分考虑当地气候对操作的影响。

第六，根据煤液化装置中期交工时间较晚的实际情况，采用空分制氧→煤制氢→加氢稳定→煤液化投料试车流程，其他装置根据试车程序相继开工。

（二）首次试运行

对于煤直接液化装置的首次投煤试运行，国家高度重视。2008年11月12日下午，国务院领导主持召开了神华煤直接液化示范工程专题会。国家发改委、科技部、工业和信息化部、国资委、安监总局、工程院、能源局、中石化、中石油、神华集团等部委和企业相关人员参加了会议。按照国务院领导的指示，成立了国务院试车协调指导小组。2008年11～12月，协调指导小组组织先后召开了两次全体会议。

2008年12月27～28日，工信部、安监总局领导和专家组人员到现场，再次对煤液化现场进行了检查和复核。

截至2008年12月29日，除煤液化装置外，其他装置已经完成了试车工作并稳定运行或停工待料，其中公用工程系统（水、电、汽、风、氮等）已在2007年底基本实现稳定运行；含油和生活污水处理系统已经运行正常，含盐污水处理的膜渗透部分已投入正常运行，浓盐水循环蒸发部分即将开始试车工作；污水汽提装置已于2008年12月初投入正常运行，处理加氢装置和煤制氢装置产生的酸性水；气体脱硫、硫黄回收和酚回收装置已完成各项联动试车工作，可随时根据上游装置需要组织开车生产；加氢改质装置已经完成催化剂的硫化、钝化工作，随时可以投料生产；轻烃回收装置处于油运状态，等待上游装置来料开车；两套空分制氧装置已经实现稳定运行；两套煤制氢装置已通过连续运行考验，经过检修改造后已经开车；天然气制氢装置作为煤液化补充氢源已经顺利开车；液化备煤6条生产线全部试运正常；催化剂制备装置2008年6月完成初步试车后，进行了改造优化并于11月实现了基本稳定运行，可以满足煤液化装置生产需要；加氢稳定装置于11月初完成假物料模拟运行后开始加工溶剂油，已加工近20000吨供氢溶剂油，并已经实现了与煤液化装置的联合试运行，可以满足煤液化装置开车投料需要；核心工艺单元煤液化装置经过严格的高压氢气气密和冷热油运后，进行了相关假物料模拟试运行，并对存在问题进行处理和优化改造；所有与开车有关的化工物料、开工溶剂等原材料已全部到位，满足全厂开车打通全流程需要。

2008年12月30日14：46，在达到设定的试车条件下，开始了投煤试车。试车在1/3负荷下开始，至17：30负荷增加至2/3，经过6小时的运转，煤的转化率明显增加，23：18煤浆流量达到420吨/小时，装置达到了设定负荷（75%），2008年12月31日凌晨4：30，第一反应器出口达到了设定温度，并于7：00液化残渣在成型机顺利成型。12月31日14：30，打通了全部生产流程，生产出合格的石脑油、柴油等目标产品。

经过72小时连续稳定运行，经过现场评估，所有生产装置运行平稳可控。至2009年1月6日14：46，百万吨级煤直接液化示范工程在70%～75%的负荷下连续稳定运行168小时，完成了所有预定的试车任务。此后，逐渐降低负荷、摸索操作条件，探索从废煤浆中回收溶剂油，以解决煤直接液化领域的操作难题。按照停车计划，从1月11日20：00停止煤液化装置油煤浆进料，至1月12日5：38系统置换出残渣成型结束，连续稳定运转 13 天，连续投煤 303 小时。百万吨级煤直接液化示范工程第一次投煤试运转取得了圆满成功。第一次投煤试运转期间，煤液化装置加工洗精煤 36524 吨（含水 17%），制备油煤浆 76000 吨，共生产各类油品 26602 吨。其中，含起始溶剂 17855 万吨，净产各类油品 8748 吨。煤的转化率为 90. 94%（质量分数，无水无灰基）。由于减压塔热量不足，造成残渣中含油量过高，如果将残渣中固体含量提高到设定的 50%，油收率为 56. 86%（质量分数，无水无灰基），基本达到了基础设计数据。

（三）工艺技术优化

在首次投煤试运行后，针对试运行中出现的问题，进一步对液化单元减压塔及其塔底油渣系统和塔顶真空系统、煤粉输送系统、加热炉烟气回收系统、残渣成型单元尾气系统等进行了工艺技术优化和系统改造。

1. 液化单元减压塔系统改造

针对减压塔热量明显不足造成产品收率低、溶剂轻质化等问题，在常压塔和减压塔间增加了减压加热炉；为保证减压塔底油渣系统的正常运转，实现关键物料的流出顺畅，塔底增加了大流量减底泵；为提高减压塔顶系统的真空度，对空冷系统进行了改造。

2. 对煤粉输送系统进行完善

针对催化剂及煤粉进料波动较大的问题，对煤粉输送系统进行了改造和完善，保证了煤粉输送的稳定。

3. 完善加热炉烟气回收系统

通过完善加热炉烟气回收系统，提高了加热炉效率，有利于节能降耗。

4. 残渣成型单元尾气系统改造

为改善原残渣成型单元油渣尾气洗涤塔水洗效果较差、废油气处理能力小、现场烟气大污染环境的问题，对引风机系统进行改造，并增加了油洗设施。

（四）运行结果

1. 实际运行情况

第一次工业放大的“863”催化剂生产单元经过改造完善后，其生产能力和操作条件完全达到了设计要求，验证了具有完全自主知识产权的煤直接液化高效催化剂（“863”催化剂）在工业放大后的高活性，在添加量小（Fe/干煤为1.00%）的条件下，煤转化率达到了90.94%，与设计基础数据完全吻合。神华煤直接液化示范工程的核心设备——两台世界最大的加氢反应器在运转过程中，操作平稳，轴向径向温度分布均匀，完全达到了设计要求。

世界首套百万吨级神华煤直接液化示范工程经过几次消缺改造后，装置运转平稳，主要工艺参数达到了设计值，产品达到了设计要求，项目最高负荷达到设计值105%，最长连续运行5784小时。煤转化率达到了设计的91%，产品收率达到了57%（设计值为61%），残渣固体含量接近设计的50%。这证明神华煤直接液化工艺以及“863”催化剂技术先进可行，达到了世界领先水平。神华煤直接液化示范工程的平稳运行表明百万吨级神华煤直接液化示范工程工业化进程是成功的，装置的运行是安全可控的，在目前状态下能够实现较长周期的稳定运行。

2. 经济技术指标

神华煤直接液化示范装置2013年累计生产油品86.62万吨，其中，生产液化气9.24万吨，石脑油26.88万吨，柴油50.50万吨。单位产品能耗为1.71吨标准煤/吨油，吨油耗水6立方米（设计值10立方米/吨油），污水回用率在95%以上，能源转化效率为58.5%（见表1）。

表 1 2013 年煤直接液化项目主要技术指标

能源转化效率	58.5%
单位产品能耗	1.71 吨标准煤/吨油
单位产品废渣排放	0.237 吨/吨油
生产水耗	平均 6.0 吨/吨油

3. 经济效益分析

2011 年装置投煤运行 280 天，生产油品 79 万吨，实现营业收入 53.54 亿元，利润 4.05 亿元；2012 年投煤运行 302 天，生产油品 86.5 万吨，实现营业收入 60.38 亿元，利润 5.8 亿元；2013 年投煤运行 315 天，生产油品 86.62 万吨，实现营业收入 58.8 亿元，利润 2.09 亿元。

产品销售市场良好，柴油、石脑油、液化气等产品和副产品销售顺畅。

按照当前市场产品价格、原材料价格水平，用实际生产消耗指标对项目实现满负荷运转时进行经济效益测算，项目具有较好的经济效益。通过进一步改造优化、减少原料消耗、提高产品收率，项目还会实现好的经济性。

四 取得的基本经验

风险控制与环境保护是煤制油工程极为重要的两个方面。作为一个庞大的系统工程，煤制油项目投资大、周期长、工艺路线复杂、环境条件变化大，项目本身潜在的风险因素盘根错节、错综复杂，具有极大的不确定性、不可预知性和无可借鉴性。同时，煤制油作为大型煤化工项目，污染与排放是尤为需要重视的问题，其高污染、高排放的问题不仅需要技术进步加以改善，而且需要强化管理进行有效解决。因此，这里重点谈谈神华集团在这两个方面的一些基本经验。

（一）风险防控要到位

为确保风险受控，保证项目顺利实施，神华在多年煤矿本质安全管理经验的基础上，建设了一整套较为完善的项目风险防控体系，从设计、建设到运营，从工艺技术到管理的各个环节，对影响项目的风险因素进行“清剿”式排查和识别，使示范工程的各类风险降到可控状态，保证了项目建设总目标的实现和项目交付后的安全、稳定试车和运行。

1. 重大建设技术风险防控

神华煤直接液化示范工程通过建立完善的风险管理体系，对工艺技术、项目设计、工程建设等各个阶段和环节的风险进行管控，确保影响项目建设的风险能够及时得到识别，并处于受控状态，保证了项目建设总目标的实现和项目交付后的安全、稳定试车和运行。

一是建立项目建设风险管理体系。通过编制《项目风险管理规定》明确了项目建设风险管理的主要内容和过程，风险管理的组织机构和职责，风险管理执行的要求，风险识别、分析、措施策划、资源提供、风险应对措施实施效果评估及系统统计等方法；成立风险管理委员会、风险管理小组负责整体项目的风险管理；风险管理委员会每月召开一次风险管理专题会，审议风险管理策略和重大风险管理解决方案，并组织进行经验教训总结；风险管理小组成员根据风险管理体系文件的要求进行风险识别、分析、填写风险登记表、应对计划编制，每月召开一次专题会议对风险状态进行分析，并将更新信息的风险登记表提交风险管理小组。

二是实施项目建设风险管理。

对于工艺技术风险的管理。采用“863”催化剂降低原设计风险；优化催化剂、油煤浆制备工艺流程，提高装置操作稳定性；采用悬浮床反应器避免固体物料沉降及局部过热；采用预加氢供氢溶剂确保装置长期稳定运转；采用减压蒸馏分离固液；利用 PDU 装置的运行经验优化设计。

对于工程设计风险的管理。首先是重视各阶段性审查工作，组织国内外专家对煤液化、T－Star、加氢改质、备煤、催化剂制备、油灰渣成型 6 套重要生产装置的基础设计文件进行了全面、系统的审查；其次是对部分单元的能力进行优化，原基础设计催化剂制备单元共有两条生产线，将催化剂单元的能力修改为原能力的 150%，每条线为 75%，同时保证每条线具备独立运行和独立检修的操作条件；再次是降低含固物料堵塞及磨损风险，进行了大量的调研和设计方案优化，降低了含固物料的堵塞及磨损风险，减小了煤液化装置的投资；最后是采取多措施提高煤制油产业竞争力，降低工程投资，提高设备国产化率（超过 70%），采用低成本原料，用煤制氢取代天然气制氢。

对于工程建设风险的管理。主要是通过总体统筹策划，确定影响建设总目标的风险因素并针对可预见的影响程度、后果，制定风险消除、监视的预控措施。鉴于项目建设过程的复杂性，在整个建设期间，还持续对新产生的风险因素以动态方式进行识别和防范，包括合理安排长周期设备采购计划、科学制定混凝土集中供应措施、从源头控制焊接质量、化解大件设备吊装风险、建立超重和超限设备现场组焊设施等。

2. 重大运营技术风险防控

防控煤制油项目运营中的重大技术风险是示范工程中一个非常重要的课题。神华集团通过开展 HAZOP（危险和可操作性分析）风险评估，对示范工程运营中重大技术风险进行分析与控制：生产管理、技术人员和有经验的操作工提前介入项目前期工作；针对煤直接液化特点编制完善事故应急预案；针对冬季开工，专门制定冬季防冻防凝管理规定；针对各单元装置的特点，分别制定相应的技术措施，化解装置风险，使运营技术风险降到最低。

（二）环保措施要得当

神华煤直接液化示范工程从项目立项到建设和运行，坚持“低污染，建立绿色煤制油产业”的环保目标，严格执行环境保护“三同时”制度和环境保护设计，加大环保投入，积极应用环保新技术，完善环保设施和组织机构，加强“三废”治理，实现了生产过程中污水零排放，二氧化硫近零排放，油渣作为电厂锅炉燃料的循环利用。

1. 做好环境保护设计

一是在可行性研究阶段，进行大量调研、技术比选等工作，采用各种技术措施加强环境保护：使用的燃料以脱硫的燃料气为主，燃烧废气的排放符合国家废气排放标准；污水均经过处理，循环利用；油渣送往自备电厂发电；工业噪声对环境的影响符合《工业企业厂界噪声标准》；设计中充分考虑环境保护对策，做到在发展经济的同时最大限度地保护环境。

二是在基础设计阶段充分考虑了环境保护，为使项目产生的污水回用，废气排放达到排放标准，废渣得到妥善处置，全厂建立了以下环保设施。

（1）污水处理设施

含硫污水汽提装置：本工程产生的含硫污水全部密闭排入含硫污水汽提装置，并进行氨回收。酚回收装置：由于煤液化及加氢稳定装置产生的含硫污水中酚含量较高（为 2230 ~ 6000 毫克/升），经汽提脱硫后，酚含量仍很高，因此，本工程加设酚回收装置，使得排出的废水能够进入生化处理装置作进一步处理。污水处理场：

针对污水场进水水质复杂、处理难度大的特点，污水处理场采用四套水处理流程，对低浓度含油污水、经汽提脱酚处理后的高浓度污水、含盐污水及催化剂废水实行分质单独处理，处理后全部回用、不外排。

（2）废气处理设施

脱硫装置：建设气体脱硫设施，处理全厂产生的酸性气，为生产装置提供清洁的燃料气并消除酸性气对设备的腐蚀。硫黄回收装置：建设硫黄回收装置，回收脱硫装置及污水汽提装置脱除的含硫气体，生产硫黄产品。装置采用无在线炉硫回收工艺，总硫回收率达99.8%以上。火炬及放空回收设施：建设火炬及放空回收装置，将在开停工及不正常操作、事故状态时由安全阀排出的可燃气体密闭送入火炬系统。火炬系统设置一座干式气柜用来回收放空油气，并通过压缩机，将气柜中的油气升压送全厂燃料气管网作燃料气用。酸性气火炬系统：为保证事故状态下酸性气的有效处理，硫黄回收装置事故状态紧急放空及开停工时期临时排放的酸性气设专线排至火炬系统进行燃烧处理，减少对周围环境及人员的危害。

（3）废渣填埋场

为妥善处置本项目排放的各类废渣，建设了两座废渣堆埋场。渣场一用来处置锅炉废渣及煤制氢装置产生的气化废渣。渣场二由两部分组成：一部分用来处置各装置排放的废催化剂及污水处理场排放的脱水污泥；另一部分用作蒸发塘。

（4）环保监测站

利用附近的环境监测站，定期监测地表水、地下水，以及废水、环境空气、废气和噪声。

2. 加强环境保护管理

（1）建立完善的环境保护组织机构

神华煤直接液化示范工程设有独立的环保管理机构——安全健

康环保部，负责全厂的环保监督管理工作。2007 年初制定了包括 4 个程序文件和 15 个管理规定在内的环境保护管理制度体系，2008 年又对这些管理制度进行了修订完善，建立了较为完善的 QHSE 质量安全环境健康管理体系。2008 年初完成了全厂危害识别培训及环境因素识别评价工作，并完成了公司级“环境污染专项预案”。

（2）严格执行环境保护“三同时”制度

煤直接液化示范工程做到了环境保护与主体工程同时设计、同时施工、同时投入使用，并派专人负责并监督环保工作进展及落实情况，更将每项环保任务细化分解到个人，做到责任到人、分工明确。

3. 厂区环境绿化和美化

煤直接液化示范工程地处毛乌素沙漠南缘，属半干旱大陆性气候，所在区域内的生态环境比较脆弱。所以，在项目建设过程中，一方面是保护、恢复直接受影响的生态系统及其功能；另一方面是采取了改善区域生态环境、建设具有更高环境功能的生态系统的措施。通过运用自主研究成果，按照植物措施设计原则，选择适宜的乡土树种或经多年栽培、适应性较强的引进树种和草种，提高造林的成活率，充分发挥土地生产力，使厂区形成了点、线、面相结合的绿化空间系统，以获得最大的水土保持生态效益、社会效益和经济效益。

4. 积极采用环保新技术

为了更好地保护环境，同时做到节能减排，降低原材料的消耗，本项目在积极落实各项环境保护措施、清洁生产与循环经济措施、环境风险管理等各项措施的同时，应用了大量的新工艺、新技术。

（1）油渣的综合利用

本项目每年产出的油灰渣多达 60 万吨。油灰渣是一种软化温度极低、高发热量、高含硫量的特殊燃料，常规燃烧方式难以将其有效利用。

在试烧实验的基础上，煤直接液化项目就地配套设计、建设了油灰渣、洗中煤综合利用自备电站，将油灰渣作为自备电站的燃料，既节省了燃煤，解决了环保问题，同时可为直接液化项目提供所需的蒸汽和电力，真正实现了循环经济的减量化、再利用和资源化。

（2）催化剂废水处理技术

在煤液化催化剂的生产过程中产生了大量高盐高氨氮废水，废水具有高硫酸铵含量、高溶解固体（TDS）、高悬浮物、低有机物、污水成分比例不确定的特点，可生物降解性差［废水的 BOD_5（5日生化需氧量）几乎为零］、污染物浓度高、难降解，是处理的一大难点。在工程设计阶段，通过查阅大量的资料，进行专家咨询、论证，最终确定了“斜板沉降＋流砂过滤＋循环蒸发＋结晶处理”工艺，有效地解决了这一难题。经实践检验，该项技术无论在经济效益、环保效益、生产效益方面，均实现了较高价值。

五　发展煤制油的几点认识、下一步发展思路及政策建议

（一）发展煤制油的几点认识

神华集团是全球首家将直接煤制油技术用于商业化生产的企业，也是公认的煤炭企业实现经济发展转型最成功的企业。鄂尔多斯煤制油、包头煤制烯烃等现代煤化工示范项目实现商业运营以来，经济效益良好。基于这些煤化工方面的建设经验，对煤制油产业的发展主要有以下几点认识。

1. 对整个煤制油产业的风险要有清醒的认识

我国煤制油产业，虽然面临良好的发展机遇，但同时面临项目投资巨大、技术有待成熟以及水资源、环保等方面的挑战。尤其是项目建设区大多处于干旱和半干旱的中西部地区，可用水的容量有限，面临水资源严重匮乏的窘境，而项目自身面临的巨大环保压力也一直备受争议。未经严密论证和科学规划、脱离现有条件、不合理的煤制油项目一旦上马，将会直接影响当地经济社会平稳发展和生态环境保护。此外，投资巨大的煤液化项目还面临着来自国际油价波动的风险。

2. 项目规划要科学合理，符合集团战略发展的需要，切忌“一哄而上”

在当前整个煤炭工业转变经济增长方式的关键时期，煤炭企业上马煤化工项目一定要慎之又慎，一定要从集团的整体发展战略出发，从企业的自身实际出发，进行科学合理的规划。宁可慢一些，一定要稳妥。切忌“一哄而上”“一窝蜂”，避免重走以往煤化工“遍地开花”而后恶性竞争的老路。

3. 项目前期论证要充分

在项目前期，对项目建设的必要性、资源条件、市场前景、技术方案的可行性以及项目建设的经济合理性要进行充分、科学的论证和评估，争取做到“项目论证不充分不建设，项目不成熟不建设”。为实现将煤直接液化技术从实验装置放大到工业装置的目标，神华集团从1997年就开始围绕核心工艺技术开展一系列前期工作，将煤液化技术的问题和风险在前期阶段就逐步化解，为煤液化技术的成功商业化示范奠定了坚实的基础。

4. 重视专业人才的引进和培养，让专业的人做专业的事

煤制油等现代煤化工产业，技术高度密集，装置复杂程度高，外行较难掌握，而煤直接液化技术在世界上又是首次工业化，没有可以直接借鉴的经验。为此，神华集团从项目筹建之初，就从相关相近行业积极引进各类优秀专业技术人员，并从多方面采取措施，尊重人才、留住人才，致力于打造学习型团队，为人才成长和培养提供广阔的发展平台与空间，为人才成长营造人性化的、不断改进的良好氛围，保证了人才队伍的稳定，成功化解了跨领域、跨行业建设新项目所遭遇的技术、人才和管理难题，从而保证了煤制油项目的顺利实施。

5. 项目设计一定要周全

经验证明，在设计阶段，如果对细节考虑不周全，设计时丢三落四，就会导致项目在建设时反复变更、不断修改，不仅将对现场施工造成损失，而且导致工期延误，甚至导致项目建成后仍问题频出、隐患不断，迟迟无法实现“安、稳、长、满、优”运行。所以，在设计阶段，一定要周全考虑，全面保证设计质量，确保项目顺利实施。

6. 要高度重视工程建设项目管理

煤制油项目资金、技术高度密集，技术复杂，涉及专业多、集成程度高、工程投资大、建造周期长、质量要求高，科学规范的项目管理将是项目进展顺利的根本保障。工程建设项目管理水平的高低关乎投资效益的好坏，决定建设项目的成败。

7. 生产准备要充分

生产准备工作要提早开展，统筹安排。从工程设计开始直到项目建成投产的整个建设过程中，都要做好计划安排，一面抓工程建设，一面抓生产准备，相互协调，同步促进。各类人员要提前到位并经培训上岗，开车人员要提前介入项目，各项生产准备要做细做实，措施要到位，预案要充分，确保项目实现本质安全。

8. 煤制油项目成功离不开决策层高度重视

煤制油项目凝聚了国家战略意志，从项目立项开始到成功实现商业化运行，自始至终得到国家的高度重视。在项目建成试车前夕，国务院领导专门主持召开了神华煤直接液化示范工程专题会，并由国务院牵头，联合工业和信息化部、国家能源局、科技部、国资委、安监总局、中科院、工程院、中石油、中石化等单位，成立了试车协调指导小组，全面指导和协调神华煤制油项目的联动试车工作，确保了项目一次投料试车成功。

（二）下一步发展思路

除目前在建的神华宁东400万吨煤间接液化项目和即将开工的鄂尔多斯煤直接液化二线、三线项目外，神华还规划在新疆建设大型煤制油项目，目前正在开展前期研究工作。

1. 煤直接液化

随着神华集团108万吨/年煤炭直接液化项目的示范成功及正式进入商业化运行，目前，神华集团正在积极开展煤炭直接液化制油项目第二、第三条生产线的前期工作和开工准备，预计2017年前后建成投产。项目位于内蒙古鄂尔多斯市伊金霍洛旗。项目依托现有的煤直接液化先期工程（第一条生产线），建设另外两条煤直接液化生产线（两套108万吨/年煤液化装置）和一条调和油生产线（50万吨/年），完成煤直接液化项目一期工程。目前，项目处于可研修编及审查阶段。

2. 煤间接液化

在神华18万吨/年煤炭间接液化示范成功的基础上，神华在宁夏宁东启动了400万吨/年煤炭间接液化项目。该项目位于宁夏宁东能源化工基地，项目总占地面积815.67公顷，项目总投资550亿元，油品合成装置采用中科合成油中温浆态床费托合成技术。项目建设规模为年产油品406万吨，其中柴油274万吨、石脑油98万吨、液化气34万吨。

该项目将是目前世界单套装置规模最大的煤制油项目，年转化煤炭2036万吨，计划2017年建成投产。在煤价为234元/吨（含税），原油价格为86美元/桶的条件下，项目建成达产后年均销售收入266亿元，年均利税总额153亿元，所得税后财务内部收益率为13.20%，静态投资回收期（税后含建设期）为10.24年。

该项目于2013年9月获得国家发改委核准（发改能源〔2013〕1837号），计划于2017年竣工。目前，本项目已全面开工建设。

（三）政策诉求与建议

第一，建议尽快出台煤化工产业相关发展规划，规范发展煤制油产业。目前煤制油发展尚未建立相应政策体系，产业发展缺乏统筹规划、定位不明、发展目标不清晰。希望国家层面尽快出台煤炭深加工产业发展政策，进一步明确“十二五”期间煤制油发展目标和重点，促进我国新型煤化工产业健康科学发展，为缓解我国石油供需矛盾做好前瞻性准备。

第二，建议国家层面尽快确立煤制油产业发展的原则、目标和定位，因地制宜、科学规划、规模经营，集约、有序发展煤制油产业，避免项目一哄而上、重复建设、“遍地开花”。

第三，建议对煤制油产业发展要积极引导、合理布局，并在2020年前后达到适度规模，以形成对进口石油比较实质的替代。

第四，建议国家层面适时出台煤制油产业发展相关配套政策，着力解决水资源和碳减排两大关键问题。鼓励企业大力发展循环水资源利用技术，促进清洁生产；尽快出台碳税政策，有效解决碳排放问题。

第五，建议国家层面建立煤制油长效发展机制和保护机制，根据国际油价波动情况，通过补贴、税收等经济政策杠杆进行扶持，实现煤制油产业可持续发展。

第六，建议加快制定煤制油产品生产及使用国家标准和规范，逐步建立并完善煤制油品生产、流通、使用、服务法规和标准体系，促进煤制油产业健康发展。

第七，建议赋予煤制油企业油品自营销售权。充分发挥市场机制作用，实行优质优价，促进公平竞争，打破大型石化企业在成品油批发零售上形成的垄断格局，推进煤制油产业的长期、健康、稳定发展。

第八，合理制定煤制油产业准入条件。现代煤化工尤其是煤制油产业属资金、技术、人才密集型产业，项目投资大、经济风险高，资源和环境成本巨大，需要国家从政策层面给予引导，制定相关能耗、水耗及污染物排放限额标准，适当提高煤制油产业的进入门槛，防止投资过热，造成资源、资金的巨大浪费，给企业和国家带来巨大的经济损失。

B.3

内蒙古伊泰集团煤制油示范项目发展报告

内蒙古伊泰集团有限公司*

摘　要：

伊泰集团与中国科学院山西煤炭化学研究所合作承担的煤炭间接液化项目是我国重点煤制油示范项目之一。其核心技术先后通过了中国科学院成果鉴定和科技部专家组验收，具备产业化条件，并拥有了我国煤炭间接液化完全自主知识产权的商业化生产线。本报告客观如实地介绍了该示范项目建设、运行情况，对下一步产业化提出了发展思路和政策建议。

关键词：

伊泰集团　煤制油　煤炭间接液化

内蒙古伊泰集团有限公司（以下简称“伊泰集团”或“公司”）是以煤炭生产、经营为主业，以铁路运输、煤制油为产业延伸，以房地产开发等非煤产业为补充的大型现代化能源企业。公司

---

* 课题组组长：张东海，内蒙古伊泰集团总经理，高级经济师。副组长：郝喜柱，内蒙古伊泰集团副总经理，高级经济师。成员：翟德元，内蒙古伊泰集团投资公司副总经理，教授；姜建生，内蒙古伊泰集团副总工程师，内蒙古伊泰煤炭股份有限公司煤化工事业部副总经理，高级工程师；金嘉璐：内蒙古伊泰煤炭股份有限公司煤化工事业部总工程师，研究员。

连续十年跻身中国企业500强，2013年列第215位。同时，位列中国煤炭企业百强第21位、内蒙古煤炭企业50强之首。目前，公司总资产909亿元，职工7300余人，下属内蒙古伊泰煤炭股份有限公司为煤炭行业首家B+H股上市公司。

伊泰集团在各级党委、政府及有关部门的正确领导和大力支持下实现了跨越式发展，公司的综合实力得到了大幅提升。公司党委被中组部授予“全国先进基层党组织”称号；公司被原国家煤炭工业部评为“现场管理最佳企业”，并授予全国煤炭工业优秀企业“金石奖”；被中华全国总工会、人力资源和社会保障部、全国工商联联合授予“全国就业与社会保障先进民营企业”和“全国模范劳动关系和谐企业”；被中国煤炭工业协会评定为煤炭行业AAA信用等级企业；被评为“全国文明单位”；五次荣获“中华慈善奖”，并获得内蒙古自治区首届“主席质量奖”。

一　煤制油间接液化示范项目建设情况

煤制油是“十五”期间国家重点组织实施的12大高新技术工程之一。2001年国家“863”计划和中科院联合启动了“煤转油”重大科技项目，中国科学院山西煤炭化学研究所承担了这一项目的研究任务。该项目所攻关的煤炭间接液化技术，煤种的适应性很宽，不仅适用于褐煤、烟煤等煤种，还适用于高灰、高硫、高灰熔点的“三高”煤种的转化，可以广泛、充分、高效地利用资源；在化学合成前期的煤气净化过程中，还可以把对人体有害的硫、砷、汞等有害物质脱除出来，实现煤炭高效、洁净利用。

（一）示范项目前期准备情况

伊泰集团为了实现煤炭产业升级，促进资源转换，走可持续发展的循环经济之路，一直关注煤炭深加工领域的科技发展趋势。2002 年，公司出资 1800 万元与中科院山西煤化所联合开展煤制油项目前期研发。2002 年 9 月，千吨级“煤转油”中试装置在中科院山西煤炭化学研究所实现了成功试运转，打通了流程，并产出了第一批粗油品。

2003 年底，从粗油品中生产出了无色透明的高品质柴油，这标志着我国具备了开发和提供先进成套产业化自主技术的能力，并成为世界上少数几个拥有可以将煤变为高品质柴油全套技术的国家之一。

2005 年，其核心技术“费托合成的催化剂、浆态床反应器和工艺工程”取得重大突破，“煤基液体燃料合成浆态床工业化技术”先后通过了中科院成果鉴定和科技部“863”专家组的验收，具备了工业放大的条件。2005 年 8 月，伊泰集团果断决策，投资建设产量达48 万吨/年（一期16 万吨/年）煤基合成油项目。2005 年 12 月 8 日，内蒙古自治区发改委以《关于内蒙古伊泰集团有限公司年产 48 万吨煤基合成油项目核准的通知》（内发改工字〔2005〕1832 号）核准了该项目。

2006 年 2 月，以中科院煤基合成油技术及其团队为依托，由伊泰集团出资 2. 27 亿元相对控股，联合中科院、神华集团、山西潞安矿业（集团）、徐矿集团、北京连顺能源公司 5 家单位，共同组建“中科合成油技术有限公司”，为煤制油项目提供坚实的技术支持和后备力量。2006 年 3 月，伊泰集团和内蒙古伊泰煤炭股份有限公司共同出资 7 亿元，发起成立了内蒙古伊泰煤制油有限责任公司，实施项目建设。2006 年 5 月 11 日，该项目在内蒙古鄂尔多斯市准格尔旗大路煤化工基地隆重奠基。

2008 年 7 月，项目经过 1 年多的工程设计及 1 年半的紧张施工，各装置陆续机械竣工。2008 年 9 月，开始进入联动试车阶段，这标志着项目全部顺利建成，具备试生产条件。项目决算总投资27.89亿元。

（二）原始开车情况

2008年7月中旬，公用工程装置启动；2009年1月上旬，空分装置产出合格的氧气和氮气；2月中旬多元料气化装置一次投料成功；2月下旬合成气净化装置开车成功，为合成、油品加工开车创造了条件；浆态床费托合成核心技术装置3月15日加入催化剂进行还原，3月20日导入净化合成气转入试生产流程，生产出第一桶中间油品；油品加工装置3月5日引油循环，3月20日催化剂硫化合格，3月27日合成中间产品进料，产出合格成品0号轻柴油，这标志着伊泰煤制油主工艺装置全线打通流程并产出合格产品，实现了张双旺董事长提出的“成功、速度、效益”六字方针的首要目标。装置经过446小时的运行，将系统所有问题诊断把控后，又进行了5个月技改检修和整改工作。2009年10月18日，装置开始了二次试运行，第二次装置平均负荷维持在86%左右，到2009年底，全年97.58天累计生产油品2.51万吨，跨年度一直运行到2010年3月5日，累计运行170天，达到了低负荷、长周期安全运行的目的。

针对第二阶段运行中出现的问题，2010年3月5日开始进行了第二次停车技改检修。此次检修主要解决了合成油装置的塔内分布器堵、过滤管破损及空冷器前管路焊缝泄漏等问题。装置于2010年5月3日第三次开车，于2010年6月30日实现满负荷生产，到2010年底累计生产油品9.68万吨。此阶段一直运行到2011年5月15日，生产运行378天。日产量最大达到565吨以上，比设计值每天480吨高出85吨，实现了超负荷运行。

2011年，开车运行302天，累计生产各类油品15.20万吨

（满负荷的95%），销售产品15.29万吨，基本实现盈亏平衡。

2012年，装置开车运行350天，生产各类油品17.2万吨（满负荷的107.5%），累计销售产品16.9万吨，实现净利润1.8亿元，实现了安、稳、长、满、优的运行目标。2013年元旦《中国化工报》以头版头条进行了报道，伊泰煤制油项目是我国"十一五"期间五大煤化工示范项目中唯一实现满负荷且赢利的项目。

2013年，装置累计运行352天，生产油品18.2万吨（满负荷的113.75%），全年无非计划停车，累计销售产品18.26万吨。

（三）取得的成果

1. 产出油品质量优良

项目生产的主导产品为低硫、低芳烃的合成柴油、合成石脑油及液化石油气，合成柴油十六烷值高达80，酸值低，硫含量特低，与传统柴油相比油耗可降低8%～12%，尾气排放超过欧V标准，属于国家鼓励发展的清洁燃料。项目还可根据实际需要，调整工艺流程，生产汽油以及军用航空、航海高熔燃油等。项目的中间产品经过进一步精细化加工后，可以较为简易地生产高附加值化工产品（费托合成蜡、合成高等级润滑油基础油、高档溶剂油等）。

产品分布以附加值较高的直链烷烃为主，其中柴油占64.5%，石脑油占30%，液化石油气占5.5%。经德国大众汽车台架实验监测，使用该柴油产品的车辆，尾气排放符合欧洲V号标准。中国石化销售有限公司华北研究所分析显示，十六烷值达到80，酸值低，色度几乎为0，硫含量特低，密度为0.76克/立方厘米左右，热值较国标柴油高约8%。产品可以在0号至35号之间进行调节生产。煤基费托合成柴油组分油GB/T29720－2013国家标准已经发布。

2. 项目经济效益显著

16 万吨/年煤制油项目经济效益如表 1 所示。

表 1　16 万吨/年煤制油项目的经济效益

单位：万元

年份	销售收入	净利润	税费
2009	10522.02	-67.45	3281.70
2010	54445.16	198.31	3026.53
2011	104680.45	2652.25	19546.07
2012	122057.24	14147.21	24187.84
2013	129336.06	19313.55	32353.07
合计	421040.93	36243.87	82395.21

依照当前技术水平及发展趋势，规划建设的伊泰百万吨级煤制油项目也将体现出显著的经济效益，这些项目的经济指标如表 2 所示。

表 2　百万吨级煤制油项目的经济效益

	总投资（亿元）	预计年销售收入（亿元）	实现净利润（亿元）	投资税后内部收益率（%）	投资回收期（年）
杭锦旗 120 万吨/年精细化学品示范项目	192	96.44	18.56	15.61	8.54
大路 200 万吨/年煤炭间接液化示范项目	300	165.63	36.22	13.50	8.15
伊犁 100 万吨/年煤制油项目	168	80.50	15.53	13.21	10.57
甘泉堡 200 万吨/年煤制油项目	310	166.16	30.43	13.46	9.44

3. 节水技术获新突破

项目采用节水新技术、新工艺、新设备，排水严格按照清污分流、一水多用、废水回用的原则，采取以空冷代替水冷、冷凝水回收利用、废水循环及中水回用等先进技术，将污水处理后循环利用，水的重复利用率可以达到97%，冷却水重复利用率超过98.7%，废水可以达到近零排放。和其他煤转化产业相比，万元GDP增加值耗水、单位热值耗水更低，这对于我国缺水地区的煤炭转化具有十分现实的意义。

4. 装置标定结果良好

伊泰16万吨/年煤制油工业化示范项目进行了两次标定。根据国家发展和改革委员会要求，内蒙古自治区发改委委托中国国际工程咨询公司，组织专家、院士成立考核组对项目进行了第一次72小时现场性能标定。标定时间为2010年7月14日0:00至7月17日0:00，获得的主要技术指标如下：合成气有效气产率1856标立方米/吨标准煤，气化冷煤气效率73.9%；费托合成催化剂产油能力1500~1800吨油品/吨催化剂；原料和燃料煤消耗3.48吨标准煤/吨油品，水耗13.45吨/吨油品，电耗794.67千瓦·小时/吨油品，综合能耗109.86吉焦/吨油品，全系统能量转化效率达40.53%。

第一次综合评价为：示范项目是我国首次实施并达到满负荷运行的煤制油项目，作为核心技术的高温浆态床费托合成催化剂、浆态床合成反应器及工艺成套技术已经在示范项目中成功应用，显示出突出的优越性和可靠性。通过示范项目验证，由中科合成油公司研发的催化剂、浆态床合成反应器及工艺技术具有优异的产物选择性、良好的运行稳定性、较高的合成气转化能力和产油能力，以及良好的经济性。工艺成套技术已经在满负荷平稳运行条件下获得了有代表性的工程技术数据，具备了进行大型工业化煤制油项目设计和建设的工程技术基础条件，为推进我国煤炭间接液化项目的产业化奠定了较坚实的技术基础，建议国家关注和支持这一技术的推广和应用。

为获得在满负荷平稳运行条件下有代表性的工程技术数据，推进我国煤炭间接液化项目的产业化工作，2014 年 4 月 22 日 16∶00 至 2014 年 4 月 25 日 16∶00，国家能源局委托国家能源局华北能源监管局和中国石油和化学工业联合会煤化工专业委员会组织专家组到伊泰煤制油公司现场进行了 72 小时连续运行第二次标定。获得的主要技术指标如下：吨油综合能耗 3.62 吨标准煤，吨油原料煤耗 2.94 吨标准煤，吨油水耗 12.81 吨，吨油二氧化碳排放 6.46 吨，能源转化效率 42.01%，投资强度 1.74 亿元/万吨油。专家组认为，该项目为国内首套煤间接液化工业化示范装置，是我国煤炭间接液化技术发展的里程碑。装置自 2009 年 3 月正式投入运行以来，稳定运行超过 5 年，运行技术指标全面超过设计值。标定结果表明：工艺技术先进，装置设计合理，设备选择恰当，装置运行稳定、安全可靠，产品质量特点明显，能源转化效率较高，“三废”排放达到国家标准要求，已取得了明显的社会效益，具有较好的经济效益。

（四）具备产业化的条件

伊泰煤制油项目是我国煤炭间接液化完全自主技术产业化的商业化示范生产线，是企业承担国家重大项目研发及产业化风险，加快推进国家煤制油能源战略实施的重要工程。煤制油的产业化、规模化对缓解我国石油能源供需矛盾意义重大。目前情况下，煤制油达到年产 2000 万 ~3000 万吨的规模，可以有效地缓解因富煤缺油给我国能源安全带来的挑战，成为能源安全的动态技术储备，也是我国在世界上获得战略油品的反制措施之一。从某种角度上说，该项目的建设是中国能源向高新技术进军的一个有魄力的动作，是一种积极的探索，对维护国家能源安全及提升地区产业水平具有重要意义，对多煤国家走煤炭行业可持续发展道路和发展循环经济具有非常重要的示范意义。

从技术和环保的层面来讲，该项目采用了现代化节水技术、再循环技术、信息技术、生态保护技术、节能环保技术，达到了专业集成、投资集中、效益集约之目的，可以最大限度地减少和降低污染，保护当地的生态环境。从一期示范工程的运行情况来看，由中科院自主创新的以高温浆态床为核心的间接液化技术，在转化效率方面比国际上现有的“煤制油”技术高10~15个百分点，能量转化回收效率达到42%以上，技术进步带来的产品成本可下降20%。伊泰煤制油工业化示范线的顺利投产、达产和稳定运行，已经引起了国内外同行的深切关注，对于这样一个拥有自主知识产权、专有技术产权的项目，需要将它规模化、商业化，使其日臻完善起来，这也是科学技术产业化的需要。

二　下一步发展规划与政策建议

（一）下一步发展规划

1. 规模化：煤制油产业化发展的趋势

从经济和效益的角度来看，目前建成的16万吨/年煤制油工业化示范项目，仅是工业示范线，虽然实现了不菲的利润，但远未达到经济规模，其耗电、耗水及耗煤的指标都相对较高。如果产业化工程建设投产，单套系统生产规模达到百万吨以上，就可达到经济规模，加之内蒙古、新疆煤炭资源赋存条件好，开采成本低，吨产品成本可降低到2600~3200元，吨油耗水量仅为6~8吨，消耗原煤（原料煤及燃料煤）3.4~3.6吨标准煤，各项指标远远超出国内外同类技术及其他煤化工技术，将达到国际领先水平。

2. 产业化发展规划

伊泰集团从全国统筹一盘棋研究角度出发，集合区域优势明显、生产环境有利的原则，制定了煤制油产业发展战略。为加快煤制油工业的发展步伐，实现煤炭的产业升级，进一步延长产业链条，实现规模化生产，尽快达到规模效益，伊泰集团在工业化示范装置成功运行的情况下，从2009年7月开始，在内蒙古及新疆国家能源局规划煤炭转化地区开展煤制油产业发展规划。

新疆维吾尔自治区规划两个厂：一个在伊犁哈萨克自治州察布查尔县伊南工业园区东区；另一个在乌鲁木齐市甘泉堡工业园区北区。伊犁项目规划规模为540万吨/年，首期工程100万吨/年，主要示范伊犁高含水低质煤炭的商业化示范及国产大型对置式气化工艺煤转油集成技术，总投资约168亿元，计划于2016年10月投产。甘泉堡项目规划规模为540万吨/年，一期实施200万吨/年，主要示范准东高碱金属、高氯低质煤炭转化及国产大型干煤粉气化工艺煤转油集成技术，总投资约310亿元，计划于2017年10月投产。

内蒙古自治区规划两个厂：伊泰杭锦旗项目建设地点在鄂尔多斯市杭锦旗独贵塔拉工业园区锦泰化工园区，规划规模为120万吨/年精细化学品，主要示范鄂尔多斯中部煤炭的高效洁净利用及费托油品的精细化加工集成技术，审核总投资为192亿元，计划于2016年6月底产出产品。伊泰煤制油公司规划规模为年产200万吨煤炭间接液化示范项目，建设地点在鄂尔多斯市准格尔旗大路煤化工基地南工业园区，主要示范鄂尔多斯双高煤炭的综合利用及国产4000吨/日干煤粉气化技术、节水等煤制油集成技术，总投资约300亿元，计划于2017年上半年投产。

3. 规划项目优势

（1）占有资源与战略优势

在新疆和内蒙古两地建设煤制油项目，是基于其资源的禀赋条件和相关承载环境，最关键的还是出于项目建设有利于保障国家能源战略、有利于振兴当地经济发展、有利于企业利益最大化的需要。内蒙古自治区和新疆维吾尔自治区党委、政府把煤制油项目的进一步放大作为改善少数民族地区人民生活水平、提升地区产业发展品质、结构调整、资源转化以及社会稳定的重要战略。

（2）掌握自主核心技术

伊泰集团与中国科学院卓有成效的合作，顺利完成了伊泰16万吨/年煤制油工业化示范厂的建设。2008年7月，国家发展和改革委员会批准中科合成油技术有限公司成立“国家煤炭间接液化工程实验室”。2009年11月16日，伊泰煤制油公司被国家发改委认定为国内唯一一家煤间接液化“国家地方联合工程研究中心”。先后成立的两个实验室，使其成为我国一流的煤炭间接液化技术研发基地、产业化技术支撑基地和高科技人才培养基地，同时在北京成立了中科合成油工程有限公司，积聚了400余名优秀工程技术人才，正在开展伊泰集团4个项目的工程设计工作。此外，公司拥有完全自主知识产权的低温和高温浆态床F－T合成技术以及包括煤炭气化和油品加工全过程的煤炭液化系统集成技术，获得国内授权专利72项（其中发明专利68项、实用新型专利4项）、国外授权专利21项（全部为发明专利）。伊泰煤制油公司共有20项专利获得国家知识产权局实用新型专利证书，并于2013年8月20日获得科技部的高新技术企业认定。充分的技术准备为产业化生产提供可靠的支持和保障。

（3）具备设备制造能力

为解决大型装备供给问题，伊泰集团与大连金重集团、兰州兰石集团、张家港化工机械股份有限公司、中航黎明锦西化工机械（集团）有限责任公司等国内一流大型企业合作，分别在新疆及内蒙古建设了大型重容机械加工厂，4 家公司合计金属加工能力超过 20 万吨/年，可以承担目前世界范围内的所有大型重容设备的加工制造（大型设备最大加工直径可达 12 米，加工厚度达 250 毫米，单台设备加工重量达 2300 吨）。

中科合成油公司和太原重型机械集团、中国化学建设总公司第二建设公司共同开发的起重量为 6400 吨的起吊设备在 2012 年 12 月已完成试吊，2013 年 10 月在山西潞安煤制油项目进行了大型反应器吊装，为伊泰煤制油大型化工程的建设提供了保障。

（4）拥有雄厚人才资源

人力资源的团队建设要高起点、多方位、立足长远。中科合成油技术有限公司集聚了由李永旺博士带领的、以 160 余名国内外研究员和博（硕）士为核心、总数达 800 多人的煤炭间接液化技术研发和工程设计专业队伍。同时，伊泰 16 万吨/年煤制油项目从项目建设到生产运营 8 年多的时间内也培养、锻炼出一支 2500 多名大专以上学历的生产技术队伍。这两支队伍为煤制油下一步放大准备了坚实的骨干力量。

（5）环境保护取得重大突破

采用先进的装备和技术使“三废”排放及水资源节约达到最高标准；积极开展碳汇林工程，吸纳煤制油过程中产生的二氧化碳。现已完成了 50 万亩碳汇林建设，下一步计划拿出煤制油项目总投资的 1% ~1.5% 进行碳汇林的建设与研究。按照 1 立方米树，吸收 1.83 吨二氧化碳计算，330 平方公里就可减少 8 百万吨煤制油排碳问题。同时，碳汇林工程对进一步改善内蒙古、新疆工厂周边小环境，造福当地人民意义重大。在 4 个项目的设计中，大量采用空冷器、密闭循环水、高浓度盐水蒸发结晶等节水措施，将万元国民经济增加值水耗控制在 10 吨以内，吨标准煤水耗控制在 2.2 吨，远低于国家要求的指标，可真正实现废水零排放。

（二）发展中遇到的问题与政策建议

1. 发展中遇到的问题

（1）审批过程缓慢

煤化工项目审批进度较慢且程序复杂，核准的前置条件多且有重复，如环境影响评估与节能审查有许多交叉重复，有待进一步对程序进行整合和简化，以加快审批速度。

（2）资金供给不足

煤制油项目投资大、周期长，而当前煤炭经济形势不景气，企业经营效益欠佳，自有资金短缺；融资渠道不顺畅，银根紧缩，发行股票、债券审批难，资金供给不足问题制约煤制油产业的顺利推进。

（3）配套设施欠完善

目前，公司在内蒙古地区的在建煤制油项目投产后年产各类产品达到300多万吨，需要配套做好销售衔接，建立可靠的产品销售渠道，保证项目安全、稳定、连续运行。同时，新疆煤制油项目远离消费市场，运输费用较高，势必导致成本较高。

2. 政策建议

鉴于煤化工项目对国家能源战略安全，促进地区和企业的经济结构调整和产业的优化升级具有重要意义，建议对于拥有先进自主产权技术、社会形象好、资产优良、地方贡献和纳税多的行业领军企业，政府应该强化政策、资金和行政审批等方面的支持力度，拓宽融资渠道，支持优秀企业优先上市，在资源配置、税收减免等方面有所倾斜，同时在油品销售渠道建设方面给予支持。

B.4

陕西煤业化工集团煤制油产业发展报告

陕西煤业化工集团有限责任公司*

摘　要：

陕西煤业化工集团以低阶煤分质清洁高效转化为研发任务，形成了以煤中低温热解技术为核心，综合热解气的有效利用、热解焦油的深度加工、热解焦的合理转化等工艺技术，并将工艺技术间物质及能量的优化配置利用集成为一体的“陕煤化版煤制油”技术。本报告介绍了该技术的特点、示范过程和结果，以及推广应用情况，提出了下一步发展思路和相关政策建议。

关键词：

陕煤化集团　煤炭分质利用　中低温热解煤制油

陕西煤业化工集团有限责任公司（以下简称“陕煤化集团”）是陕西省人民政府为落实西部大开发战略，充分发挥煤炭资源优势和行业整体优势，从培育壮大以煤炭开采、煤炭转化为主的能源化

* 课题组组长：尚建选，陕西煤业化工集团有限责任公司副总经理，教授级高工。副组长：郑化安，陕西煤业化工技术研究院副院长，教授级高工。成员：冉伟利，陕西煤业化工技术研究院研发员；樊英杰，陕西煤业化工技术研究院化工所负责人；张喻，陕西煤业化工技术研究院研发员；闵小建，陕西煤业化工技术研究院院长；张生军，陕西煤业化工技术研究院化工所副所长。

工支柱产业出发，按照现代企业制度的要求，对省属重点煤炭企业和煤化工企业经过重组而成立的特大型能源化工企业集团，是陕西省能源化工产业发展的骨干企业，也是省内煤炭大基地开发建设的主体。现有职工13.7万余人，总部位于陕西省西安市，总资产已超过3400亿元。

陕煤化集团拥有全资、控股、参股企业60余个，形成了“煤炭开采、煤化工”两大主业以及“电力、钢铁、重工装备、建筑施工、铁路投资、科技、金融、现代服务”等相关多元互补、协调发展的产业格局。经过近几年跨越式发展，陕煤化集团集中了全省煤炭、煤化工方面的人才、资产、管理和技术等优势资源，夯实了资源接续和队伍建设两个基础，突出了自主创新和安全发展，加快了产业升级，调整优化了产业、产品结构，拓宽了产业范围，延伸了产业链，企业经济总量和经济规模跃上新台阶，为助推陕西经济发展发挥了积极作用。

2013年，陕煤化集团实现销售收入1505亿元，煤炭产量1.276亿吨，连续4年进入亿吨级煤炭企业行列，在2013年中国企业500强榜单中列第99位。

一　项目简介

陕煤化集团在国家产、学、研相结合方针以及《煤炭深加工产业发展政策》等的指导下，全面布局科研课题，系统推进“陕煤化版煤制油”技术开发。

“陕煤化版煤制油”是指在煤炭分质清洁高效转化理念的指导下，低阶煤原料经中低温热解制煤焦油、热解焦和热解气，热解气再提取氢气供煤焦油加氢制汽油、柴油等轻质燃料油，同时联产高附加值化工产品的煤制油技术。该工艺的主要特点是在提取低阶煤中挥发分制备高附加值油品的同时，获得比原煤硫含量更低、更洁净的热解焦（洁净煤）和有效成分含量较高的热解气，具有能效高、耗水少、投资低、环境友好等优势。相对于煤直接燃烧或气化等技术，该工艺充分利用了煤中被作为燃料直接燃烧的具有较高经济价值的挥发分，显著提高了煤炭附加值和煤炭资源的清洁高效利用水平。

理论分析与试验证明，中低温热解制油技术是目前低阶煤清洁高效转化的最佳途径。从煤炭本身的结构分析，低阶煤是由芳环、脂肪链等官能团缩合形成的大分子聚集体，既含有以无定型碳与灰为代表的成分（60%～80%，质量分数），又有含量高达10%～40%（质量分数）的由链烷烃、芳香烃、碳氧支链构成的代表煤本身固有油气成分的挥发分。占我国已探明煤炭储量（10200亿吨）55%以上的低阶煤，蕴藏其中的挥发分相当于1000亿吨的油气资源，但低阶煤水含量高，直接燃烧或气化效率低，且现有技术无法充分利用其资源价值，导致煤炭资源的巨大浪费。从反应上分析，煤热解是弱吸热反应，反应本身的能量消耗仅相当于原煤热值的3%～5%。从技术上分析，中低温热解技术的产业化难度要远低于间接液化和直接液化。热解装置温度在600～700℃，绝大部分金属构件和控制器件可以可靠地工作。与气化工艺不同，热解采用隔绝氧气加热方式，生产系统不需要大型空分装置。从现有大型热解装置的实际运行情况来看，热解工艺的能耗显著低于气化工艺。

煤的清洁高效转化应着力于采用低成本方式优先提取煤炭中的高挥发性组分，充分发挥煤炭本身的潜在价值。在理想热解工艺条件下，焦油产出率可以达到原煤干重的20%以上。目前热解技术主流工艺仍停留在传统的以块煤为原料的立式炉热解工艺，而占煤炭开采量约80%的粉煤热解关键技术尚未完全突破，亟待开发。中低温热解煤焦油理论上可以作为石油工业的炼油原料用于生产各类油品，其工艺过程主要基于石化行业的“加氢精制”、“加氢裂化”和“加氢改质”工艺。但由于煤焦油的组成主要以芳香族有机化合物为主，且含有大量的多环化合物，采用石油行业传统的加氢工艺以及传统的加氢催化剂，难以使产品达到合格燃料油标准。在借鉴石化行业油品炼制工艺技术的同时，需要在煤焦油深加工领域进行大量的研发工作。

2004年以来，陕西煤业化工集团针对陕北低阶煤的特点，对煤的中低温热解制油技术进行了大量科技攻关。

在理论基础研究方面，主要包括：①煤中低温热解机理研究；②煤中低温热解焦油的析炭（结焦）规律研究；③高温气固分离技术及设备开发；④干法熄焦技术及设备开发；⑤催化加氢热解；⑥解聚热解；⑦气化热解一体化；⑧与含氢物质共热解；⑨富氧热解等。

在煤焦油性质及加工基础研究方面，主要包括：①煤焦油基本性质分析——中低温煤焦油基本性质与全组成分析、焦油柱层析分离与分析、常/减压蒸馏特性研究、实沸点蒸馏窄馏分切割试验及性质分析、实沸点蒸馏宽馏分切割试验及性质分析；②煤焦油加氢性能研究——两段加氢反应、延迟焦化后加氢、全馏分加氢等反应机理及加氢过程的基础理论研究。

在应用开发研究方面，通过多年的研究总结和实践，陕煤化集团已经成功探索出一条以煤炭分质清洁高效转化为理念，以低阶煤中低温热解制煤焦油，煤焦油加氢制汽油、柴油等轻质燃料油为核心的煤制油技术路径，解决了占我国煤炭储量55%以上的低阶煤炭资源的清洁、高效利用问题，可为我国煤炭能源产业的技术进步和产业升级提供强有力的技术支撑。已建设的工业化示范项目主要包括：①固体热载体热解制燃料油技术；②外热式回转炉热解制燃料油技术；③中低温煤焦油提酚技术。正在进行的关键技术升级项目包括：①带式炉气化-热解一体化制油技术；②输送床粉煤快速热解制油技术；③热解焦综合利用技术；④相关节能环保技术。

“陕煤化版煤制油”的意义在于：其一，以较低的原料成本获得可补充石油产品的高附加值油品燃料，同时获得低硫、高固定碳、高发热量的“洁净煤”和可用作化工原料的热解气。其二，热解焦中的硫磷等杂质脱出率达到50%以上，将其作为“洁净煤”利用，可大幅减少污染物排放，减轻环境污染。其三，煤炭中低温热解技术的突破将解决占我国煤炭储量55%以上的低阶煤高效（能效≥75%）转化问题，能量实现梯级利用，系统热效率高。其四，采用具有自主知识产权的煤焦油加氢制燃料油工艺，将极大地缓解我国石油资源短缺问题，对保障国家能源安全具有战略意义。

以宁夏宁东、内蒙古鄂尔多斯、陕西榆林为核心的“能源金三角”地区为例，该地区是全国煤油气等能源资源富集区，其中原煤产量占全国的20%左右（2013年约7.4亿吨）。榆林地区2013年煤炭产量为3.39亿吨，煤炭属于低灰、低硫、高发热量的低阶烟煤，其含油率高达10%~12%，仅以年转化煤炭2亿吨计算，热解制油可年产燃料油品2000万~2400万吨，另外可得到热解焦1.2亿~1.4亿吨以及300亿~600亿标准立方米优质煤气。

目前，陕煤化集团正以“国家能源煤炭分质清洁转化重点实验室”为平台，以企业主导的产、学、研相结合的技术开发模式为支撑，联合国际与国内相关的知名高校、大型企业、工程公司、科研院所和投融资机构等，对不同热解工艺及关键设备和煤焦油加氢制燃料油等关键技术和升级技术进行研发。

预计到2015年，陕煤化集团将形成7220万吨/年煤中低温热解和1452万吨/年焦油轻质化的生产能力，形成独具特色的煤炭转化发展模式，在实现煤炭清洁、高附加值利用的同时，成为我国油品供应的重要补充方式，为缓解石油进口压力，保障国家能源安全做出贡献。

二 示范过程及结果

（一）工程化项目

1. 块煤中低温热解制油品工业化技术

陕煤化集团自2004年组建以来，在块煤中低温热解技术领域实现工业化，已形成800万吨/年的兰炭产能和80万吨/年的煤焦油产能。块煤中低温热解制油品工业化技术是利用陕西榆林当地的块煤作为原料，采用直立炉热解工艺生产兰炭、煤焦油、热解气，由热解气制取氢气，再采用延迟焦化后加氢或全馏分加氢技术，将煤焦油与氢气在催化剂作用下进行加氢反应，分馏出燃料柴油、石脑油及液化气等，实现新型节能清洁煤制油工业化技术。

陕煤化集团采用块煤中低温热解制油品工业化技术建成了具有自主知识产权的62万吨/年中温煤焦油轻质化工业化示范装置，并生产出了合格的油品。该技术在提高煤焦油附加值的同时，回收利用了工艺过程中的废气和工业废水，根治了传统煤焦油加工存在的环境污染问题，基本达到零排放，整体技术水平达到国际先进。

该技术尚需解决两个问题：其一，以块煤为原料，采用直立炉热解工艺，焦油收率较低，仅为5%～7%；其二，目前机械化采煤带来的块煤产量仅占煤炭开采量的20%左右，随着煤中低温热解制油工业化技术的推广，块煤中低温热解工艺将面临原料紧缺的难题。

2. 煤固体热载体热解制燃料油技术

煤固体热载体热解制燃料油技术是陕煤化集团针对直立炉存在的问题、粉煤热解高温气固分离问题、焦油收率低及焦油全组分加氢困难等问题，开发的粉煤固体热载体低温快速热解技术和具有完全自主知识产权的煤焦油全馏分加氢多产中间馏分油成套工业化技术（FTH），目前已经获得5项国家专利。

12万吨/年中低温煤焦油全馏分加氢工业化项目于2012年正式投产运行，每年需长焰煤120万吨。该项目由两项关键技术组成：①陕煤化集团和大连理工大学共同开发的粉煤固体热载体热解技术；②陕煤化集团煤焦油全馏分加氢多产中间馏分油成套工业化技术。

（1）粉煤固体热载体低温快速热解技术

主要采用榆林地区粒度小于6毫米的长焰煤，在常压移动床快速热解反应器内进行低温热解，能效大于83%。该技术的主要特点是：①以粉煤为原料，来源丰富，价廉易得；②单套装置规模大型化，高效、节能、环保；③煤焦油产率高，质量优良，原煤产油率达到10%；④装置流程配置合理，熄焦采用干法熄焦，节约能源，不污染环境，属于低耗能，高环保技术；⑤按国家环境保护行业标准《清洁生产标准炼焦行业》（HJ/T 126－2003）的要求，其生产要求达到国内清洁生产先进水平。

（2）煤焦油全馏分加氢多产中间馏分油成套工业化技术

煤焦油全馏分加氢多产中间馏分油成套工业化技术是将煤热解产出的焦油经过电场净化等工艺预处理后，再进行加氢反应，最后分馏出柴油、石脑油和液化气等产品的新型工业化技术。该技术实现了热量等级回收，具有装置相对一次投入小、运行稳定、安全环保、自动化程度高等特点，原煤热解煤焦油收率达到10%，煤焦油加氢液体收率达98.3%，且无黑色产物。粉煤热解技术焦油产率高于其他工艺3%～5%，加氢装置总投资比同类技术降低20%以上，且能耗大幅度降低。2013年4月27日，该技术通过了中国石油和化学工业联合会组织的科技成果鉴定，鉴定委员会认定该技术“系世界首创，居领先水平”。该技术的主要特点在于：①煤焦油全馏分加氢，煤焦油转化完全，其技术达到国内领先水平；②汽柴油馏分收率高达94.63%；③高效、节能、环保；④按照国家环境保护行业标准《清洁生产标准石油炼制行业》（HJ/T 125－2003）的要求，其生产过程达到国内清洁生产先进水平；⑤装备国产化率达99%以上；⑥与其他煤焦油加氢工艺相比，投资少，收益高。

本项目工艺方案如图1所示，产品方案和产量如表1所示。煤焦油加氢改质生成的中间产物和产品油的主要性质如表2至表5所示。本工程项目在得到汽油、柴油产品的同时，可获得高品质的洁净煤（见表6）、硫黄、液化气等产品。

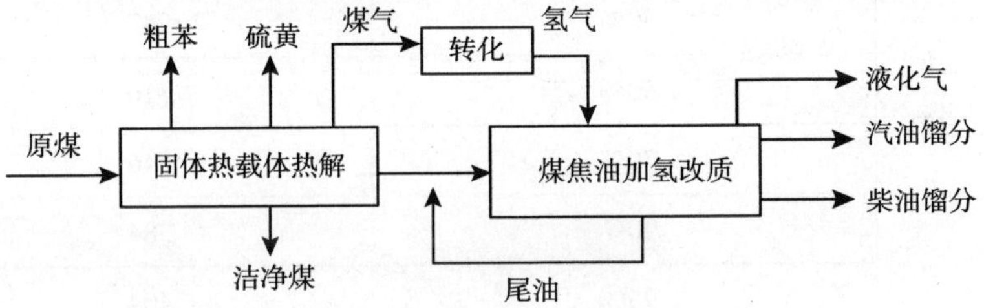

图1　固体热载体热解制燃料油工艺方案

表1　产品方案及产量

产品名称	质量指标	主要用途	产量(万吨/年)
洁净煤	GB/T 25211－2010	主要用作燃料、化工和铁合金的原材料及高炉喷吹原料	74.40
柴油馏分	GB/T 19147－2013	主要用作柴油调和原料	8.17
汽油馏分	GB/T 17930－2013	主要用作汽油调和原料	2.28
液化气	GB/T 11174－1997	主要用作民用燃料	0.15
粗　苯	YB/T 5022－1993	主要用作化工原料	0.20
硫　磺	GB/T 2449－2006	主要用作生产硫酸和化工原料	0.088

表 2　加氢生成油的性质

项目		性质
密度(克/毫升)(20℃)		0.8694
总氮(微克/克)		≤50
硫含量(微克/克)		≤30
残炭(质量分数,%)		0.04
馏程(℃)	初馏点	64
	10%	148
	30%	247
	50%	316
	70%	346
	90%	384
	95%	404
	干点	421

表 3　汽油馏分的性质（70～170℃）

项目		汽油馏分	车用汽油(GB/T 17930－2013)
密度(20℃,克/毫升)		0.7608	实测
颜色		水白色	目测
硫含量(微克/克)		≤10	≤150
诱导期(分钟)		>480	≥480
族组成(体积分数,%)	正构烷	15.31	/
	异构烷	22.37	/
	环烷烃	48.96	/
	芳烃	13.36	≤40
	烯烃	0.00	≤30

续表

项目		汽油馏分	车用汽油（GB/T 17930-2013）
辛烷值	研究法(RON)	72.1	90~97
	马达法(MON)	70.3	/
馏程(℃)	初馏点	66	/
	10%	113	≤70
	30%	132	/
	50%	150	≤120
	70%	162	/
	90%	179	/
	95%	186	≤190
	干点	194	≤205

表4　柴油馏分的性质（170~365℃）

项目		柴油馏分	柴油(GB/T 19147-2013)
密度(200℃,克/毫升)		0.8656	0.790~0.850
颜色		浅黄透明	
硫含量		≤10	≤10
灰分(质量分数,%)		<0.001	≤0.01
十六烷值		43.1	47~51
芳烃(质量分数,%)	总芳烃	17.53	—
	二环芳烃	15.88	—
	三环芳烃	1.65	—
铜片腐蚀(50℃,3小时)		1级	1级
闪点(℃)		87	≥45
实际胶质(毫克/100毫升)		25	—
凝点(℃)		-11	5~-50
总酸值(毫克氢氧化钾/克)		0.14	—

续表

项目		柴油馏分	柴油(GB/T 19147－2013)
馏程(℃)	初馏点	185	—
	10%	230	—
	30%	253	—
	50%	272	≤300
	70%	288	—
	90%	320	≤355
	95	332	≤365
	干点	345	—

表5　加氢尾油的性质（>365℃）

项目	性质	项目	性质
密度(20℃,克/毫升)	0.8965	胶质(%)	1.20
硫(微克/克)	<50	饱和烃(%)	82.27
氮(微克/克)	100	芳烃(%)	16.53
沥青质(%)	0	残炭(%)	0.12

表6　洁净煤产品性质（热解温度510℃）

工业分析(%)				元素分析(%)				燃点(℃)	空气干燥基的弹桶发热量(兆焦/千克)
M_{ad}	V_{ad}	A_{ad}	FC_{ad}	C_{ad}	H_{ad}	N_{ad}	$S_{t,ad}$		
2.52	12.37	14.73	70.38	72.44	2.42	0.99	0.31	388	27.37

目前在已建的60万吨/年的固体热载体粉煤热解装置上分别试验了多种高温煤气除尘技术，从中优选了分离效果好、可连续稳定运行的高温煤气除尘技术，正在进行设备调试。同时，固体热载体粉煤热解改进技术已完成试验室开发工作，经催化热解焦油产率可提高到20%左右。

3. 外热式回转炉热解制燃料油技术

陕煤化集团自主开发的外热式回转炉热解制燃料油技术，目前已经建成单炉 20 万吨/年粉煤热解制备轻质燃料油工业化试验装置，装置运行平稳。该项目由两项关键技术组成：外热式回转炉热解技术和煤焦油延迟焦化后加氢改质制燃料油技术。

（1）外热式回转炉热解技术

与目前国内普遍应用的直立方炉相比，该炉型存在以下特点：①原料适应性强，可使用煤炭行业供大于求的粉煤，资源利用率高；②生产成本低，每吨原料即可节省采购资金 200～300 元；③单炉生产能力大，比直立方炉处理能力增长 5 倍以上；④焦油产率可达 10%，比直立方炉提高 3～5 个百分点；⑤副产荒煤气热值高、纯度高，甲烷、乙烯、丙烯等可用于精细化工的高价值气体比例高；⑥采用干法熄焦，热解焦质量好，污染小，低碳环保。

（2）煤焦油延迟焦化后加氢改质制燃料油技术

50 万吨/年中温煤焦油轻质化工业示范项目采用陕煤化集团具有完全自主知识产权的“块煤热解煤焦油和外热式回转炉热解煤焦油制取轻质化燃料工艺”，将煤低温热解、热解气制氢、煤焦油延迟焦化、轻质焦化油加氢等技术进行有机耦合与集成创新。自 2010 年 4 月开车至今，已实现连续安全稳定长周期运行。该装置每年可转化煤炭 210 万吨，加工煤焦油 50 万吨，生产轻质化煤焦油 38 万吨、石油焦 8 万吨、兰炭 135 万吨，同时副产液化气、硫黄、液氨等产品，年产值超过 30 亿元，经济效益相当可观，是目前国内单套规模最大、技术等级和煤炭资源转化率最高的煤焦油轻质化生产装置。2012 年 6 月 21 日顺利通过了由中国石油和化学工业联合会组织的科技成果鉴定，认为该项目煤焦油预处理装置和加氢装置运行平稳、安全、可靠；工艺技术属于国内首创，工艺指标先进，投资少、成本低；催化剂属于自主研发，活性好、寿命长、消耗低。

本项目工艺生产过程如图 2 所示。

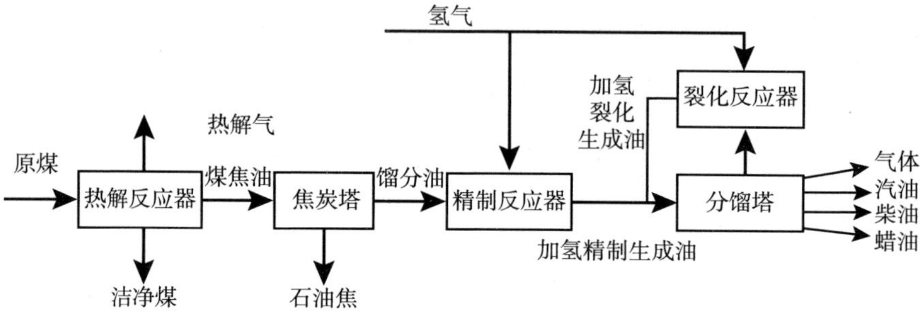

图 2　外热式回转炉热解制燃料油生产过程

陕煤化集团已计划将单炉处理能力放大至 60 万吨/年，形成年处理 600 万吨粉煤、副产煤焦油 60 万吨的生产规模。以 600 万吨粉煤热解计算，可产出轻质油品 46 万吨、粉焦（或提质煤）385 万吨、高纯碳 18 万吨、精酚 6 万吨，以及液化天然气、硫黄、液氨、烯烃等多种副产品，实现产值 60 亿元。

4. 中低温煤焦油提酚技术

中低温煤焦油中酚类的含量高达 20% ~30%。酚是重要的化工原料，可生产塑料、黏结剂、杀虫剂等多种产品。而对于中低温煤焦油加氢制油工艺而言，酚类的存在会增加加氢过程的氢耗，同时使得加氢后的油品残炭量增加，且味臭、变色，具有腐蚀性，燃烧情况不好。若在加氢过程前先将中低温煤焦油中的酚类提出，不仅可降低后续过程的氢耗，保证油品品质，同时可获得高附加值的酚类，一举三得。

2010 年 12 月，陕煤化集团开始自主开发中低温煤焦油提酚技术。2013 年 12 月，陕煤化集团建成了 2.2 万吨/年焦油提酚工业生产装置，取得了良好的经济效益。

（二）热解制油过程关键技术升级项目

粉煤中低温热解工业化过程中，高温气固分离和干法熄焦等关键技术尚未完全突破，煤焦油加氢制燃料油过程中煤焦油重质组分加氢难度大、氢耗高，对热解焦的高效利用的研究较少，这些都限制了煤中低温热解制油技术的发展。针对上述问题，陕煤化集团对“陕煤化版煤制油”进行进一步技术升级，重点开发了带式炉气化－热解一体化制油技术、输送床粉煤快速热解制油技术、热解焦的综合利用技术及相关节能环保技术。

1. 带式炉气化－热解一体化制油技术

带式炉气化－热解一体化制油技术是采用3～25毫米（0～3毫米成型）粉煤和粒煤作为原料，通过低阶煤的带式炉热解和粉焦或粉煤常压气化的有机耦合，在中低温条件下（500～800℃），将煤中挥发分提取出来，制备煤焦油、半焦、热解气的新技术。低阶煤的带式炉气化－热解一体化工业化技术的工艺流程如图3所示。

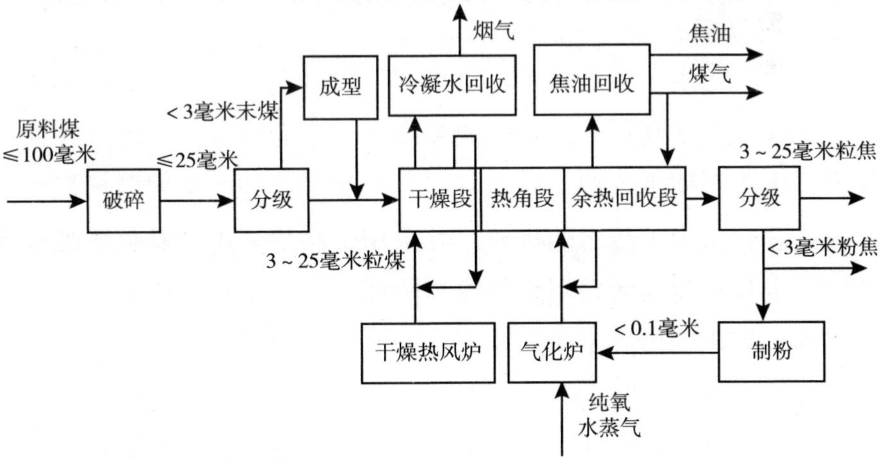

图3　低阶煤的带式炉气化－热解一体化制油工艺流程

1 吨/小时的带式炉热解试验结果如下：热解焦油产率为 9.88%，达格金焦油产率的 95% 以上。煤焦油的主要性质如表 7 所示。

表 7　煤焦油主要性质

<table>
<tr><td colspan="2">分析项目</td><td></td><td>分析项目</td><td></td></tr>
<tr><td colspan="2">水分(%)</td><td>1.76</td><td>馏程</td><td></td></tr>
<tr><td colspan="2">灰分(%)</td><td>0.12</td><td>IBP(℃)</td><td>153</td></tr>
<tr><td colspan="2">甲苯不溶物(干基,%)</td><td>0.54</td><td><170℃(%)</td><td>0.5</td></tr>
<tr><td colspan="2">黏度(80℃,毫帕·秒)</td><td>17.98</td><td>170~210℃(%)</td><td>1.5</td></tr>
<tr><td rowspan="5">元素分析</td><td>C(%)</td><td>84.74</td><td>210~230℃(%)</td><td>4.0</td></tr>
<tr><td>H(%)</td><td>10.20</td><td>230~300℃(%)</td><td>17.0</td></tr>
<tr><td>N(%)</td><td>0.84</td><td>300~360℃(%)</td><td>24.0</td></tr>
<tr><td>S(%)</td><td>0.11</td><td>>360℃(%)</td><td>53.0</td></tr>
<tr><td>O(%)</td><td>3.99</td><td rowspan="4" colspan="2">注:馏程分析单位为体积分数</td></tr>
<tr><td colspan="2"><360℃,馏分中酸性组分</td><td>26.23</td></tr>
<tr><td colspan="2">固体杂质(%)</td><td>0.91</td></tr>
<tr><td colspan="2">密度(20℃,千克/立方米)</td><td>1015.7</td></tr>
</table>

该技术的主要特点如下：①高温气固分离难度低；②传热速率快，热解转化率高；③综合热效率高（大于 90%）；④含氢气氛下热解，焦油轻质组分高、品质好；⑤避免了传统的采用循环氨水冷却的方法，减少了废水的排放；⑥采用干法熄焦工艺避免了废水的产生；⑦与常规热解采用烟气作为热载体的技术相对比，产品万元产值的二氧化碳排放量明显降低。

目前该技术正在进行中试技术开发，预计 2014 年底全面完成试验工作，可为百万吨级热解制油装置提供设计基础和操作依据。

2. 输送床粉煤快速热解制油技术

输送床粉煤快速热解制油技术是将高固气比输送床反应器应用

于粉煤热解领域，生产煤焦油、热解气和洁净煤的新型技术。采用兼具烘干、粉磨和选粉为一体的立磨粉磨装备将原煤加工成平均粒径为50～500微米的粉煤，以输送方式进行高效预热和快速干馏，其技术的系统路线如图4所示。原料煤经过细磨、干燥后，经加料器喂入热解反应器，被来自热风炉的高温气体快速加热，发生热解反应。热解反应器内气固同向流动，进入旋风分离器，98%的半焦经高温旋风分离器后从气体中分离出来。由高温旋风器出来的高温气体，进入高效分离器，经深度除尘后进入煤气和焦油回收系统。未反应完全的大颗粒原料作为热载体返回反应器继续热解，大部分焦粉进入半焦冷却器，实现熄焦和热能回收。

目前，陕煤化集团已经建成200千克/小时中试装置并开展了试验，试验结果表明：输送床高固气比反应器能够成功应用于粉煤热解领域，热解装置处理能力大，能效大于90%，操作相对稳定，热解焦油收率可达格金焦油产率的110%，节能环保优势明显，但存在高温气固分离困难、煤焦油重质组分含量高等问题。目前正在针对存在的问题，进行装置的优化改进。

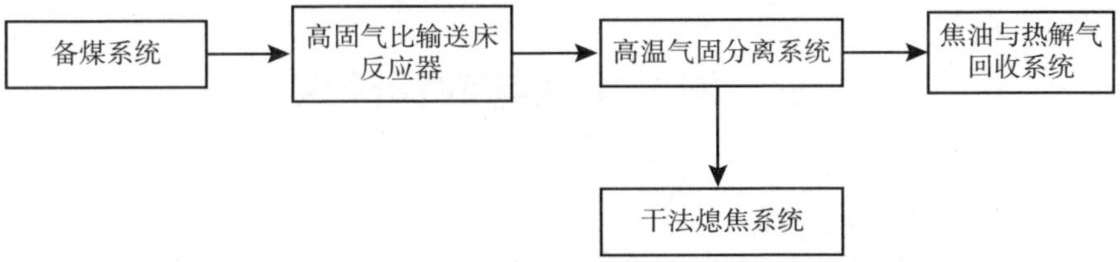

图4　输送床快速热解制油技术系统路线

3. 热解焦的综合利用技术

热解焦是煤炭中低温热解的重要产物，其产率达到70%左右。与原煤相比，热解焦的挥发分更低，氮、硫含量更低，发热量与固定碳、灰分含量升高。由于与原煤性质有所差异，如何更高效地对热解焦进行综合利用成了重要的研究课题。陕煤化集团基于自身在煤炭中低温热解领域的积累，对热解焦的综合利用技术展开深入研究，包括热解焦的气化技术、燃烧发电技术，以及用于高炉喷吹、烧结的技术等。

4. 相关节能环保技术

“陕煤化版”煤制油技术的发展思路是实现整体技术的高效化和绿色化，在提升单元技术水平的基础上，通过系统资源优化、能量充分利用、环保技术合理配置等科学手段耦合各单元技术，以达到节能效果，实现废弃物“零排放”的目标。目前，陕煤化集团已拥有干法熄焦、烟气氨法脱硫等节能环保技术，正在进行其他相关节能环保技术的开发。

（三）制油技术的推广应用

陕煤化集团拥有自主知识产权的“陕煤化版煤制油”技术以技术许可方式转让给陕西煤炭建设公司建丰煤化工公司50万吨/年制油项目和陕西东鑫垣化工有限公司50万吨/年制油项目。

三　发展思路与政策建议

（一）发展思路

低阶煤中低温热解制油在我国的发展还处于初期阶段，其技术研究开发和产业化发展都将有一个较长的过程，任重而道远。陕西煤业化工集团在该领域取得成果、积累生产经验的同时，也汲取了深刻的教训，主要包括以下内容。

第一，必须要摆脱固有思想的束缚。通常认为，煤焦油加氢制燃料油可以直接利用石化行业现有的加氢工艺。实践证明，两种加氢工艺原料性质差别较大，采用现有加氢工艺对煤焦油进行轻质化，其产品无法满足燃料油品的指标要求。煤焦油加氢尚需改进工艺，开发新催化剂。

第二，必须加强基础理论研究。应加大煤热解、煤焦油析炭、高温气固分离、煤焦油重质组分加氢等基础理论研究的力度，达到更好的指导工业化开发的目的。

第三，必须提高原始创新和集成创新能力。应尽快走出“跟踪—模仿—再创新”的路径，把创新主动权掌握到自己手中，增强原始创新能力和技术集成创新能力。

在总结经验教训的基础上，陕煤化集团煤中低温热解制油技术将从以下几方面取得突破。

1. 直立炉改造升级

目前煤热解技术的主流炉型是内热式直立炉。针对其存在的主要问题，陕煤化集团进行的升级改造内容主要包括：开发适用于小颗粒煤热解的新型装置，研发新型干法熄焦工艺，开展富氧热解及气化煤气或焦炉煤气为热载体的热解工艺等。

2. 粉煤热解技术优化

基于已建成的中试装置、工业试验装置和工业示范装置，重点优化粉煤热解技术（高温气固分离、干法熄焦等）。发展过程装备与过程工艺的设计放大技术，建立可稳定运行的煤热解定向制备煤焦油等产品的成套技术及装备，形成百万吨级煤热解制油示范项目，同步开展煤热解增油基础研究（加氢热解、催化热解、含氢物质和煤共热解等）。

3. 煤焦油加氢技术开发与优化

一方面，改进工业试验装置操作条件，优化工艺参数，实现资源合理利用、就地转化。另一方面，针对我国目前煤焦油利用过程中存在的问题，开发高沥青质含量煤焦油加工、煤焦油中原生态高附加值化学品的提取和分离以及提取物深加工等技术，形成具有我国自主知识产权的煤焦油清洁高效利用成套技术。

①加强煤焦油全馏分加氢工艺基础研究，优化技术条件，增加产品品种，提高产品质量和经济效益；②有效利用加氢产物的重油组分，通过进一步深加工得到润滑油馏分，使资源利用充分、产品高附加值化；③在 2.2 万吨/年焦油提酚工业生产装置的基础上，继续加大煤焦油轻质化下游产品的技术开发力度，增加尾油加氢装置生产润滑油基础油，增加石脑油重整装置生产汽油馏分和三苯，同时利用延迟焦化装置生产的沥青焦生产石墨化高纯增碳剂；④开展煤基石脑油芳构化技术中试研究；⑤开展煤焦油两段加氢工艺中试研究。

（二）政策诉求与建议

结合我国煤热解技术和煤焦油加氢技术的现状与发展趋势，对发展煤中低温热解制油产业提出以下政策诉求与建议。

第一，煤的中低温热解制油技术利用我国储量丰富的煤炭资源在相对温和的条件下获得高附加值油品，同时生产大量的洁净焦和有效气成分含量高的热解气。该技术能效高，污染小，为保障我国能源安全提供了新的思路，其发展符合我国国情，符合科学发展观的要求。然而，中低温热解制油技术的发展尚处于初级阶段，一些关键技术仍有待突破，需要国家对其加大支持力度，在政策、资源、资金等方面给予煤炭热解制油企业有力保障。

第二，由大型煤炭生产企业、大型装备制造企业以及具有研究基础的研究机构组成实体性产业联盟，共同承担煤热解制油技术和装置的研发、制造和大型综合性示范基地建设。

第三，鉴于陕北地区特别是榆林地区的煤炭资源适合热解，煤炭热解制油产业的发展规模最大，生产技术相对领先，应重点考虑在榆林地区建立大型煤热解制油综合性示范基地。

第四，研究制定煤炭中低温热解制油国家战略，将煤炭中低温热解和煤焦油加氢制燃料油工艺关键技术攻关纳入国家科技支撑计划重点项目，推进示范工程建设。

第五，在煤中低温热解制油产业化初期，对其建立保护机制是必要的。例如，可通过补贴、税收等经济政策杠杆对其进行扶持，使其能够实现规模化、基地化，能够具备较强的抗风险能力。

第六，由于煤中低温热解制油产业的发展尚未建立完整的体系，应尽快出台相关产业政策和行业标准，包括准入条件、行业监管规则、工艺流程标准、产品标准等，并以水资源与环境的承载力作为项目上马的必要条件，为煤热解制油产业后续发展创造有序的产业环境，防止一哄而上和“遍地开花”，避免同质化竞争。

目前，陕煤化集团在陕西榆林榆神工业区规划建设亿吨级以煤热解制油为核心的煤炭分质清洁高效转化多联产项目。该项目采用煤炭分质清洁高效转化路径，实现煤化工产业革命性的变化，“像炼油一样去炼煤”，使“煤海变油田”的梦想变成现实。

B.5 兖矿集团煤制油示范项目发展报告

兖矿集团有限公司*

摘　要：

兖矿集团煤制油项目是我国第一套百万吨级煤间接液化工业示范项目，采用的是自主研发的三相浆态低温费托合成技术。本报告介绍了该项目的技术工艺特点、示范过程，以及下一步发展亟待解决的问题，并提出了相关政策诉求和建议。

关键词：

兖矿集团　煤制油　低温费托合成技术

兖矿集团有限公司（简称“兖矿集团”）是山东省属特大型能源企业，以煤炭生产销售及煤化工、电解铝及机电成套装备制造、金融投资为主导产业，企业正由实体型向金融投资控股型加速转型。资产总额1916亿元，列2013年中国企业500强第122位。

兖矿集团围绕建设“优势突出、核心竞争力强的国际化企业集团”的战略目标，在区域布局上，加快建设山东本部、陕蒙、贵州、新疆以及澳大利亚、加拿大“四基地两新区”。在产业转型

---

* 课题组组长：张新文，兖矿集团董事长、党委书记，高级经济师；李希勇，兖矿集团总经理，工程技术应用研究员。副组长：张鸣林，兖矿集团副总经理，工程技术应用研究员；孙启文，兖矿集团副总经理，自然科学研究员。主执笔：张宗森，上海兖矿能源科技研发有限公司总经理助理，高级工程师。协助撰稿人：牛克洪，兖矿集团战略研究院院长，高级经济师。

升级上，着力打造“传统产业新型化、新型产业规模化”的发展格局，积极推进煤炭高效生产、洁净利用和深加工，初步建成世界一流的清洁能源基地、铝型材加工基地，以及国内先进的煤化工基地、机电成套装备制造基地，形成煤化工、煤电铝、机电成套装备制造三个非煤“百亿级”产业群。在国内外累计拥有煤炭资源400亿吨，年生产能力达到1亿吨以上，2014年将跨入亿吨级煤炭企业行列。化工产品年生产能力达800万吨，居2012年中国化工企业500强第31位。

兖矿集团是我国唯一一家拥有境内外四地上市平台的企业，大力实施“走出去”战略，加快国际化发展取得显著成效，居2012年中国100大跨国公司第24位，是我国煤炭行业实施“走出去”战略最成功的企业之一。

兖矿集团高度重视科技进步的基础性、创新性、决定性作用，强化企业技术创新主体地位，在国有企业和煤炭行业中拥有突出的技术研发、转化能力。已建成国家级技术中心、煤液化及煤化工国家重点实验室、院士工作站、博士后工作站，形成了以本部煤炭技术研发为主体，以上海煤液化及煤化工技术研发以及西安新材料、电子信息、机械装备技术研发为重点的“一体两翼”技术研发平台。成功开发了厚煤层综放开采、水煤浆气化、粉煤加压气化、低压羰基醋酸合成、煤炭间接液化、煤气化发电与甲醇联产等多项具有自主知识产权的核心技术。国家重点实验室上海兖矿能源科技公司成功研发了低温费托合成和高温费托合成制油及甲醇制乙烯、甲醇制丙烯催化剂技术，拥有发明专利31项，取得国家级科技成果9项。自主研发的煤炭间接液化低温和高温技术中试成功，国家科学技术鉴定委员会认定兖矿集团掌握了煤制油全套技术，达到国际领先水平。“十一五”以来，兖矿集团累计获得省部级以上科技进步奖356项，其中，“兖州矿区工程建设施工技术”获得国家科技进步特等奖，“兖州矿区煤炭综合生产技术研究与开发”和“水煤浆加压气化及气体净化制合成氨新工艺”获得国家科技进步一等奖；完成和实施国家“863”计划、“973”计划课题15项；44项次将技术向国内外进行有偿转让，技术转让收入8.8亿元，实现了我国向发达国家输出先进采矿技术、新型煤化工技术的历史性突破。

一　示范项目简介

（一）项目概况

我国100万吨/年低温费托合成煤间接液化制油工业示范项目建设在陕西省榆林市榆横工业园区北区，由兖矿集团有限公司、兖州煤业公司、陕西延长石油（集团）有限责任公司共同出资建设。本项目年产油品115万吨/年，其中柴油79万吨/年，石脑油26万吨/年，液化石油气10万吨/年。

该示范项目采用了国内外多项新技术以实现煤炭清洁高效利用和节能减排的目标，其中气化采用华东理工大学与兖矿集团有限公司自主研发的多喷嘴水煤浆加压气化技术，净化采用低温甲醇洗技术得到一定氢碳比的合成气，费托合成油采用上海兖矿能源科技研发有限公司自主开发的高柴油产率的三相浆态床低温费托合成技术，费托合成油深加工采用上海兖矿能源科技研发有限公司与中石化北京石油化工科学研究院合作开发的加氢精制提质技术生产高品质的柴油、石脑油和液化石油气，费托合成尾气通过深冷分离和PSA回收其中的低碳烃和氢气后又进一步被利用，作为多联产（IGCC）的原料或用作工厂的燃料气被全部加以利用。费托合成反应水通过精馏分离出醇、醛、酮等含氧化合物后，送往污水处理装置处理后回用到煤气化装置作为气化装置配煤浆的工艺水；初净化装置的含硫尾气采用低温 SCOT 技术予以回收，最终使放空气体 SO_2 含量达标排放，同时回收硫黄。燃煤锅炉的烟气经除尘和脱硫、脱硝处理后达标排放。废水采用深度处理的方法，使污水经处理后全部回用，实现零排放。固体废物则分类处理，含贵金属的废催化剂送厂家回收，气化和锅炉灰渣则送往渣场或建材厂进行综合利用。

该示范项目厂区占地面积为203 公顷，年需原煤（原料煤 + 燃料煤）518 万吨，新鲜水 11011 万吨，电 36832 兆瓦时。项目总投资约为 162 亿元，吨油产品投资 1. 24 万元，税后内部收益率为 12. 86%。该项目计划于 2015 年 6 月投料试车。

（二）主要建设内容

百万吨/年间接液化煤制油工业示范项目主要建设内容包括煤气化、气体净化、空分、费托合成、催化剂制备、油品加工精制、低碳烃回收、尾气提氢、反应水回收处理、硫黄回收和燃气 – 蒸汽联合循环发电（IGCC）等工艺生产装置及煤储运、空压站、产品罐区及灌装站、中央化验室、工厂给排水、循环水、污水处理及回用等公用工程装置。百万吨/年油品的示范工厂主要生产装置的配置、对应的设计能力和拟采用的关键技术如表 1 所示。

（三）示范要点

本项目采用自主研发的低温费托合成技术，将我国丰富的煤炭资源转化为液体燃料，对保障我国能源安全、促进煤间接液化技术的产业化发展具有重要的示范意义。

第一，工业经济规模的放大，将进一步完善、优化具有我国自主知识产权的低温费托工艺技术，形成适合工业推广的、完整的、成套的百万吨级低温费托合成装置的工艺技术。

表 1　主要工艺生产装置的配置

装置名称	生产线	所采用的关键技术	备注
1. 煤制合成气			
－煤气化	8 台气化炉,6 开 2 备	多喷嘴水煤浆气化技术	单炉处理煤能力:2050 吨/天
－气体净化	3	变换:部分耐硫变换,国内技术 净化:低温甲醇洗,林德技术	
2. 空分	4	第三方供气——美国 AP 公司	单套生产能力:85000 标准立方米氧气/小时
3. 费托合成	1	低温费托合成工艺:上海兖矿能源科技研发有限公司的技术	100 万吨(公称)/年油品
4. 催化剂制备与还原	1	铁基催化剂:上海兖矿能源科技研发有限公司的技术	
5. 低碳烃回收	1	脱碳:南化集团研究院的技术 深冷分离:UOP 技术	
6. 尾气提氢	1	PSA:国内技术	
7. 合成油加工提质	1	加氢精制和加氢异构裂化:中石化北京石油化工科学研究院与上海兖矿能源科技研发有限公司合作开发的技术	110 万吨/年
8. 反应水回收处理	1	蒸馏回收含氧化合物:上海兖矿能源科技研发有限公司技术	
9. 硫回收	1	低温 SCOT 技术,荷兰荷丰技术公司	
10. 尾气多联产	1	PG6581B 燃气轮机机组	60 兆瓦

第二，验证以费托合成为核心的煤间接液化制油商业化装置各工艺生产装置、辅助及公用工程装置技术选择、集成方法和能力配置的适宜性，物料和能量平衡的合理性，“三废”排放及治理方法（包括废物综合利用）、安全防范措施的可行性等，从而

开发具有中国特色的煤间接液化（低温）制油工厂全套工艺及工程技术。

第三，百万吨级工业示范装置的建设和运行，为我国煤液化产业的成长和做强做大，以及在全国范围内的推广做工程技术和人力资源上的准备。

第四，示范项目的运行，可验证百万吨级煤间接液化制装置的经济性，为确定间接液化煤制油项目的经济规模以及国家制定相应的扶持政策提供依据。

第五，百万吨级工业示范装置的建设和运行，可促进煤炭的洁净转化，提高附加值，实现煤炭以及煤化工产业的可持续发展，促进西部大开发和地方经济的发展，增加国家能源战略技术储备。

二　示范工艺过程

（一）煤气化

1. 煤浆制备

由煤运系统送来的原料煤送至煤贮斗，经称重给料机控制输送量送入棒磨机，加入一定量的水，物料在棒磨机中进行湿法磨煤，制得水煤浆。

2. 气化

煤浆由煤浆槽经煤浆给料泵加压与从空分送来的高压氧通过烧嘴进入气化炉。气化反应在气化炉反应段瞬间完成，生成 CO、H_2、CO_2、H_2O 和少量 CH_4、H_2S 等气体。

气化生成的高温气体，直接通过激冷水冷却，经文丘里洗涤器、碳洗塔洗涤除尘冷却后温度降至 214.5℃并被水蒸气饱和后，送至变换工段。

气化炉反应中生成的熔渣通过锁斗，定时排入渣池，由扒渣机捞出后装车外运。气化炉及碳洗塔等排出的洗涤水（被称为“黑水”）送往灰水处理。

3. 灰水处理

本工段将气化来的黑水进行渣水分离，处理后的水循环使用。

（二）净化

1. 变换

由气化碳洗塔来的粗水煤气，经气液分离器分离掉气体夹带的水分后，然后分成两股，一部分进入原料气预热器与变换气换热至280℃左右进入变换炉，与自身携带的水蒸气在耐硫变换催化剂作用下进行变换反应，出变换炉的高温气体（440℃）经蒸汽过热器与变换副产的中压蒸汽换热而过热中压蒸汽，降温后在原料气预热器与进变换的粗水煤气换热，温度约335℃进入中压蒸汽发生器，副产4.0兆帕蒸汽，温度降至270℃之后，与另外一部分粗水煤气混合，之后进入锅炉给水预热器、低压蒸汽发生器、脱盐水加热器、水冷却器，最终冷却到40℃进入低温甲醇洗系统。

2. 低温甲醇洗

本工段采用低温甲醇洗工艺脱除变换气中 CO_2、全部硫化物、其他杂质和 H_2O。

（三）空分

本空分设备采用分子筛吸附预净化、增压透平膨胀机、全填料精馏及液体泵内压缩工艺。整套设备包括：空气过滤系统、空气压缩系统、空气预冷系统、分子筛纯化系统、分馏塔系统、全精馏无氢制氩系统、液体储存系统、仪控系统、电控系统等。

（四）低温费托合成油

1. 费托合成油工艺技术选择

费托合成油有两种不同的技术路线，即高温工艺和低温工艺。高温工艺的产品中，油品和化工产品或原料配比为6:4，且所产化工产品附加值高，但投资相对较大。低温工艺则主产油品，投资省，特别是所产的高质量的柴油，在一定程度上可缓解目前我国液体燃料供应短缺的紧张局面。上海兖矿能源科技研发有限公司已于2004年成功开发了具有我国自主知识产权的高柴油选择性的低温费托合成技术，并在5000吨/年的中试装置上实现了4706小时连续稳定运行。另外，从中国的国情方面来说，为了国家的能源安全，宜首先搞主产油品的低温费托合成煤制油项目。因此，本项目的产品方案定位是主产油品，所以，采用的技术路线是低温费托合成技术，技术来源为上海兖矿能源科技研发有限公司自主开发的三相浆态床低温费托合成技术。

2. 工艺流程

来自气体净化装置的新鲜合成气与反应循环气混合后，预热到一定温度进入反应器，在催化剂的作用以及一定的压力、温度下发生费托合成反应。

主要的化学反应如下：

$$(n+m/2)H_2 + nCO \rightarrow C_nH_m + nH_2O \qquad (n=1,2,\cdots,100; m=2n)$$

$$CO + H_2O \rightarrow H_2 + CO_2$$

原料气体在反应器中部分转化为液相与气相的烃类物质，液相产物进入石蜡收集槽，冷却闪蒸后成为石蜡产品。

气相产品进入激冷塔冷却和洗涤，塔底液相出料为高沸点的烃类物质，冷却闪蒸后作为高温冷凝物，直接送入高温冷凝物中间槽。

激冷塔顶未冷凝气体经换热、冷却至40℃后，进入高压分离器。分离出的油相烃类物质作为低温冷凝物，直接送入低温冷凝物中间槽；水相产品送至反应水分离装置；未冷凝的气相大部分经压缩循环返回合成反应器，少部分进入下一级或作为驰放气送入低碳烃回收装置。费托合成反应为强放热反应，反应热通过反应器内的移热元件以副产蒸汽的方式移走，副产蒸汽压力为1.6兆帕。

（五）低碳烃回收

尾气脱碳：由费托合成装置来的驰放气首先经过水洗，脱除大部分尾气中的含氧化合物，然后进 CO_2 吸收塔，用碳酸钾溶液吸收 CO_2；吸收了 CO_2 的碳酸钾富液，采用两级再生塔进行再生，加压再生塔利用低压蒸汽作为热源，利用加压塔的半贫液的分级闪蒸和加压再生塔再沸器蒸汽冷凝液的余热为低压再生塔的大部分再生用热，少量不足热量补充低压蒸汽。出吸收塔脱除了大部分二氧化碳的尾气，大部分返回费托合成装置，其余送深冷分离装置回收 C_3+，回收 C_3+ 后的尾气作为PSA提氢的氢源，可提取的氢量应满足合成油加氢提质的需要。

深冷分离回收 C_3+：脱碳后的合成尾气经压缩，再经预冷及分子筛脱水后，冷却至-35℃左右，然后进入气液分离器进行气液分离，再进入冷箱进一步冷却到-80℃以下，分离出的富氢气送变压吸附单元回收提取 H_2；提氢后的尾气部分送IGCC发电，其余则进入全厂的燃料气管网。深冷分离后得到的低碳烃产物，送至油品精制装置进行进一步深加工。

（六）PSA回收氢

来自深冷分离单元脱除了绝大部分 C_2 以上轻烃的费托合成尾

气在1.7兆帕（表压）、约40℃下进入PSA提氢装置。PSA装置在1.7兆帕（表压）压力下工作，采用10－4－3/P工艺，即由10台吸附器及一系列程控阀门和缓冲罐构成的PSA－H_2系统。

（七）费托合成粗油品精制

费托合成粗油品精制工艺采用全馏分费托合成油进行稳定加氢处理，加氢处理后的重质馏分油全循环进行异构加氢裂化，生产石脑油和低凝柴油，具有反应条件缓和、体积空速高、柴油产率高和产品质量优异等特点。

来自费托合成单元的高温、低温冷凝物首先进入脱气塔脱出其中所含的粗石脑油组分和不凝气，脱气塔分离出来的粗石脑油与来自深冷分离单元的低碳烃进入脱气塔分离其中所含的C_3、C_4轻烃，塔顶得到液化石油气，塔底得到轻石脑油与经脱气塔脱气后的高低温冷凝物和来自费托合成单元的石蜡混合后进入加氢反应器进行加氢处理、加氢处理后的油品依次进入分馏塔、柴油汽提塔分离得到氢柴油、粗石脑油和蜡油，蜡油送入加氢异构裂化反应器进行反应，所得产物依次进入分馏塔、柴油汽提塔分离得到粗石脑油、重柴油和尾油，尾油返回加氢异构裂化反应器继续反应，加氢精制与加氢异构裂化单元得到的粗石脑油送入石脑油稳定塔分离得到液化石油气和石脑油产品，来自稳定塔与石脑油稳定塔的液化石油气经碱洗脱硫后得到合格的液化石油气。

（八）反应水分离

1. 反应水分离工艺技术选择

反应水中的含氧化合物——醇、醛、酮等的沸点与水相差较大，可以用蒸馏的方法将其分离；同时，上海兖矿能源科技研发有限公司进行了反应水的精馏分离试验研究工作。因此，本项目的反应水分离采用上海兖矿能源科技研发有限公司开发的精馏分离技术。

2. 工艺流程

由费托合成装置反应水中间槽来的反应水采用蒸馏分离的工艺进行分离。精馏塔再沸器用低压蒸汽加热，塔顶气相采用空冷器和水冷器两级冷却冷凝。塔顶采出的醇、醛、酮等含氧化合物送往燃气轮机作为燃料。塔底含酸废水送出装置界区，经中和处理后可作为配置水煤浆的工艺水。

（九）硫回收

来自 Rectisol Claus（低温甲醇洗集成克劳斯硫回收系统）原料气和变换单元工艺冷凝液的汽提气与空气（和氧气）在混合喷嘴混合后喷入无焰反应炉进行反应，部分 H_2S 气体转化为 SO_2。然后，混合气体进入废热锅炉（换热器）副产蒸汽，蒸汽送出界外，冷却后的气体进入硫黄回收和成品制备系统，在此未冷凝的气体经换热后进入一级 Claus 反应器，在此 H_2S 和 SO_2 反应生成单质硫和水，进入硫黄回收和成品制备系统，未凝气体经换热后进入二级 Claus 反应器，进行同样的 Claus 反应，生成单质硫和水进入硫黄回收和成品制备系统，未凝气体被送往低温斯科特（LT－SCOT）反应器中，克劳斯尾气中的二氧化硫和单质硫在钴－钼催化剂的作用下被加氢还原成 H_2S。此外，尾气中的羰基硫和二硫化碳在低温斯科特反应器中水解成 H_2S 和 CO_2，出低温斯科特反应器的含 H_2S 高温气体进入激冷塔中与水直接接触降温后，送入吸收塔。在吸收塔内，气体中的 H_2S 被 MDEA 溶剂选择性吸收，绝大部分 CO_2 不被溶剂吸收。经吸收塔处理后，微量 H_2S 的尾气被送入焚烧炉，将其中所含的 H_2S 焚烧成 SO_2，达到排放标准后经烟囱排放至大气中。溶剂中吸收的 H_2S 经解吸后，返回到克劳斯反应器。

（十）尾气多联产

气体压缩机从外界大气中吸入空气，并把它压缩到某一压力（同时空气温度也相应升高）。然后，将空气送入燃烧室与喷入的尾气混合燃烧产生高温加压燃气，燃气进入燃气透平（涡轮）中膨胀做功，直接带动发电机发电。燃气轮机的排气导入中压（4.0兆帕）余热锅炉，产生过热中压蒸汽送入全厂4.0兆帕蒸汽管网。离开中压（4.0兆帕）余热锅炉的烟气温度仍然有300℃左右，用来预热锅炉给水，温度降到150℃左右后放空。所需锅炉给水由工厂的脱盐水站供给。

三　示范结果（预期）

（一）产品产量

1. 产品方案

本项目采用低温费托合成技术，主产油品。考虑到间接液化得到的石脑油以直链烷烃为主，所得到的柴油馏分为特高十六烷值、超低芳烃、超低硫氮的产品，故选择的产品方案如下。

主产品：合成柴油（可作为优级柴油调和组份或十六烷值添加组份）、合成石脑油（作为优质乙烯裂解原料），此外还有少量液化石油气。

副产品：硫黄，空分装置副产的液氩，锅炉脱硫副产的硫酸铵。

装置投产后，根据市场需求，还可以提供适量液氧和液氮产品。

2. 产品产量

示范工程实际产品的产量如表2和表3所示。

表 2　主要产品产量

序号	产品名称及规格	单位	数量
1	费托合成柴油(-10℃,欧Ⅲ标准)	万吨/年	79
2	费托合成石脑油(Q/SHR011-2001)	万吨/年	26
3	液化石油气(工业)	万吨/年	10
	合成油品总计	万吨/年	115

表 3　副产品产量

序号	产品名称及规格	单位	数量
1	硫黄	吨/年	33176
2	液氩	万标准立方米/年	1920(设计能力:5760)
3	硫酸铵	吨/年	46400
4	醇、醛、酮等含氧化合物	吨/年	68720

(二)投入产出

1. 原材料、辅助材料和燃料的消耗

(1) 主要原材料、辅助材料及燃料的消耗(见表 4)

表 4　主要原材料、辅助材料、燃料的消耗及供应来源

序号	名称	单位	年用量
一	原材料及燃料		
1	原料煤	万吨	409
2	燃料煤	万吨	109
二	辅助材料		
1	催化剂及化学品	吨	51670
2	甲醇	吨	3600

（2）水、电、汽的用量（见表5）

表5　水、电、汽的用量

序号	名称及规格	单位	小时用量	备注
1	新鲜水[压力 = 0.4 兆帕(表压)]	吨/小时	1376.6	
2	电(6000/380 伏)	千瓦时	114604(正常) 50000(开车)	正常工况:自备余热电站和 IGCC 发电 110 兆瓦,另需外电网供电 4604 千瓦
3	蒸汽	蒸吨	高温高压蒸汽 912 蒸吨	设置 420 吨/小时高温高压锅炉 3 台自产自用,4.0 兆帕以下蒸汽主要靠工艺装置的余热副产蒸汽平衡。

2. 能耗指标与比较

（1）示范项目全厂总能耗（见表6）

表6　实物消耗量及综合能耗

序号	能耗项目	耗能单位	年耗量	折算当量能耗系数(吉焦)	折算能耗(吉焦)	备注
1	原料煤	吨	4090080	24012 *	98211000.96	* $Q_{net,ar}$(收到基低位发热量)
2	燃料煤	吨	1088000	21853.7 *	23776825.60	* $Q_{net,ar}$(收到基低位发热量)
3	新鲜水	千吨	11012.8	7.12	78411.14	
4	甲醇	吨	3495	19390	67772.30	
5	电	兆瓦时	36832	11.84	436090.88	
6	污水	吨	716000	33.49	23978.84	
	合计	吉焦			122605147.97	
	副产物					
1	副产硫黄	吨	-32903	5580	-183600.25	1
2	副产氩气	千标准立方米	-70124	6280	-440375.71	2
3	含氧化合物	吨	-68720	20400	-1401888.00	
	总计	吉焦			120579284.02	相当于 411.51 万吨标准煤

（2）单位产品综合能耗（见表7）

表7　单位成品油综合能耗

序号	能耗项目	耗能单位	耗量	折算当量能耗系数（兆焦）	折算能耗（兆焦）	备注
1	原料煤	吨	3.571	24012*	85752.83	* $Q_{net,ar}$（收到基低位发热量）
2	燃料煤	吨	0.950	21853.7*	20760.71	* Q_{DW}^{Y}（燃煤分析基低位发热量）
3	新鲜水	吨	9.616	7.12	68.46	
4	甲醇	千克	3.05	19.39	59.18	
5	电	千瓦时	32.16	11.84	380.77	
6	外排污水	吨	0.625	33.49	20.94	
7	副产硫黄	千克	-28.73	5.58	-160.31	
8	副产氩气	标准立方米	-61.23	6.28	-384.51	
9	副产含氧化合物	千克	-60.00	20.40	-1224.06	
	合计	兆焦			105283.67	相当于3.59吨标准煤

（3）能耗比较

目前国内还没有煤间接液化制油工业生产装置，更没有形成产业能耗的标准。在国外，南非沙索有同类工业生产装置在运行，但其能耗数据没有公开，比较难以执行。目前，仅有美国能源部所做的技术方案数据可以作为参考，现将与美国能源部等所做的煤炭间接液化合成油工厂技术方案的能耗指标进行对比，如表8所示。

表8　美国能源部等所做的煤炭间接液化合成油工厂技术方案能耗指标与本示范项目比较

方案名称	美国能源部基准方案	美国能源部小厂方案	美国 Nexant 咨询公司方案	本示范项目
产油规模（万吨/年）	200	50	50～60	约110
总煤耗（吨/小时）	926	161	350	647.6

续表

方案名称		美国能源部基准方案	美国能源部小厂方案	美国 Nexant 咨询公司方案	本示范项目
折标准煤消耗(吨/小时)		858	159	324	521.2
产品油产量(吨/小时)		243	46.5	79.9	137
发电及外送电	发电(兆瓦)	652	114	689	110
	自用电(兆瓦)	528	74	148	114.6
	外送电(兆瓦)	124	40	541	-4.6
外送电折标准煤(0.3 千克/千瓦时)(吨/小时)		37	12	162	-1.4
考虑 CO_2 捕集设施		是	是	否	否
吨油煤耗	扣除外送电标准煤消耗(吨/小时)	821	147	162	522.6
	扣除外送电后标准煤/产品油比值	3.4	3.2	2.0	3.8
热量效率	煤热值(高位热值)(兆焦)	6990	1293	2637	4239
	油热值(高位热值)(兆焦)	3193	611	1047	1800
	外送电能量(兆瓦)	124	40	541	-4.6
	能效率(%)	47.5	50.3	59.9	42.4

从对比中可以看出，本项目的吨油标准煤耗量及能效率略低于美国能源部的基准方案。从中还可以看到，油电联产有利于提高能效率，外送电比例越高，计算能效率越高，相对于美国能源部的基准方案，本示范项目联产电的比例最小，因此，影响了能效率计算指标。

3. 效益分析

本项目总投资 162 亿元。原料煤及燃料煤按 200 元/吨、新鲜水 2.8 元/吨、电 0.4 元/度（上述生产成本均为含税价）计；

职工平均工资按8万元/年、管理人员工资按12万元/年计，全厂总定员1412人；固定资产综合折旧年限按15年估算，维修费按计提折旧固定资产原值的3%估算，其他制造费按计提折旧固定资产原值的1.2%估算；无形资产摊销年限按10年计算，其他资产摊销年限按5年计算；销售管理费用按销售收入的3%估算；其他管理费用按工资的1倍估算。该项目吨油成本为3093元。

石脑油产品售价按5557元/吨、柴油6773元/吨、液化石油气4870元/吨、混合醇200元/吨、硫黄882元/吨、液氩1.6元/标准立方米（上述产品除石脑油为不含税价，其余均为含税价）计，本项目年均销售收入为75亿元。

除新鲜水和液化气增值税税率为13%外，其余产品和原料为17%。柴油消费税为941元/吨。城乡维护建设税和教育费附加分别按增值税和消费税的7%和3%计算，本项目年均增值税及附加费为17亿元。

所得税按利润总额的25%计（暂不考虑优惠政策），本项目年平均利润总额为20亿元、年均所得税为4.9亿元、年均税后利润为15亿元。

（三）综合评价

第一，本项目采用自主知识产权的三相浆态床低温费托合成技术将煤转化为洁净的石油产品是国家能源战略和政治、经济发展的需要，符合国家“十一五”规划的要求，符合国家“稳步发展石油替代产品”“推进煤炭气化，液化示范工程建设”的产业政策以及西部大开发、可持续发展的要求。

第二，本项目立足有自主知识产权的费托合成技术建设有工业规模的煤制油工厂，因而具有特别重大的意义。一旦本示范项目成功运转，就可以较低投资在国内有条件的地方普遍推广，从而对我国的石油供应安全做出重要贡献。

第三，陕西榆林地区有丰富、优质、价格低廉、特别适合气化的煤炭资源，资源供应包括水资源供应条件较好，能保证示范工程和一期工程500万吨/年以上煤制油的要求。而且其他建厂条件（土地、交通、供电及外部协作）也较好，适宜建设煤制油工业示范厂。

第四，本项目的核心技术——低温费托合成技术和煤基合成油加氢提质技术在国内已经开发成功，并且通过了中国石油化工协会组织的专家鉴定，已获得相应的专利授权，基础是可靠的；示范工厂的其他工艺生产装置的技术均有类似装置的工业实践。因此，本项目在技术上是落实的。

第五，本项目将煤通过气化转化为洁净的能源产品——柴油、石脑油和液化石油气，减少了直接燃煤大量排放SO_2、NOx对环境的影响，可产生良好的环境效益和社会效益。

第六，节能与节水方面，本项目采用了多项节能措施，基本做到了将除CO_2等无热值可利用的工艺物流以外的工艺物流都进行了最大限度的综合利用，使放空火炬损失的热量微乎其微。同时，采用多项节水措施，每小时可节水约2730吨，年节水达约2184万吨，使单位油品的能耗和水耗达到了国内先进水平。

吨油的原料煤和燃料煤消耗合计为4.52吨，按纯油品计算吨油综合能耗为105.28吉焦/吨，折合为3.593吨标准煤。如按广义的液体产品计算，液体产品量可达149.17吨/小时，单位产品煤耗折标准煤为3.49吨。计入电耗和副产在内的热能效率达45.4%，优于国家“十二五”期间煤炭深加工示范项目能效和资源消耗指标中对煤间接液化技术的指标要求的基本值。

本项目水利用率达到98.5%，小时用水量1376.6吨，折合吨油水耗为9.62吨，折合吨液体产品9.23吨，折合吨标准煤为2.75吨，达到国家“十二五”期间煤炭深加工示范项目能效和资源消耗指标中对煤间接液化技术的指标要求的基本值。

四　发展规划

从国家的能源安全战略的角度来说，一方面，煤炭液化制油作为石油的替代品具有重要意义；另一方面，在国际原油价格长期居高不下的形势下，在我国发展煤制油项目也具有较强的竞争能力。

第一，在质量上煤炭转化合成的汽油、柴油等完全可以替代同类的石油产品。无论是直接液化还是间接液化，经过加氢精制后生产出的油品都是清洁燃料，尤其是间接液化经过加氢精制后的产品含硫量和含氮量都是目前原油加工产品的千分之几，质量要远远优于传统的原油制品，可完全放心使用。

第二，在经济性上煤间接液化制油是可行的。“煤变油”项目在万吨级示范生产阶段，合成油品的成本扣除折旧后，完全可以实现保本运行。而一旦百万吨级的装置投入运行，就会产生规模效益，大大降低生产成本，产品完全有能力参与市场竞争。

从另一个角度来看，标准煤的热值约7000大卡，标准油的热值约10000大卡。也就是说，从热量价值上算，煤是油的60%~70%，但从实际交易价格上看，都按高价位算，一吨煤是500元，一吨油是5000元，煤的价格是油的价格的10%。所以，“煤制油”被广泛应用的前景是显而易见的。

第三，从煤炭和人工等成本等因素考虑，在我国发展煤液化制油相对有较强的竞争力。南非年产500万吨合成油品的沙索公司的合成油2004年产值达40亿美元，实现利润近12亿美元，从一个侧面说明了煤液化制油在我国是有发展前途的。

第四，这一技术具有明显的环保效益。我国一些以煤炭为主要能源的地区，空气污染严重，并出现了大面积酸雨区。煤炭转化成石油产品的生产过程可以做到“零液体排放”，另外通过脱硫技术进行硫回收，每年可减少向大气排放约65万吨硫，从而大大减轻了大气中硫的污染；而煤炭变成石油产品后，可成为一种十分洁净的能源。

综上所述，煤液化制油无论是质量和经济性，还是投资者的收益和对环境的影响，均具有较强的竞争能力。通过国内首套110万吨/年煤间接液化示范装置的建设与运行，兖矿集团提出了大型煤间接液化项目中各单元装置完善优化的耦合方案、获得了大型煤间接液化装置的设计及操作基础数据，为在我国真正实现高碳资源低碳化、产品种类多元化、过程效率最优化和经济效益最大化奠定了强有力的技术基础，对推动我国费托合成技术的发展，促进能源多元化战略的实施具有重要意义。兖矿集团将对煤间接液化相关技术继续进行推广和应用，包括建设以下项目。

第一，陕西未来110万吨/年CTL示范项目。具有自主知识产权的三相浆态床低温费托合成技术许可给陕西未来能源化工有限公司，用于建设110万吨/年煤间接液化示范装置。该装置年产柴油79万吨、石脑油26万吨，液化石油气10万吨。

第二，兖矿榆林3000吨/年低温费托合成催化剂项目。低温费托合成催化剂专利技术实施许可给兖矿榆林精细化工有限公司，建设3000吨/年低温费托合成催化剂生产装置。

第三，四川仪陇20万吨/年GTL项目。低温费托合成技术许可给四川仪陇益邦能源有限公司，用于建设20万吨/年天然气制油装置。

其中，榆林煤制油基地的建设将是下一步发展的重点。在生产规模上，兖矿榆林煤制油基地规划一期工程先以采用低温费托合成技术的100万吨/年工业示范项目启动，随后再建设300万吨/年低温煤液化装置和100万吨/年高温煤液化装置。后者，即100万吨/年高温煤液化装置同样具有示范性质。一期规划总体规模为500万吨/年，产品方案的特点为：主产油品同时兼顾了高温煤液化装置的示范，下游加工只考虑上一套聚丙烯装置和含氧化合物回收装置。主要产品为：柴油、石脑油、汽油、液化石油气、溶剂油、特种蜡、聚丙烯、混合醇、丙酮和甲乙酮、醋酸等。

下一步的二期工程规划规模也是500万吨/年油品，但产品方案以联产烯烃多的高温工艺为主，即建设300万吨/年的高温煤液化装置和200万吨/年低温煤液化装置。同时，建设的下游加工装置有：聚乙烯、聚丙烯、丁二烯、顺丁橡胶和含氧化合物回收装置。主要产品为：柴油、石脑油、汽油、液化石油气、溶剂油、特种蜡、聚乙烯、聚丙烯、顺丁橡胶、混合醇、丙酮和甲乙酮、醋酸等。

二期建成后，本基地的煤液化装置的总能力合计将达到1000万吨/年（以液体产品计）。其中，采用低温工艺的煤液化装置总能力为600万吨/年，采用高温工艺的煤液化装置总能力达到400万吨/年。每年生产的各类油品（包括溶剂油、特种蜡）的产能约860万吨，另外其他化工产品产量将近180万吨/年。工艺生产装置年操作时间按8000小时计。

依据对我国油品生产、消耗和市场发展趋势的分析，结合费托合成原油构成和特性，确定产品方案如下。

一期方案主产油品，除燃料油——柴油、汽油、液化石油气外，还有乙烯原料石脑油，以及费托合成得到的高熔点的特种蜡和溶剂油，能力暂按4.6万吨/年和12万吨/年考虑。各类油品合计473.3万吨/年，还生产烯烃和含氧化合物57.3万吨/年，液体产品总计530.6万吨/年。由于一期高温工艺规模只有100万吨，副产的乙烯较少，暂不考虑回收，只考虑回收丙烯，加工成聚丙烯28.5万吨/年，这样的规模有竞争力且投资也小一点。

二期方案为油化联产，油品方案同一期，仅数量不同。所不同的主要是烯烃加工产品种类增加，既有聚丙烯，又增加了聚乙烯和碳四烯烃经转化成丁二烯、再加工成顺丁橡胶两个产品。二期各类油品合计387.3万吨，烯烃和含氧化合物127.5万吨/年，液体产品总计514.8万吨/年。

五　存在问题及解决思路

（一）存在的问题

第一，煤炭资源勘探及资源供应保证。本项目所建煤液化工厂距供应煤炭原料（包括燃料煤）的金鸡滩井田约70公里，原煤用火车运送进厂。从现有勘查资料来看，煤炭资源是可靠的。陕西省政府已同意将金鸡滩井田的煤矿开发授予兖矿集团公司，金鸡滩井田的矿权转让正在办理之中。

问题是需要尽快启动配套煤矿和运煤铁路专用线的建设，以满足本项目的要求。

第二，本项目有上百台超限运输设备，如都依赖大件运输，不仅费钱费时，而且有些设备根本无法运输，如直径7米的费托合成反应器。因此，急需就近建一个大型专业化的石油化工设备制造厂，或建一个大型超限设备的组装车间。

第三，关于市场准入与产品销售。本项目生产的产品主要是油品，在进入市场和销售方面有特殊要求，为保证本项目生产出来的产品有顺畅的销售渠道，需要国家有关部门和陕西省政府的支持，尤其在市场准入与产品销售网络这个环节上。

（二）解决的思路

1. 进一步重视节水与水资源供应

由于榆林地区整体来说水资源比较短缺，生态系统比较脆弱，在项目实施过程中要进一步强化节水原则、减少污染物的排放和重视环境的治理，尤其是在技术和设备的选型以及废气、废液、废渣的治理和综合利用对策上。同时，从国家能源安全的角度考虑，应优先为煤制油项目配置水资源，并应加大资源的勘探开发力度，以满足整个1000万吨/年煤制油规划的要求，应尽快落实一期工程500万吨煤制油年供水7000万吨的方案，尽早安排解决二期工程水资源供应缺口的问题。

2. 资本金及优惠贷款

本项目是立足自主开发、创新，具有自主知识产权的煤间接液化核心技术的百万吨级工业示范项目，事关国家的能源政策与能源安全，又是一个耗资过百亿元的大项目，因此，为加快示范项目的建设进度，建议由国家注入项目资本金，并由国家开发银行提供优惠贷款。

3. 政策扶持

本项目作为煤间接液化制油的工业示范项目，生产的产品质量和性能优于传统石油炼制的产品，因此，建议国家在环境容量指标、价格和税收方面给予特殊的政策扶持，以利于煤间接液化制油产业的迅速成长。

第一，对产品实行优质优价。煤间接液化生产出来的石脑油和高十六烷值超低硫的柴油馏分，应根据其优良的性能和等效率原则定价，其价格应允许比普通石脑油与柴油高。具体高多少可以按照市场经济的规律，由供需双方协商，或由国家主管部门组织专家研究提出一个指导价。

第二，鉴于油品价格由国家控制，而原（燃）料煤的价格则受市场价格左右，因此，对本项目的产品销售减免所得税和增值税也是必要的。

第三，采用煤间接液化制油是典型的洁净煤转化技术，但煤制油项目耗煤量巨大，尽管采用了当今国内外先进的技术并进行了精心的设计，仍然会有一定数量的污染物需要排放，因而，势必给当地环境容量的控制和减排造成一定的压力。建议国家和政府相关部门统筹考虑，通过对削减项目所在地及邻近省区高污染项目的排放量优先给煤制油项目落实必要的环境容量指标，如 SO_2、COD 等。

B.6

山西潞安矿业（集团）煤制油示范项目发展报告

山西潞安矿业（集团）有限责任公司*

摘　要：

山西潞安矿业（集团）16万吨/年煤基合成油示范项目，是2005年通过中科院招标中标确定的国家级示范项目，2008年底投入试运行至今。本报告简要介绍了该示范项目及其工艺流程；在总结取得成果的基础上，提出了下一步发展设想和政策诉求与建议。

关键词：

潞安矿业集团　煤制油　煤基多联产技术集成

山西潞安矿业（集团）有限责任公司（简称“潞安集团”），是山西省属七大煤炭企业集团之一，是以煤为基、多元发展的能源企业集团。截至2013年底，潞安集团共有二级子公司78个，其中控股子公司56个，参股子公司22个；总资产达1523亿元。2013年，煤炭产量8878万吨，营业收入1987.9亿元，利润6.07亿元，在世界500强中排第430位。

---

* 课题组成员：刘斌，山西潞安矿业（集团）副总经理，高级工程师；孙志强，山西潞安矿业（集团）煤化工产业管理处处长，高级工程师。

潞安集团坚持“与能人携手，和巨人同行”的理念，与中科院上海高研院、山西煤化所、中科合成油技术有限公司强强联合、优势嫁接，打造了高端创新平台，成功地完成了煤制油示范工程项目。

一 示范项目简介

潞安集团16万吨/年煤基合成油示范项目，是国家“863”高新技术项目和中国科学院知识创新工程重大项目的延伸，是2005年中国科学院委托中国国际工程咨询公司通过国内公开招标确定的国家级示范项目，目的是为产业化积累工程经验。其中，F－T合成技术、16万吨合成油联产60兆瓦（IGCC）电的煤炭联产系统关键技术项目列入国家“十一五”期间“863”计划先进能源技术领域“以煤气化为基础的多联产示范工程”重大项目课题，它的建设对于我国具有自主知识产权的间接液化法煤基合成油技术的产业化具有重要的示范和推动作用。

该项目对于保障国家能源安全具有十分重要的战略意义，是山西省调整产业结构和能源结构，发展煤化工产业，建设新型能源和工业基地的标志性工程。

潞安集团煤制油示范项目是全国唯一的同时使用铁基、钴基两种工艺进行煤基合成油的企业。以煤基合成油示范项目为核心，以屯留煤矿、余吾热电厂为依托，通过资源合理配置，优化集成，建成了一个以“高端化、全循环、多联产”为主要特征的资源综合利用循环经济园区。

低位循环：煤炭从井下提升至地面后一部分经过洗选加工生产出喷吹煤，作为潞安集团品牌产品销往全国各地；洗选出的矸石送至矸石电厂发电利用，每年消耗煤矸石80万吨，折合标准煤34.2

万吨，由此构成园区传统的低位循环系统。

高位循环：井下提升的原煤，不需要经洗选直接通过皮带输送至煤基油公司，降低了煤炭运输成本，同时做到了“煤不见天、不落地”降低了对环境的污染。高位循环区包括化学品加工、油品加工、11.5 兆瓦的 IGCC 电站、“1830”化肥生产线、210 万吨焦化厂五个生产单元。高位循环区的最大特点是，在废水、废气、废渣综合利用的基础上，实施高端化的多联产、多技术、多循环，把废品变成精品，达到高端化循环、耦合化节能的效果。

潞安集团煤基合成油示范项目于 2008 年 12 月 22 日钴基固定床合成装置正式试车出油；2009 年 7 月 10 日铁基浆态床合成装置正式试车出油；2009 年 12 月 4 日产出合格尿素，潞安集团煤基合成油示范项目全面进入试运行阶段。

二　示范工艺流程

工艺主要流程包括：煤气化、空分、低温甲醇洗、费托合成、PSA、油品加工、合成氨、合成尿素、大颗粒尿素等。

主要工艺流程简述如下：气化工序是以块煤为原料经锁斗进料系统进入碎煤加压气化炉，与来自锅炉房的中压蒸汽和来自空分的纯氧进行煤的气化反应。出气化炉的高温煤气经冷却和煤气水分离后粗煤气进入低温甲醇洗工序，在此脱除 H_2S 和 CO_2，净化后的合成气去费托合成生产油品。

费托合成工序采用 16 万吨/年铁基浆态床费托合成并联 5 万吨/年钴基固定床费托合成，其中钴基费托合成制得硬蜡作为产品销售，制得的软蜡、轻油、重油以及铁基费托制得的重质油、重质蜡、轻质油作为中间产品送入油品加工工序。在油品加工工序费托合成的粗油品经加 H_2 处理后最终得到产品柴油、石脑油和石蜡。

联产合成氨装置从费托合成出来的反应尾气大部分送甲烷转化工序制备合成气，再经低温甲醇洗脱碳后去 PSA 变压吸附提取氢气，作为合成氨和油品加氢的原料，富 CO 解析气送费托合成工序循环回用。H_2 分为二股：一股作为油品加工用氢；另一股送氨合成工序与来自空分工序的 N_2 混合后送氨合成进行氨的合成。液氨和来自低温甲醇洗工序的 CO_2 作为尿素合成的原料，在尿素合成工序采用二氧化碳汽提法工艺合成尿素并生产大颗粒尿素。费托合成工序多余尾气送 IGCC 工序发电。

锅炉：送入系统的原煤经过筛分后，末煤送去 4 台 150 吨/小时锅炉加热除氧水生产 4.0 兆帕的中压蒸汽，一部分用于推动汽轮机做功，节省电耗；一部分作为气化剂用于生产煤气；乏汽用于装置防冻伴热及周边村镇、厂区职工的生活热水、冬季采暖使用。锅炉选用循环流化床，吨煤产蒸汽量达到 9 吨，飞灰残炭量小于 15%。

煤制气：筛分出的块煤、高硫下组煤与气化剂一同进入气化炉生产煤气；园区采用 6 台（5 开 1 备）碎煤加压气化炉（“鲁奇炉”）生产 20 万方/小时粗煤气，单炉日投煤量为 500 吨。为了提高转化率，造气炉压力控制为 3.0 兆帕，床温 1200℃，吨煤产煤气量为 2000 标准立方米。粗煤气经配套煤气冷却系统回收热能后送往净化装置。回收的煤焦油、粗苯、中油作为副产品销售。

净化：采用先进的“低温甲醇洗”工艺，将气化炉产生的粗煤气会同周围焦化厂引入的焦炉煤气中的二氧化碳和硫化氢等杂质进行脱除，总硫含量脱除精度达到不大于 1 毫克/升，CO_2 脱除精度达到小于 1%。脱出的硫用于生产硫黄膏，解析出的二氧化碳纯度可达到 99% 以上，用于合成尿素及与合成油尾气进行重整回收。

合成及加氢：用净化后的煤气在催化剂作用下进行费托反应，目前园区内有两套费托装置。铁基浆态床费托合成装置采用中科合成油技术公司自主研发的催化剂，用于生产高品质柴油、石脑油。钴基固定床费托合成装置采用潞安集团和中科院山西煤化所自主研发的高效催化剂，用于生产高品质费托蜡、精细化工产品（液态烷烃等）。

费托合成柴油无硫、无氮、不含杂环烃。1.8 升排量的柴油汽车百公里油耗仅为 6 升左右，比一般汽车用油节省 15%，尾气排放超过欧Ⅳ标准。我国现行的车用柴油国家标准（国Ⅲ）要求商品柴油中十六烷值不得低于 46，硫含量不得大于 350 毫克/升，色度不得大于 1.5，而潞安煤基合成油成品柴油中十六烷含量高达 81，硫含量仅为 0.05 毫克/升，色度小于 0.5，直观对比清澈如矿泉水一般。目前全球范围内对性能和环保要求颇为严格的欧Ⅳ柴油标准，也仅要求十六烷含量不低于 54，硫含量不高于 50 毫克/升，足见潞安煤基合成油品质之优良，产品投放市场以来供不应求，同时潞安合成油可作为精细化工原料广泛应用于石化油品的调和油，生产氯化石蜡、绝缘材料的原料油等。

尾气转化：合成油尾气中含有 40% 左右的甲烷，采用中科院上海高研院、成都院自主研发的甲烷 - 二氧化碳重整技术和换热式甲烷转化技术，生成合成油原料气进行回收利用，同时减排二氧化碳。变换后的富裕氢气经过变压吸附装置生产出压力 1.8 兆帕，纯度为 99.97% 的氢气用于油品加氢精制及合成液氨，同时解析出的一氧化碳气经压缩机加压至 3.3 兆帕后送至费托合成装置用于调节氢碳比。

联产“1830”项目：利用合成油系统排放出的富氢尾气，配合空分装置回收的高纯氮气，生产 18 万吨/年液氨，每年回收氮气 19.6 万吨；利用净化系统脱除的二氧化碳气体与液氨合成 30 万吨/年大颗粒尿素，每年减排二氧化碳约 27 万吨。

IGCC：系统经过多次循环后的低热值尾气（热值约 2000 大卡），送往 IGCC 装置联产发电，进一步降低能耗，该装置装机容量 11.5MW。

废水再利用：系统排放出的工业废水、生活废水进行集中收集后经过生化处理，可达到中水品质，可用于循环冷却水的补水及厂区的绿化。

废渣再利用：锅炉、气化炉排放出的废渣可用于生产建筑材料。园区在常村矿建有 1.9 亿标块矸石砖厂，每年消耗矸石 43 万吨，节约 6.2 万吨标准煤。

三　示范结果

潞安集团煤基合成油示范项目于 2011 年 8 月达到了满负荷运行，累计运行时间超过 3 万小时。

通过示范，潞安集团首创了国内“煤基多联产技术集成”，首创了以劣质煤为原料的“油、氨、电、热、化联产循环经济工业发展模式”。试生产五年来，核心技术不断优化，产品向精细化、高端化、终端化进一步延伸，在人才、技术、管理、市场开发等方面积累了大量经验，为大规模产业化奠定了坚实基础。

铁基浆态床和钴基固定床 F－T 合成核心技术分别列入“十一五”期间国家“863”计划和“973”计划，通过技术集成和再创新，完成了工业放大和产业示范，形成了具有完全自主知识产权的煤基合成油多联产低碳化创新技术，为我国煤基合成油大规模产业化提供了技术条件。

通过年产 21 万吨煤基合成油多联产工业化示范装置的建设、运行、调整和优化，达到能耗低、产出高、低碳化生产。潞安集团同时掌握了铁基浆态床和钴基固定床两种 F-T 合成核心技术，积累了工程建设和装置运行经验，锻炼了技术队伍，为建设百万吨级工业化装置打下了坚实的基础，对于以煤炭为主要能源的国家和地方经济具有十分重要的战略意义，其工业应用前景广阔。

2010 年 10 月 30 日和 11 月 15 日，“煤基合成油多联产低碳化创新技术”和“万吨级钴基钴基固定床 F-T 合成技术”分别通过山西省科技厅和中科院组织的专家验收，整体技术水平达到国际领先和国际先进。

该示范项目证明，潞安集团已经具备了进一步发展煤制油产业的基础。

四　产业总体发展计划

“十二五”期间，依托该示范技术，潞安集团 180 万吨/年高硫煤清洁利用油化电热一体化项目于 2012 年 7 月获得国家发展和改革委员会立项并被列为山西省综改试验区一号工程，目前正在高效、快速实施，计划于 2015 年 6 月建成。

“十三五”期间，潞安集团按照山西省委省政府统一部署和煤化工产业总体规划，将依托忻州河保偏地区丰富的煤炭资源和潞安煤化工的人才技术优势，建设潞安忻州 400 万吨/年煤炭清洁利用油化电热一体化项目。

忻州一体化项目建成后，潞安集团将在山西省内形成年产 600 万吨油品和化学品的综合生产能力，占全国同期煤制油总规模的 20%。其中，高等级清洁燃料油占 60% ~70%，精细化学品占 30% ~40%，年销售收入达 500 亿 ~600 亿元，利税上百亿元，总体技术达到国际领先水平。山西省将在全国煤制油行业占有重要地位。

五　政策诉求与建议

与国内的石油化工成品炼制企业相比，虽然煤基合成油的油品品质比普通石油基油品的品质高，但因我国对成品油实行政府指导价，因此，煤基合成油油品执行的是与普通石油基油品相同的价格。国内石油化工成品油炼制企业，如中石油、中石化均在企业亏损时享受国家财政补贴，而煤基合成油企业在油品炼制工艺上相对于石油炼制工艺复杂、加工成本略高，但未享受国家财政补贴，企业负担较重。单一的“煤制油”在产品制造成本方面没有优势可言，而且繁重的消费税和财务成本给企业带来了巨大的投资风险。为此，建议如下。

第一，煤制油企业属于资金密集型、技术密集型企业，其生产的产品具有很高的清洁度和环保性，国家应在减免消费税、环保补贴、碳排放等政策方面予以扶持。

第二，煤制油企业往往设立在我国中西部及新疆、内蒙古等富煤地区，该区域的特点是富煤、缺水、交通运输不发达，国家应赋予企业油品经营自主权，就地转化，就地消化。

B.7

煤炭间接液化技术发展报告

中科合成油技术有限公司*

摘　要：

中科合成油技术有限公司是由中国科学院山西煤炭化学研究所合成油品工程研究中心联合伊泰集团、潞安集团、神华集团等煤制油示范企业发起设立的混合所有制企业，是我国目前煤炭间接液化技术发展的中坚力量。本报告介绍了中科合成油技术研发、示范、产业化的发展情况，并就我国未来煤炭间接液化技术发展提出了建议。

关键词：

中科合成油技术有限公司　煤制油技术　高温浆态床费托合成

一　中科合成油技术公司简介

中科合成油技术有限公司的前身是中国科学院山西煤炭化学研究所煤炭间接液化工程研究中心。

1998 年由李永旺研究员领导的中科院山西煤化所课题组开始

* 课题组组长：李永旺，中国科学院研究员，中科合成油技术有限公司总经理。副组长：杨勇，中国科学院研究员，中科合成油技术有限公司副总经理。成员：相宏伟，中国科学院研究员，中科合成油技术有限公司副总经理。

大胆尝试高效浆态床合成油工艺技术的开发，2000 年完成了新一代浆态床合成油技术的实验室验证，开始获得中国科学院知识创新工程重大项目和科技部“863”计划的支持，2001 年建成千吨级浆态床合成油工业中试装置，反应器设计最大生产能力 700 吨/年，实际生产能力达到 1000 吨/年以上，2004 年成功地在模拟工业操作条件下采用低温浆态床合成工艺（220～250℃）实现了满负荷稳定连续运行 2000 多小时，累计运行 7000 多小时，掌握了低温浆态床费托合成成套工艺技术及费托合成铁基催化剂工业生产技术。

2004 年，山西省政府和国内大型煤炭企业内蒙古伊泰集团、山西潞安矿业（集团）、中国神华集团开始投资参与浆态床煤炭间接液化工业技术的开发，成立了理事会领导下的中国科学院山西煤炭化学研究所合成油品工程研究中心，开始着手规划和设计 16 万～20 万吨/年合成油示范厂。

2006 年，中国科学院山西煤炭化学研究所合成油品工程研究中心联合大型煤炭企业内蒙古伊泰集团、山西潞安矿业（集团）、中国神华集团、徐州矿业集团等入股组建了中科合成油技术有限公司，成为推动我国煤炭间接液化产业化的技术支撑实体。

2008 年，由国家发展和改革委员会批准在中科合成油技术有限公司成立了煤炭间接液化国家工程实验室，2013 年由国家能源局批准又成立了煤基清洁燃料国家能源研究中心。目前中科合成油技术有限公司已形成了基础研究 - 工程技术基础研究 - 工程设计与工程承包 - 催化剂生产与放大 - 大型特种专用设备加工制造的产、学、研一体化无缝连接的高效技术研究开发和产业化技术支撑体系。该公司技术研发团队已由 2000 年的 20 多人发展到 2014 年的 800 多人，成为学科齐全的高素质技术队伍。其中，研究员有 10 名，副研/高工有 80 多名，具有博士学位的研究人员有 40 多名，在读博士和硕士研究生有 30 多名。

二　中科合成油技术研发与应用

（一）研发背景

煤炭间接液化的费托合成油技术可追溯至20世纪20年代。1923年德国科学家Fischer和Tropsch发现了合成气在铁催化剂上可生成液体燃料的反应，被称为“费托合成法”。20世纪30~40年代，德国兴建了大量以煤为原料的费托合成油厂，但第二次世界大战后石油工业的兴起致使费托合成油装置纷纷关闭。

因种族隔离制度导致国际上对南非实行石油禁运政策，其被迫依靠自身丰富的煤炭资源发展煤制油产业。从20世纪50年代起，南非引入德国早期的费托合成技术，成立了沙索（Sasol）公司，使用低温固定床铁基催化剂费托合成技术，并开发了高温费托合成循环流化床反应器、固定流化床合成工艺，经过多年的技术沉淀，掌握了成熟的低温浆态床合成技术，开发了钴基低温浆态床合成工艺（因催化剂价格高而未用于煤制油领域）。Sasol公司已成为世界上最大的综合性煤化工企业，年产油品600万吨，近年来，一直尝试将其费托合成技术拓展至中国和印度。

到目前为止，国际上仅南非Sasol公司和荷兰Shell公司拥有费托合成油工业技术，其他如美国Syntroleum公司、美国Exxon-Mobil公司、美国ConocoPhillips公司、英国BP-Amoco公司、丹麦TopsΦe公司等也在开发费托合成技术，但均未实现商业化。

我国曾是世界上较早拥有煤制油工厂的国家之一，如锦州石油六厂于1937年引入德国技术建设煤制油厂，中科院大连石油研究所于1953年进行合成油中试，后因大庆油田的发现，我国煤制油装置关闭，技术开发终止。20世纪80年代初，国家考虑到未来能源的战略需求，重新恢复了煤制油技术的研究与开发，中科院山西煤化所承担起了这一重要任务。

（二）技术进展

中科院山西煤化所提出的煤炭间接液化的固定床两段合成工艺，1989 年完成 100 吨/年中试，1993 ~ 1994 年完成了 2000 吨/年工业试验，产出了合格的 90 号汽油，但因当时油价低迷、工艺效率较低、技术经济性等因素而终止试验。1998 年中科院山西煤化所开始在实验室研究较为先进的浆态床费托合成技术，2001 年建成千吨级中试装置，2004 年完成了低温浆态床合成油中试，2005 年其在国际上首次提出高温浆态床费托合成工艺。该工艺特征是费托反应在高温区 260 ~ 290℃操作，副产高品位蒸汽（2.0 ~ 3.0 兆帕），联产发电，可有效地平衡全系统的热量，克服了低温浆态床工艺（0.5 ~ 0.8 兆帕）副产的低品位蒸汽难以利用的缺点，从而提升煤间接液化过程的整体能量利用效率。2005 ~ 2008 年，在千吨级浆态床工业中试装置上验证和成功开发出高温浆态床合成油成套工艺技术和适用于高温浆态床合成的铁基催化剂生产技术，由此，中国科学院山西煤化所掌握了先进的高温浆态床（260 ~ 290℃）合成油的关键核心工业技术，形成了煤制油全流程工业模拟软件。

（三）技术对比

中科合成油技术有限公司自主研发的煤制油技术与国外技术相比较，在过程总能效率、催化剂活性和产油能力、甲烷和油品选择性方面具有明显的技术优势（见表 1）。

（四）应用情况

以我国自主研发的煤基合成油技术为支撑，2008 年中科合成

表1　中科合成油技术与国外合成油技术的工艺指标对比

主要工艺参数和技术指标	壳牌	沙索		中科技术	
	低温固定床	高温流化床	低温浆态床	高温浆态床	
				示范厂	大规模
工艺参数					
催化剂	钴	铁	铁/钴	铁	
反应器	固定床	流化床	浆态床	浆态床	
操作温度(°C)	190~220	300~340	200~250	260~290	
副产蒸汽压力(兆帕)	0.5~0.8	3.5~5.0	0.5~0.8	2.5~3.0	
催化剂水平					
甲烷选择性(质量分数,%)	5%~7%	10%~12%	5%~6%/8%~10%	2%~3%	<3%
时空产率(克 C_3^+ 烃/克催化剂/小时)	0.20~0.25	0.30	0.20~0.30	1.0~1.5	>1.0
产能(吨油/吨)	1000~1500	200~250	250(1000)	1500~1800	
单位油品催化剂成本(元/吨)	>300	>300	>300	<100	
整体工艺指标					
产品加工催化剂体系	硫化态	硫化态	硫化态	非硫化态	
产品中硫含量(毫克/升)	<5	<5	<5	<0.5	
合成气消耗(标准立方米/吨油)	5800~5900	6000	5700	5400	5300
过程总能量转换效率(%)	37~38	38~39	37~38	40~41	44~47

油技术有限公司建成并成功投产了1500吨/年合成油催化剂厂，2005~2009年在内蒙古伊泰集团、山西潞安矿业（集团）和中国神华集团建成三个16万~20万吨/年合成油示范厂。2009年3月伊泰集团16万吨/年合成油示范厂成功开车出油，8月开始连续稳定生产运行；2009年7月潞安集团16万吨/年合成油示范厂

一次成功开车并实现连续稳定生产运行。2010 年、2011 年伊泰和潞安两个合成油示范厂分别实现“安、稳、长、满、优”连续化工业生产。2010 年伊泰示范厂通过了国家能源局组织的专家进行的考核验收，示范厂考核表明，在费托合成反应温度 275℃下，CO 总转化率可达到 95% 以上，甲烷选择性在 3% 以下，C_{3+} 选择性 >96%，催化剂时空产率可达 1.2 ~ 1.5 克油品/克催化剂，产油能力达 1500 ~ 1800 吨油/吨催化剂，其活性是传统固定床费托催化剂的 10 倍以上，是低温浆态床费托催化剂的 4 ~ 5 倍。该示范厂的运行验证了高温浆态床合成油工艺概念，整体能效由低温浆态床合成工艺的 37% ~ 38% 提高到高温浆态床合成工艺的 40% ~ 42%，预计该工艺放大到百万吨级规模，整体能效将进一步提升到 44% ~ 47%。到目前为止，两个示范厂已运行了 5 年，这标志着我国已完全自主掌握了先进、高效的煤炭间接液化工业技术。

神华集团 18 万吨/年煤炭间接液化示范厂于 2010 年进行了两次开车验证试验，2011 年神华宁煤 400 万吨/年煤制油项目决定采用中科技术，迫使南非 Sasol 合成油技术退出中国市场。

以中科技术为代表的我国自主研发的煤制油技术经过“十一五”示范厂运行成功后，在“十二五”期间已经启动了多个百万吨级煤制油商业项目，主要包括：神华宁煤 400 万吨/年、山西潞安 180 万吨/年（一期 100 万吨/年）、新疆伊犁 540 万吨/年（一期 100 万吨/年）、新疆甘泉堡 540 万吨/年（一期 200 万吨/年）、内蒙古准格尔 400 万吨/年（一期 200 万吨/年）、内蒙古杭锦旗 400 万吨/年（一期 120 万吨/年）、内蒙古锡林郭勒 100 万吨/年、贵州 500 万吨/年（一期 120 万吨/年），同时在内蒙古准格尔大路煤化工园区正在配套建设 1.2 万吨/年合成油催化剂厂。预计到 2016 年，我国煤炭间接液化产业将形成产能约 1300 万吨/年，2020 年形成产能约 3100 万吨/年，届时煤制油产量将占石油进口量的 10% ~15%。

三 煤间接液化发展建议

（一）发展煤制油势在必行

油品是国家工业、经济和社会赖以运行的血液和动力源泉，是社会发展和人类生存不可缺少的能源资源。2013 年我国石油消费量达到 4.98 亿吨，我国石油生产 2.1 亿吨，进口石油 2.82 亿吨，对外依存度已近 60%，预计 2020 年我国石油消费量将达到 6 亿吨，对外依存度将达到 68%。我国自有石油产能已接近顶峰（约 2.0 亿吨/年），而在动荡的国际环境下我国海陆石油输运路径均不能得到有效的安全控制，在新的进口渠道拓展并不十分明朗的情况下，我国油品供应紧张局势将愈加凸显，这将成为制约我国经济发展和威胁我国能源安全的重大问题。

当前我国能源（特别是油品）供给安全度较低。从我国能源储量结构来看，煤炭资源占到 90% 以上的能源储量（约 2 万亿吨）和近 70% 的能源消费量。而国内的石油开采能力已近峰值（1.9 亿 ~ 2.0 亿吨/年）。作为一个大国，我国必须在涉及国家命脉的领域有自主独立的支撑体系，特别是在国防、能源领域。因此，要高度重视石油替代工程，适度（兼顾资源、环境容量）发展煤炭液化产业，将其作为石油资源的必要补充，这将有利于国家国防、经济的战略安全，是增加国家战略油品储备的重要手段。从产品结构来看，煤炭液化过程的产品有别于石油路线，可生产出一些石油路线无法生产的高附加值产品，满足国家经济发展需求。

从未来的国家（或国际）真正可持续能源供给机制上考虑，

现有的化石能源供应体系只是一个过渡。从可持续的资源供应来源方面考虑，应该形成供应机制如表2所示。

表2 可持续的资源供应机制

系统	现阶段 （现在至未来30～50年）	过渡期 （30～50年后至100年）	未来可持续 （150年后）
电力	火电（煤炭）、水电、核电/风电	火电（煤炭）、水电、核电/风电、太阳能发电	水电、核电/风电、太阳能发电
化学品	石油（主）、煤（辅）	煤（主）、生物质（辅）	生物质
油品	石油（主）、煤（辅）	煤、电力动力系统替代	电力动力系统

在现阶段和未来的150年之内，将从煤炭逐步过渡到主要的油品和化学品提供源，此后随着生物质、核电和太阳能技术的积累和进步，将进入真正的可持续能源和化学品供应系统，即以水电、核电/风电、太阳能发电为主的电力支撑体系以及以生物质为主的化学品支撑体系。

我国一次能源以煤为主，2012年煤炭在一次能源消费中占65.7%，预计在2030年前我国以煤炭为主要能源的格局不会改变。我国煤炭资源相对丰富，已探明储量10200亿吨，可采储量2040亿吨，2012年我国原煤产量约37亿吨，煤炭消费量为36.1亿吨，占全球煤炭消费量的一半。在我国新能源难以为继、传统能源储量有限、石油供不应求的时期，面对亿吨级油品的供应缺口，现阶段（30～50年）只有煤炭资源能够在量级上相匹配，以煤为原料，科学有序地发展煤制油产业已成为我国破除能源困局的现实选择之一。

与不可再生的石油资源相同，煤炭将从现在开始直至未来的150年内承担着制备油品和化学品的重要任务，现阶段发展煤制油品和化学品的技术和产业势在必行。

在“十一五”期间新型煤化工技术经历了引进国外技术、自主研发、成功示范之后，“十二五”期间，多项煤化工新技术将推进到100万吨级以上的重大示范项目级别上，实际上是大规模商业装置的一期工程，在此期间煤化工技术更加成熟、管理更加科学、投资更趋理性，新型煤化工必将取得长足发展。

（二）煤制油产业化发展的条件已经具备

以中科技术为支撑的两个煤炭间接液化工业示范厂和一个合成油催化剂厂已经连续稳定运行5年以上，在核心技术指标和综合性能方面均领先于国外同类技术，同时技术的整体集成水平较高，具备了放大到百万吨级商业化规模的技术条件，促使国际煤炭间接液化技术的代表Sasol公司退出了中国市场。但国内对煤炭液化方面的争议较多，这些争议某种程度激励了公司科研团队不断提升技术水平，完善煤制油技术，但过多的争议影响了国家的决策和煤制油的发展。具体的争议主要体现在以下几个方面：①技术成熟度；②CO_2的排放问题；③水耗问题；④煤炭液化技术是一种不可再生资源（煤炭）替代另一种不可再生资源（石油）。中科合成油技术有限公司取得的重大技术突破已有力地回答了众多争议。

1. 技术方面已经成熟

经过十余年的基础研究、技术开发和工程化实施，所有关键技术（催化剂、反应器、工艺技术）、国内没有经验的配套技术均在中间试验平台、示范装置上得以验证，在进行进一步的放大（百万吨级）过程中，均经过科学、细致的计算和横向考评。同时，关键技术及配套技术均在内蒙古伊泰和山西潞安两个示范项目中得到长周期、稳定、满负荷、连续运行的考验，积累了丰富、扎实的工程放大经验和大量的现场数据，因此，主要技术本身的风险已经很低。在3个示范项目的设计、建设和运行过程中，积累了丰富的施工、项目管理、装置开车和技术支持的经验，培养出2000余名现场操作和技术人员，为后续的大型商业化煤制油项目的启动培养了可靠的现场操作和管理团队。

在技术研发方面，中科合成油技术有限公司经过多年持续、快速的发展，形成了集基础研究－技术开发－工程设计－现场支持－核心产品（催化剂）生产为一体的、良性互动的、专业配置齐全的研发、设计、技术支持和催化剂生产800余人的团队。经过持续的技术研发，团队积累了扎实的与煤制油技术开发和设计有关的催化剂研发、工艺研究和工程化实施经验和能力。

针对其他方面的风险诸如大型浆态床反应器的设计、制造和安装建设方案的制定等，该合成油团队和全国最具优势的机械制造、工程设计、工程建设单位形成战略联盟的关系（涉及国内20余家主要工程技术、设备制造单位，还包括大型空分的外国供货商）。上述各方面措施，为实现大规模煤制油技术的开发和后续的建设打下了系统、扎实的工程实施基础，可确保商业化技术的成功和大规模产业化建设的顺利启动。

2. CO_2 的排放问题已较好解决

CO_2 的排放是目前所有煤化工、发电和石油化工均面临的一个问题，含碳资源的使用必然产生 CO_2 排放，因此，CO_2 排放是一个全球性的问题。从本质上解决 CO_2 回收利用、再资源化涉及复杂的科学和技术难题，短期内（30年内）不会有重大的、可工业化的突破。解决该问题需要在科学原理、技术手段上首先有所突破。CO_2 利用最大的投资和消耗之一就是 CO_2 的富集，煤炭液化工艺可对过程中产生的90%以上的 CO_2 实现高浓度的富集排放（浓度 > 98.5%），为后续 CO_2 问题的解决提供了一个先决的有利条件和经济性的接口。合成油研发团队已经在该方面着手布置了相关的课题，从科学和技术的角度形成了初步的认识，有望经过持续的积累最终解决该问题，实现 CO_2 的资源化再利用。

同时，节能减排的另一个重要的手段就是提高转化过程的能量利用效率，自主的高温浆态床煤炭间接液化集成工艺技术在工艺配制不太完备的条件下（示范装置）已达到40.53%（示范装置标定结果），高于国外大规模商业化技术的37%～38%，通过适度的工艺优化与集成完善，在百万吨级规模，能效可提高至44%～47%。该水平与煤制甲醇和二甲醚过程相当。但由于油品热值更高，相应的使用效率要更高，故整体效率（含产品使用）会更高，可实现 CO_2 的较大幅度减排。此外，随着分级液化技术的开发，煤炭液化的能量利用效率可进一步由现在的技术水平（44%～47%）提升至55%左右。

3. 水耗问题取得重大突破

水耗同样是目前所有煤化工、发电和石油化工均面临的一个问题，在节水配制相同的条件下，煤制油的水耗为12吨水/吨油品（示范装置考核标定数据），而合成甲醇、二甲醚、合成氨、烯烃的吨产品水耗分别为17～25吨、14～20吨、14～18吨以及约33吨。如采用密闭循环冷却系统，吨油品的水耗可进一步降低至6吨以下，完全可控制在我国的水资源承受能力之内。表观水耗相对较低，如以单位产品能量计算，由于油品的热值较高，合成油的水耗将更低。

（三）煤制油发展建议

煤制油的技术途径主要有两个：一是煤炭直接液化，即将煤与重油混合的煤油浆在高温（400～700℃）和高压（15.0～30.0兆帕）下加氢，获得初原油，再加氢精制生产柴油、汽油、石脑油等产品。二是煤炭间接液化，即煤首先通过水蒸气、氧气被气化制得合成气（H_2 与CO的混合气），合成气在催化剂作用下反应生成液态烃、蜡、气态轻烃，该反应被称为“费托合成反应”，合成得到的液态烃和蜡经加氢精制后可生产柴油、汽油、煤油、石脑油等产品。煤炭间接液化过程中的费托合成可在温和条件下（200～300℃、2.0～3.0兆帕）进行，生产装备易于大型化和国产化，而且经煤炭间接液化工艺可生产出无硫、无氮、低芳、高十六烷值（>70）的清洁油品，因此，煤炭间接液化是我国发展煤制油产业优先选择的技术路线。

利用国外现有的煤炭间接液化技术发展我国的煤制油产业，技术专利费高，代价大，且受控于人，因此，自主开发煤炭间接液化工业技术是建设我国煤制油产业的根本出路。发展煤炭间接液化工业技术的关键是：①研制高效的费托合成工业催化剂；②大型合成反应器设计制造和控制技术；③复杂系统的工艺集成优化技术；④满足严苛条件的先进的节水和环境排放技术。

2012年由国家发改委、能源局编制的《煤炭深加工示范项目规划》以及《煤炭深加工产业发展政策》出台并实施，在“十一五”期间我国自主的煤炭间接液化技术获得成功示范基础上，“十二五”期间示范技术将推进到100万吨级以上的重大示范项目级别上；同时，对煤炭间接液化的能源转化效率、煤耗、水耗、技术装备水平提出了更高、更为严苛的要求，今后5～10年内煤制油技术将进入科学有序、适度规模、技术高度集成与提升的发展阶段，为此，对我国未来煤炭间接液化技术发展提出以下对策和建议。

第一，强化煤炭间接液化工艺放大过程中的工程技术基础研究，集中力量解决我国煤制油大型装备设计、制造与安装的关键技术问题，如合成反应器由内径5米级提升到10米级、单台产能由16万～20万吨/年提升到50万～80万吨/年中的工程问题，以及大型煤气化炉进一步提高气化效率和煤种适用性问题等，全面提升我国煤制油领域大型装备的机加工技术水平，有效降低煤炭间接液化装置的投资规模。

第二，在单元过程技术进一步优化创新的基础上，加强整体过程的系统集成优化工艺模拟与仿真研究，确保在百万吨级煤间接液化装置上能源转化效率达到42%以上，单位产品综合能耗低于4吨（标准煤）/吨油。

第三，加强费托合成催化剂和油品加工催化剂的基础研究，从反应机理和活性相结构上寻求理论突破，指导研制活性更高、油品选择性更优、寿命更长的工业催化剂，降低单位催化剂油品成本，实现催化剂的升级换代。

第四，开发多样性的油品加工和化学品加工新工艺，进一步优化产品结构，逐步实现柴油、汽油、航煤、基础润滑油、特种燃料、高附加值化学品等多种产品生产，满足大都市区域对无硫、无氮、低芳的高品质油品的需求。

第五，选择具备合适容量水源的地区建设煤制油装置，特别关注煤制油过程中的污水处理和水循环回用技术的攻关，采用最先进的空冷和密闭循环技术，控制水耗在6吨/吨油品以下，实现水质达标和零排放。

第六，积极应对煤制油过程中的碳排放问题，通过提高煤制油装置的整体能量利用效率来实现CO_2相对减排5%～8%，在煤制油装置脱碳单元可释放出纯度99%以上的CO_2，可与未来CO_2捕集与封存（CCS）工程对接，实现CO_2绝对减排60%以上。此外，也可参与汇碳造林工程来承担社会责任。

第七，针对我国拥有难以利用的大量的低热值褐煤资源，积极开发煤炭分级液化技术，实现褐煤的梯级有效利用，形成新一代煤制油技术。

附　　录

Appendixes

B.8

附录 I　煤制油产业发展相关政策摘编

编者按：

自我国第十个五年计划提出解决石油替代问题，特别是《国民经济和社会发展第十一个五年规划纲要》将其列为“节能重点工程”后，煤制油产业技术研发逐步深入，示范项目得到有效推进。为促进煤制油这一新兴产业的健康发展，一段时间以来，政府部门相继制定和出台了一系列相关的政策法规、专门文件。在此，我们按“十五”、“十一五”和“十二五”分时期摘编了截至本报告完稿时国家发布的有关煤制油产业的相关政策法规，旨在厘清我国煤制油产业政策思路，更好地指导和保障煤制油产业的科学发展。

一　国民经济和社会发展第十个五年计划期间（2001~2005年）

（一）《国民经济和社会发展第十个五年计划纲要》[摘录]（2001年3月15日第九届全国人民代表大会第四次会议批准）

能源建设要发挥资源优势，优化能源结构，提高利用效率，加强环境保护。以煤炭为基础能源，提高优质煤比重。推进大型煤矿改造，建设高产高效矿井，开发煤层气资源。加大洁净煤技术研究开发力度，通过示范广泛推广使用。实行油气并举，加快天然气勘探、开发和利用，统筹生产基地、输送管线和用气工程建设，引进国外天然气，提高天然气消费比重。开发燃料酒精等石油替代产品，采取措施节约石油消耗。加强石油资源勘探，合理开发石油资源，努力发展海洋石油。积极利用国外资源，建立海外石油、天然气供应基地，实行石油进口多元化。建立国家石油战略储备，维护国家能源安全。加强城乡电网建设和改造，建设西电东送的北、中、南三条大通道，推进全国联网。进一步调整电源结构，充分利用现有发电能力，积极发展水电、坑口大机组火电，压缩小火电，适度发展核电，鼓励热电联产和综合利用发电。开工建设龙滩、小湾、水布垭、构皮滩、三板溪、公伯峡、瀑布沟等大型水电站，抓紧长江上游溪洛渡或向家坝水电站开发的前期论证工作。在山西、陕西、内蒙古、宁夏、贵州、云南建设大型坑口电站。深化电力体制改革，逐步实行厂网分开、竞价上网，健全合理的电价形成机制。积极发展风能、太阳能、地热等新能源和可再生能源。推广能源节约和综合利用技术。

（二）《国民经济和社会发展第十个五年计划能源发展重点专项规划》［摘录］（2001 年 5 月 26 日计规划〔2001〕711 号）

保障能源安全：能源安全是国家经济安全的重要组成部分。根据我国的具体国情，从发挥资源优势的原则出发，在“十五”乃至更长的历史时期内，必须继续坚持基本立足国内供应的方针，煤炭作为能源主体的地位不会发生变化。在此基础上，“十五”期间应积极贯彻“走出去”战略，充分重视建立与国力相适应的石油战略储备，实现进口能源渠道多元化，开发石油替代和节约技术，保证油气供应。

分行业发展方针是：

煤炭工业：大力调整煤炭工业结构，加快开发和推广应用洁净煤技术，调整煤炭建设布局，加大煤层气开发力度，提高煤炭工业整体素质，积极扩大煤炭出口。

大力调整煤炭工业结构：调整生产企业结构，继续关闭非法开采和布局不合理以及资源浪费严重、缺乏安全生产条件的小煤矿，破产一批资源枯竭、扭亏无望的煤矿，充分发挥大矿生产能力；调整产品结构，积极发展煤炭深加工与非煤产业，限制和淘汰高灰、高硫煤炭生产。

加快开发和推广应用洁净煤技术：通过大力发展煤炭洗选、型煤、动力配煤、水煤浆、煤炭气化和液化等洁净煤技术，逐步提高煤炭清洁利用水平和利用效率，从而更好地保护环境，走可持续发展道路。特别需要强调的是，要把推动煤炭液化技术产业化，开发石油替代资源作为“十五”乃至更长时期的一项战略任务抓紧、抓好。

洁净煤技术开发“十五”期间应对先进的洁净煤技术抓好典

型示范，作好技术储备及商业化推广。根据项目前期工作进度和技术经济条件，“十五”时期初步考虑建设陕西神东、云南先锋和黑龙江依兰等煤炭液化工厂，同时还要在辽宁抚顺、河南鹤壁、甘肃华亭和山东新汶等地建设煤炭地下气化示范工程。

（三）《煤炭工业“十五”规划》［摘录］（国家经济贸易委员会2001年1月1日）

认真贯彻党的十五届四中、五中全会精神，以发展为主题，以市场为导向，以企业为主体，以改革开放和科技进步为动力，大力调整煤炭工业结构。实施大集团战略，以资产为纽带，发展一批对全国煤炭供需平衡和参与国际竞争起关键作用的大公司和企业集团，稳定国内市场，扩大煤炭出口。实施综合经营战略，以煤为基础，依托矿区资源，发展高附加值产品，提高企业经营效益。实施科教兴煤战略，采用先进适用技术和高新技术，推进大型煤矿改造，建设高产高效矿井。实施洁净煤战略，加强政策引导，注重加工转换，强化清洁利用，推进洁净煤技术产业化。完善有关法规和标准，淘汰落后生产能力，提高安全生产管理及装备水平，加强安全监察，实现安全生产。推进企业节能降耗，保护矿区生态环境，促进煤炭工业可持续发展。

到2005年，全国原煤入选率达到50%以上，动力配煤量达到7000万吨左右，煤层气产量30亿~40亿立方米，水煤浆产量1000万吨左右，煤炭液化产油250万吨以上。煤炭出口8000万吨左右。

组织行业共性技术和关键技术的攻关研究。在抓好现有科技成果转化为生产力的同时，围绕煤炭的开发、生产、加工、安全和可持续发展等方面的重点技术，组织科技攻关。一是开展煤炭地质勘探及深部矿井开发技术的攻关研究，主要包括：西部地区煤炭开采及相关的水资源、生态环境保护的综合研究；东部地区深部找煤、资源潜力评价以及煤炭深部开采的关键技术研究；600米以上深厚表土层冻结施工技术、大型矿井深部开采技术以及千米深井井筒装备技术研究。二是开展高产高效现代化矿井关键技术攻关研究和建设示范项目，主要有：年产600万吨综采放顶煤工作面的配套技术项目；年进8000米以上煤巷、半煤岩巷快速掘进成套技术项目；年提升能力700万吨以上的交流提升机变频调速控制系统和自动化采煤工作面的技术项目。三是开展煤矿安全技术研究，主要包括：重大瓦斯煤尘爆炸事故的预防与控制、煤矿突发性灾害监测及防治、煤矿快速救援抢险以及安全信息管理等技术研究。四是开展洁净煤技术的攻关研究，重点开展机电一体化大型高效选煤关键技术、细粒煤高效脱水脱硫降灰技术、煤炭直接液化技术、地下煤炭气化及应用等技术研究。五是煤炭工业可持续发展和综合信息化技术研究，主要包括：开展煤炭资源型城市生态环境控制与可持续发展的研究，煤炭综合信息化技术研究。

推进煤炭液化和气化技术的开发和应用。在完成神华神东、云南先锋和黑龙江依兰煤炭直接液化示范厂可行性研究的基础上，通过经济技术合作建设1～2个煤炭液化示范厂，2005年煤炭液化产油250万吨以上。引进国外先进的煤炭气化技术，建设大型煤炭气化与煤化工示范项目。继续做好煤炭地下气化试验，探索煤炭开发和利用的新途径。

制定有利于煤炭清洁生产及利用的法规和技术经济政策，在注重生产洁净煤产品的同时，逐步限制直接销售和使用原煤，扩大工业锅炉和窑炉燃用洗选煤、固硫型煤、固硫配煤等清洁燃料的比重。为保障我国能源供应安全，制定有利于煤炭液化项目发展的政策。

（四）《关于发布〈“十五”工业结构调整规划纲要〉的通知》［摘录］（2001 年 11 月 2 日国经贸行业〔2001〕1125 号）

加快改造一批大型煤矿，实现集中、高效、安全生产。对依法开办的小煤矿实施联合改造。加快在建项目建设进度，适时开工建设一批大型现代化矿井。发展对全国煤炭供需平衡和参与国际竞争起关键作用的大公司和企业集团。以煤为基础，依托矿区其他资源，延伸煤炭产业链，大力发展坑口电站。发展洁净煤技术，推进洁净煤技术产业化。加快建设煤炭液化、地下气化、煤层气开发与利用等示范项目。加强矿区环境综合治理和安全生产建设。

重点支持软件、数字化技术、新材料、光纤复合材料、中医药、生物工程、先进制造技术、环保技术以及企业信息化等领域的研究开发和技术创新，在一些重点行业突破一批产业关联度大、对国民经济带动力强的关键技术。建设新一代高速宽带信息网络、深亚微米（0.25 微米以上）集成电路、数字高清晰度电视（HDTV）系统、第三代数字移动通信系统、高速铁路工程、新型涡扇喷气支线飞机、生物技术产业工程、煤液化制油工程、洁净煤技术应用、高技术高附加值船舶设计制造工程等一批重大工程。对市场前景好、带动能力强并已基本成熟的综合成套技术，通过产业化示范，迅速推广应用，形成规模化生产能力，占领市场。

（五）《能源中长期发展规划纲要（2004～2020）（草案）》［摘录］（2004 年 6 月 30 日）

节约和替代石油工程。“十一五”期间电力、石油石化、冶金、建材、化工和交通运输行业通过实施以洁净煤、石油焦、天然气替代燃料油（轻油），加快西电东送，替代燃油小机组；实施机动车燃油经济性标准及相配套政策和制度，采取各种措施节约石油；实施清洁汽车行动计划，发展混合动力汽车，在城市公交客车、出租车等推广燃气汽车，加快醇类燃料推广和煤炭液化工程实施进度，发展替代燃料，可节约和替代石油3800万吨。

（六）《国务院关于促进煤炭工业健康发展的若干意见》［摘录］（2005年6月7日国发〔2005〕18号）

加快大型煤炭基地建设。按照煤炭发展规划和开发布局，选择资源条件好、具有发展潜力的矿区，以国有大型煤炭企业为依托，加快神东、陕北、晋中等13个大型煤炭基地建设，形成稳定可靠的商品煤供应基地、煤炭深加工基地和出口煤基地。国家继续从中央预算内基建投资（或国债资金）中安排资金，以资本金注入等方式，重点支持大型煤炭基地建设。政策性银行、国有商业银行和股份制商业银行应积极改进金融服务，加大金融产品创新力度，切实支持符合国家产业政策和市场准入条件的煤炭开发建设。支持有条件的煤炭企业上市融资，按照国家规定发行企业债券，筹集建设资金，加快建设和发展。

推进洁净煤技术产业化发展。发展改革委要制定规划，完善政策，组织建设示范工程，并给予一定资金支持，推动洁净煤技术和产业化发展。大力发展洗煤、配煤和型煤技术，提高煤炭洗选加工程度。积极开展液化、气化等用煤的资源评价，稳步实施煤炭液化、气化工程。加快低品位、难采矿的地下气化等示范工程建设，带动以煤炭为基础的新型能源化工产业发展。采用先进的燃煤和环保技术，提高煤炭利用效率，减少污染物排放。

二　国民经济和社会发展第十一个五年规划期间（2006～2010年）

（一）《国民经济和社会发展第十一个五年规划纲要》［摘录］（2006年3月14日十届全国人大四次会议表决通过）

加强煤炭资源勘探，统筹规划，合理开发，提高回采率，减少煤炭开采对生态环境的影响。建设大型煤炭基地，鼓励煤炭企业联合重组，引导形成若干产能达亿吨级的企业。鼓励有优势的煤炭企业实行煤电联营或煤电运一体化经营。调整改造重组中小煤矿，依法关闭不具备安全生产条件、破坏资源和环境的煤矿。

加强煤矿瓦斯综合治理，加快煤层气开发利用。加强煤炭清洁生产和利用，鼓励发展煤炭洗选及低热值煤、煤矸石发电等综合利用，开发推广高效洁净燃烧、烟气脱硫等技术。发展煤化工，开发煤基液体燃料，有序推进煤炭液化示范工程建设，促进煤炭深度加工转化。

强化能源节约和高效利用的政策导向，加大节能力度。通过优化产业结构特别是降低高耗能产业比重，实现结构节能；通过开发推广节能技术，实现技术节能；通过加强能源生产、运输、消费各环节的制度建设和监管，实现管理节能。突出抓好钢铁、有色、煤炭、电力、化工、建材等行业和耗能大户的节能工作。加大汽车燃油经济性标准实施力度，加快淘汰老旧运输设备。制定替代液体燃料标准，积极发展石油替代产品。鼓励生产使用高效节能产品。

专栏10　节能重点工程

低效燃煤工业锅炉（窑炉）改造　采用循环流化床、粉煤燃烧等技术改造或替代现有中小燃煤锅炉（窑炉）。

区域热电联产　发展采用热电联产和热电冷联产，将分散式供热小锅炉改造为集中供热。

余热余压利用　在钢铁、建材等行业开展余热余压利用。

节约和替代石油　在电力、交通运输等行业实施节油措施，发展煤炭液化、醇醚类燃料等石油替代产品。

电机系统节能　在煤炭等行业进行电动机拖动风机、水泵系统优化改造。

能量系统优化　在石化、钢铁等行业实施系统能量优化，使企业综合能耗达到或接近世界先进水平。

建筑节能　严格执行建筑节能设计标准，推动既有建筑节能改造，推广新型墙体材料和节能产品等。

绿色照明　在公用设施、宾馆、商厦、写字楼以及住宅中推广高效节电照明系统等。

政府机构节能　政府机构建筑按照建筑节能标准进行改造，在政府机构推广使用节能产品等。

节能监测和技术服务体系建设　更新监测设备，加强人员培训等。

（二）《国家发展改革委关于加强煤化工项目建设管理促进产业健康发展的通知》（2006年7月7日发改工业〔2006〕1350号）

国土资源部、环保总局、中国人民银行、各省、自治区、直辖市，计划单列市发展改革委、经贸委（经委）：

我国石油、天然气资源短缺，煤炭资源相对丰富。发展煤化工产业，有利于推动石油替代战略的实施，满足经济社会发展的需要。为统筹规划、合理布局、科学引导和规范煤化工产业的发展，现将有关事项通知如下：

一、当前煤化工产业发展需要认真把握的几个问题

煤化工产业包括煤焦化、煤气化、煤液化和电石等产品。经过几十年的努力，我国煤化工产业取得长足的发展。2005 年我国生产焦炭 23282 万吨，电石 895 万吨，煤制化肥约 2500 万吨（折纯），煤制甲醇约 350 万吨，均位居世界前列。煤化工产业的发展对于缓解我国石油、天然气等优质能源供求矛盾，促进钢铁、化工、轻工和农业的发展，发挥了重要的作用。因此，加快煤化工产业发展是必要的。煤化工产业的发展对煤炭资源、水资源、生态、环境、技术、资金和社会配套条件要求较高。近一时期，煤化工产业在快速发展的同时，也出现了令人担忧的问题。一些地方不顾资源、生态、环境等方面的承载能力，出现了盲目规划、竞相建设煤化工项目的苗头，对经济社会持续、健康、稳步发展将产生潜在的负面影响。

（一）电石和焦炭等传统煤化工产品产能严重过剩。2004 年以来，通过加大宏观调控力度，电石和焦炭等高能耗行业盲目发展的势头得到初步抑制，但产能增长的势头并未得到完全遏制。2005 年底我国电石生产能力是当年产量的 2 倍。焦炭生产能力高出国内市场需求 7000 多万吨。今年 1 ~5 月电石和焦炭产量同比仍分别增长 33.9% 和 24.2% 。焦炭价格已较大幅度下跌。根据各地在建和拟建项目情况及未来市场需求预测，2010 年电石和焦炭产能仍将大大高于市场需求。同时现有电石和焦炭生产能力中，很多属于不符合环保要求，无副产品回收装置，污染严重的小电石、小焦炭。

（二）受石油价格不断上涨、高位运行的拉动，煤制甲醇、二甲醚等石油替代产品盲目发展的势头逐渐显现。2005 年我国甲醇产量 536 万吨。据不完全统计，目前在建甲醇规模已接近 900 万

吨，拟建和规划产能还有千万吨以上。这些项目若全部付诸实施，一旦甲醇后加工生产技术和应用市场开发滞后，势必造成产能大量过剩。煤制油品和烯烃尚处在工业化试验和示范阶段，还存在技术和工程放大风险。一些地方不顾客观条件，纷纷规划建设煤制油品和烯烃项目，目前开工建设的十几万吨规模的煤制油、煤制烯烃装置多数不够经济规模，技术不够成熟。建成后将类似小炼油、小乙烯属于淘汰之列，且这类装置投资巨大，动辄几十亿元，具有较大投资风险。

（三）以牺牲资源为代价，片面追求产业发展速度。一些地区为加快地方经济发展，以资源为手段，大举招商引资，资源配置和开发利用不合理。个别企业以建设煤化工项目之名，行圈占和攫取资源之实，大肆套取煤炭资源。有些地区煤化工产业刚刚起步，现有煤炭资源就被瓜分殆尽。

上述问题对煤化工产业，对经济社会持续、稳定、健康发展均产生了不利的影响。具体是：

（一）持续增加的电石和焦炭过剩产能，不仅造成社会资本大量闲置，产业发展大起大落，而且引发企业间恶性竞争，导致产品价格大幅下滑，经营风险显著上升。今年年初我国焦炭出口价格仅相当于2004年的一半，造成较大经济损失。

（二）水资源是煤化工产业发展的重要制约因素，也是我国经济社会发展的制约因素之一。我国水资源远低于世界平均水平。主要煤炭产地人均水资源占有量和单位国土面积水资源保有量仅为全国水平的1/10。大型煤化工项目年用水量通常高达几千万立方米，吨产品耗水在10吨以上，相当于一些地区十几万人口的水资源占有量或100多平方公里国土面积的水资源保有量。一些地区大规模超前规划煤化工项目，一方面有可能形成产能过剩的局面；另一方面会打破本地区脆弱的水资源平衡，直接影响当地经济社会平稳发展和生态环境保护。同时仓促上马尚未实现大规模工业化的煤制油品和烯烃项目，不仅投资风险较大，也给产业健康发展埋下了隐患。

（三）我国煤炭资源比较丰富，但优质、清洁和炼焦煤资源相对较少。煤炭工业承担着支撑经济社会发展的重任。短时间、高强度、大规模占用煤炭资源发展煤化工产业，既影响电力等行业的平稳发展，也加速了煤炭资源消耗，不利于煤炭工业可持续发展。

鉴于上述情况，各地区、各部门特别是主要煤炭生产省要高度重视煤化工产业发展工作，深刻认识盲目发展的危害性，认清形势、准确把握产业发展方向。用科学发展观统领产业发展全局，综合平衡各方面因素，深入开展科学论证，广泛听取各方面意见，正确处理产业发展速度、规模与资源、生态环境承受能力的关系，谨慎决策煤化工项目的建设，努力实现经济社会和谐发展。国土资源、环境保护、银行也要严把准入关，防范贷款风险。

二、“十一五”煤化工产业发展方向

煤化工产业是技术、资金密集型产业，涉及面广，工程建设复杂，实施难度大。煤化工产业又是新兴产业，产业发展中还存在诸多不确定因素和风险。“十一五”期间，煤化工产业要以贯彻落实科学发展观，建立和谐社会为宗旨；以保障国家石油供应安全，满足国内市场需求为出发点，科学规划，合理布局；统筹兼顾资源产地经济发展，环境容量。在有条件的地区适当加快以石油替代产品为重点的煤化工产业的发展；按照上下游一体化发展思路，建设规模化煤化工产业基地；树立循环经济的理念，优化配置生产要素，努力实现经济社会、生态环境和资源的协调发展。

坚持控制产能总量，淘汰落后工艺，合理利用资源，减少环境污染，促进联合重组的原则，加快焦炭和电石行业结构调整。积极采用先进煤气化技术改造以间歇气化技术为主的化肥行业，减少环境污染，推动产业发展和技术升级。以民用燃料和油品市场为导向，支持有条件的地区，采用先进煤气化技术和二步法二甲醚合成技术，建设大型甲醇和二甲醚生产基地，认真做好新型民用燃料和车用燃料使用试验和示范工作。稳步推进工业化试验和示范工程的建设，加快煤制油品和烯烃产业化步伐，适时启动大型煤制油品和烯烃工程的建设。

三、进一步加强产业发展管理

发展煤化工产业对于实施石油替代战略具有十分重要的意义。各地区、各部门要从全局的高度、长远的角度，加强产业发展管理，努力营造和谐发展环境，着力做好以下工作：

（一）产业规划。煤化工产业涉及国民经济众多部门。国家将制定煤化工产业发展规划。各地区要结合当地实际，按照科学发展观的要求，认真做好煤化工产业区域发展规划的编制工作，加强产业发展引导。在规划编制完成并得到国家发展和改革部门确认之前，暂停核准或备案煤化工项目。对于煤炭液化项目，在国家煤炭液化发展规划编制完成前，各级投资主管部门应暂停煤炭液化项目核准。

（二）产业布局。我国煤炭资源分布相对集中，消费市场分布较广。为促进煤炭产销区域平衡，鼓励煤炭资源接续区煤化工产业发展，适度安排供煤区煤化工项目的建设，限制调入区煤化工产业的发展（以本地高硫煤或劣质煤为原料的项目，以及二次加工项目除外）。

（三）发展重点。根据国民经济发展和市场供求情况，为满足农业生产需要，缓解石油供求矛盾，扭转相关高耗能产品供过于求的局面，鼓励发展煤制化肥等产品；稳步发展煤制油品、甲醇、二甲醚、烯烃等石油替代产品，其中煤炭液化尚处于示范阶段，应在取得成功后再推广；规范发展电石、焦炭等高耗能产品。按照国发〔2006〕11 号文的要求，没有完成焦炭和电石行业清理整顿工作的省、自治区、直辖市，停止核准或备案焦炭和电石项目。

（四）煤炭使用。煤化工产业是煤炭深加工产业。煤化工产业的发展必须统筹兼顾煤炭工业可持续发展和相关产业对煤炭的需要。国家实行煤炭资源分类使用和优化配置政策。炼焦煤（包括气煤、肥煤、焦煤、瘦煤）优先用于煤焦化工业，褐煤和煤化程度较低的烟煤优先用于煤液化工业，优质和清洁煤炭资源优先用作发电、民用和工业炉窑的燃料，高硫煤等劣质煤主要用于煤气化工业。无烟块煤优先用于化肥工业。

（五）水资源平衡。除云南、贵州等地外，我国煤炭资源与水资源呈逆向分布。大部分煤化工产品耗水量较大。煤化工产业发展应“量水而行”，严禁挤占生活用水和农业用水发展煤化工产业。严格控制缺水地区煤气化和煤液化项目的建设。限制高耗水工艺和装备的应用，鼓励采用节水型工艺，大力提倡废水、中水、矿井水回用等煤化工技术。

（六）运输安全。我国煤炭资源主要分布在中西部地区，煤化工产品主要消费在东部沿海地区，产销区域分割。大部分液态或气态煤化工产品具有毒性或易燃易爆的性质。煤化工项目必须具有较高的产品安全运输保障。对不具备运输条件的煤化工项目应不予核准或备案。

（七）环境保护。我国煤炭资源主要分布在生态环境比较脆弱的地区。煤化工产业对生态环境影响较大，生产过程要排出相当数量的废渣、废水和废气。按照发展循环经济，建立和谐社会的要求，煤化工项目必须达到废弃物减量化、资源化和无害化标准。对不能实现废弃物综合利用和无害化处理的煤化工项目应不予核准或备案。

（八）技术政策。各地区要加大结构调整力度，促进产业优化升级。严格执行焦炭和电石行业准入条件等产业政策。禁止核准或备案不符合行业准入条件的焦炭项目和电石项目，以及采用固定床间歇气化和直流冷却技术的煤气化项目。煤化工项目各项消耗指标必须达到国家（行业）标准或强制性规范要求。鼓励企业采用拥有自主知识产权的先进技术。一般不应批准年产规模在300万吨以下的煤制油项目，100万吨以下的甲醇和二甲醚项目，60万吨以下的煤制烯烃项目。

（九）项目管理。加强项目建设管理，从严审核煤化工项目。按照《国务院投资体制改革决定》的精神，对煤制油、煤制烯烃和外商投资煤化工项目，按照有关规定严格实行核准制；严禁化整为零，违规审批，或将核准权限逐级下放。对实行备案的煤化工项目，各地区要按照省级人民政府制定的实施办法严把项目审核关。

（十）风险防范。煤化工产业具有规模化、大型化、一体化、基地化的特征；技术含量高，投资强度大；对项目业主实力和社会依托条件要求较高。我国煤炭资源主要分布在经济社会发展水平相对较低的中西部地区，依托条件相对较差。发展煤化工产业不仅要树立牢固的风险防范意识，更要有较强的风险防范能力。对于业主实力较弱的煤化工项目应慎重核准和备案。

各级发展改革部门要按照通知精神，认真做好煤化工产业发展和项目审核工作，同时对拟建和在建项目进行清理，抓紧整改。国土资源、环境保护、金融信贷等部门可依此开展项目审核工作。

（三）《能源发展“十一五”规划》［摘录］（国家发展和改革委员会2007年4月）

按照“发挥资源优势、依靠科技进步、积极稳妥推进”的原则，加快发展煤基、生物质基液体燃料和煤化工技术，统筹规划，有序建设重点示范工程。为“十二五”及更长时期石油替代产业发展奠定基础。

“十一五”期间重点发展的先进适用技术

	主要内容
资源勘探开采	煤炭高效开采、复杂地质条件油气资源勘探开发、海洋油气资源勘探开发和煤层气开发等技术
煤炭清洁利用	煤炭洗选、清洁高效发电、煤基液体燃料和化工等技术
核电站	百万千瓦级大型先进压水堆核电技术
超大规模输配电和电网二次系统	柔性输电、高等级电压输电、间歇式电源并网、电能质量检测与控制、大规模互联电网安全保障和电网调度自动化技术等
可再生能源低成本规模化开发利用	大型风电机组、农林生物质发电、沼气发电、燃料乙醇、生物柴油和生物质固体成型燃料、太阳能开发利用关键技术等

（四）《煤炭工业发展“十一五”规划》［摘录］（国家发展和改革委员会2007年1月）

“十一五”煤炭工业发展方针是：以邓小平理论、“三个代表”重要思想和科学发展观为指导，按照《国民经济和社会发展第十一个五年规划纲要》和《国务院关于促进煤炭工业健康发展的若干意见》的总体部署，以煤炭整合、有序开发为重点，完善体制、创新机制，强化管理、保障安全，改小建大、优化结构，依靠科技、促进升级，深度加工、洁净利用，节约资源、保护环境，构建与社会主义市场经济体制相适应的新型煤炭工业体系。

深度加工、洁净利用。大力发展煤炭洗选加工，提高煤炭利用和运输效率。发展煤化工，开发煤基液体燃料，推进煤炭气化、液化示范工程建设，弥补油气供应不足，提高国家能源安全保障程度。

大型煤炭基地包括神东、陕北、黄陇（华亭）、晋北、晋中、晋东、鲁西、两淮、冀中、河南、云贵、蒙东（东北）、宁东13个大型煤炭基地。大型煤炭基地建设，一是坚持有序集中开发。

依据批准的矿区总体规划和矿业权设置方案，实行矿业权市场化配置。坚持一个矿区原则上由一个主体开发，一个主体可以开发多个矿区的集中开发模式，合理安排勘查开发项目，控制建设节奏。二是推进制度创新。以大型基地建设为契机，培育大型煤炭企业集团，建立现代企业制度；以大型煤炭企业为主体建设大型煤炭基地。三是优化生产结构。优先建设大型现代化露天煤矿和现代化矿井，提高资源回收率，加快淘汰小型煤矿。四是促进产业融合。支持煤电、煤化、煤路等一体化建设，推进产业聚集和产业融合。五是发展循环经济和加强环境保护。按照循环经济的理念，综合开发利用煤炭及与煤共伴生资源。采取有力措施，做好资源开发与保护，加强生态环境保护、污染治理和地质灾害防治。

以市场运作为主，强化政府推动和政策引导，打破区域界限，发展跨区域企业集团；打破行业界限，发展煤、电、化、路、港为一体的跨行业企业集团；打破所有制界限，发展各类资本参与的混合所有制企业集团。把大型煤炭企业集团培育成为优化煤炭工业结构的主体、大型煤炭基地开发建设的主体、平衡国内市场供需关系的主体、参与国际市场竞争的主体，逐步形成若干个由国有资本控股、担负跨省区市煤炭供应的大型煤炭企业集团，提高国家对煤炭资源的控制力和对煤炭市场的调控力，保障煤炭供应安全，促进煤炭工业健康稳定协调发展。根据资源分布特点、企业发展现状、对国民经济的重要程度以及长远发展的要求，煤炭企业战略性重组的重点区域是晋陕蒙宁、华东、东北、西南等地区，要依托大型煤炭基地内外部优势条件，兼并联合区域内中小型煤矿，加快发展坑口电厂，大力发展煤炭深加工和综合利用产业，以神骅铁路、大秦铁路和拟规划建设的输煤铁路为纽带，加强与铁路沿线电厂联营，参与铁路、港口的建设和股份制改造，形成煤炭、电力、化工、铁路和港口运输等综合经营的大型企业集团。

加大科技攻关力度。围绕煤炭资源高精度快速勘探技术、煤矿高效集约化生产配套技术、煤矿重大安全隐患防治技术、煤炭洁净加工转化与利用技术、矿区污染治理和环境保护技术等加强科技攻关。主要包括：煤炭资源的高效找矿及快速精细勘探技术，600米深厚冲积层大型深井凿井技术研发与示范工程，年产600万吨厚煤层高效综采技术与成套装备，煤矿瓦斯动力灾害重大基础理论和防治技术研究，深部开采动力灾害及热害防治技术研究，模块选煤厂生产技术与成套装备研究开发，百万吨煤炭液化工艺研究与产业化示范工程，煤层气井上下抽采利用技术示范工程，大型矿区污染治理与环境保护技术开发及示范工程。

有序推进煤炭转化示范工程建设。积极开展气化、液化等用煤的资源评价，做好煤化工基地规划，调控煤化工建设规模，防止低水平、小规模盲目建设，推进煤炭液化示范工程建设。“十一五”期间，完成煤炭液化、煤制烯烃的工业化示范，为后十年产业化发展奠定基础。示范工程包括：采用国内开发的工艺和高效催化剂技术，建成100万吨/年煤炭直接液化示范工程，完成具有自主知识产权的煤直接液化工艺的工业化示范；引进国外成熟技术，建设300万吨/年的间接液化工厂，并完成商业化运行示范；采用不同的自主知识产权技术，分别完成16万吨/年和100万吨/年间接液化示范装置和示范工程；采用自主知识产权技术，完成60万吨/年煤制烯烃示范工程。

扩大对外开放。在煤矿重大装备国产化、煤矿灾害防治、资源节约、环境保护、煤层气开发、煤炭气化液化等领域，鼓励外资企业与国内企业开展多种形式的技术和经济合作。煤炭出口调控在合理水平，增加东南沿海地区煤炭进口。支持有条件的煤炭企业到境外开发煤炭。

鼓励洁净煤技术产业化。加强技术攻关，解决煤炭气化液化的技术障碍，制定生产和使用煤制油、醇、醚等替代燃料的财税优惠政策，促进煤炭深度加工转化。完善煤炭产品质量标准，促进煤炭洗选加工的发展，限制未经洗选加工煤炭的长距离运输和使用。

（五）《煤炭产业政策》［摘录］（2007年11月23日国家发展和改革委员会公告2007年第80号）

在水资源充足、煤炭资源富集地区适度发展煤化工，限制在煤炭调入区和水资源匮乏地区发展煤化工，禁止在环境容量不足地区发展煤化工。国家对特殊和稀缺煤种实行保护性开发，限制高硫、高灰煤炭资源开发。

鼓励煤炭企业实施以产业升级为目的的技术改造。鼓励通过多种方式进行煤炭勘探、开采、洗选加工、转化等关键技术和重大装备的研发、集成和自主化生产。

（六）《国家发展改革委办公厅关于加强煤制油项目管理有关问题的通知》（2008年8月4日发改办能源〔2008〕1752号）

各省、自治区、直辖市及计划单列市、新疆生产建设兵团发展改革委、经贸委（经委）：

近年来，随着国际原油价格上涨和国内成品油需求增长，不少企业纷纷开展煤制油项目的前期准备工作，有的还规划了很大的煤制油建设规模。但煤制油项目是人才、技术、资金密集型的项目，投资风险大，目前无论是产品方向、工艺路线、技术装备，还是运营管理、经济效益等方面，都存在许多不确定因素。

为加强煤制油项目管理，经报请国务院同意，现就有关事项通知如下：

一、目前我国煤制油仍处于示范工程建设阶段，不能一哄而起、全面铺开。应坚持通过煤制油示范工程建设，全面分析论证，确定适合我国国情的煤制油技术发展主导路线，在总结成功经验的基础上再确定下一步工作。

二、经我委报请国务院批准，目前可以继续开展工作的煤制油示范工程项目有已开工建设的神华集团公司煤直接液化项目。神华宁夏煤业集团公司与南非沙索公司合作的宁夏宁东煤间接液化项目，需在认真进行可行性研究后按程序报批，未获批准前不得擅自开工。除上述项目外，一律停止实施其他煤制油项目。各级政府投资主管部门要立即停止煤制油项目的核准，严禁化整为零、巧立名目、违规审批。

三、对确定可以继续的示范工程项目，有关企业和科研机构要集中力量，加强关键技术和工艺研发，对技术可靠性、项目经济可行性、项目用水需求保障情况等进行充分论证，如具备核准条件，由省级发展改革委上报国家能源局，经国家能源局审查报请国家发展改革委审查，如可行需报请国务院批准后实施。

四、在示范项目建设过程中，要采用有利于节约资源、提高能效、降低排放的先进技术，加快大型和专用设备自主化进程，注重知识产权制度建设，加强技术队伍培训，尽量减少示范过程中可能出现的问题，努力实现资源节约、环境友好和经济社会的协调发展。

（七）《石化产业调整和振兴规划》［摘录］（国务院办公厅 2009 年 5 月 18 日）

坚持控制产能总量、淘汰落后工艺、保护生态环境、发展循环经济以及能源化工结合、全周期能效评价的方针，坚决遏制煤化工盲目发展势头，积极引导煤化工行业健康发展。今后三年停止审批单纯扩大产能的焦炭、电石等煤化工项目，原则上不再安排新的煤化工试点项目，重点抓好现有煤制油、煤制烯烃、煤制二甲醚、煤制甲烷气、煤制乙二醇等五类示范工程，探索煤炭高效清洁转化和石化原料多元化发展的新途径。

（八）《国务院批转发展改革委等部门关于抑制部分行业产能过剩和重复建设引导产业健康发展若干意见的通知》［摘录］(2009 年 9 月 26 日国发〔2009〕38 号)

近年来，一些煤炭资源产地片面追求经济发展速度，不顾生态环境、水资源承载能力和现代煤化工工艺技术仍处于示范阶段的现实，不注重能源转化效率和全生命周期能效评价，盲目发展煤化工。传统煤化工重复建设严重，产能过剩 30%，在进口产品的冲击下，2009 年上半年甲醇装置开工率只有 40% 左右。目前煤制油示范工程正处于试生产阶段，煤制烯烃等示范工程尚处于建设或前期工作阶段，但一些地区盲目规划现代煤化工项目，若不及时合理引导，势必出现“逢煤必化、遍地开花”的混乱局面。

要严格执行煤化工产业政策，遏制传统煤化工盲目发展，今后三年停止审批单纯扩大产能的焦炭、电石项目。禁止建设不符合《焦化行业准入条件（2008 年修订）》和《电石行业准入条件(2007 年修订)》的焦化、电石项目。综合运用节能环保等标准提高准入门槛，加强清洁生产审核，实施差别电价等手段，加快淘汰落后产能。对焦炭和电石实施等量替代方式，淘汰不符合准入条件的落后产能。对合成氨和甲醇实施上大压小、产能置换等方式，降低成本、提高竞争力。稳步开展现代煤化工示范工程建设，今后三年原则上不再安排新的现代煤化工试点项目。

严格市场准入。相关行业管理部门要切实履行职责，抓紧制定、完善相关产业政策，尽快修订发布《产业结构调整指导目录》，进一步提高钢铁、水泥、平板玻璃、传统煤化工等产业的能源消耗、环境保护、资源综合利用等方面的准入门槛。加快编制或修订专项规划，对多晶硅、风电设备等新兴产业要及时建立和完善准入标准，避免盲目和无序建设。质量管理部门要切实负起监管责任，按照产业政策的要求和企业的质量保证能力，严格核发螺纹钢、线材、水泥等产品生产许可证，坚决查处无证生产。依法加强产品质量监督，加大处罚力度。建设主管部门要禁止落后水泥进入重点建设工程和建筑结构工程。

强化环境监管。推进开展区域产业规划的环境影响评价。区域内的钢铁、水泥、平板玻璃、传统煤化工、多晶硅等高耗能、高污染项目环境影响评价文件必须在产业规划环评通过后才能受理和审批。未通过环境评价审批的项目一律不准开工建设。环保部门要切实负起监管责任，定期发布环保不达标的生产企业名单。对使用有毒、有害原料进行生产或者在生产中排放有毒、有害物质的企业限期完成清洁生产审核，对达不到排放标准或超过排污总量指标的生产企业实行限期治理，未完成限期治理任务的，依法予以关闭。对主要污染物排放超总量控制指标的地区，要暂停增加主要污染物排放项目的环评审批。

严格项目审批管理。各级投资主管部门要进一步加强钢铁、水泥、平板玻璃、煤化工、多晶硅、风电设备等产能过剩行业项目审批管理，原则上不再批准扩大产能的项目，不得下放审批权限，严禁化整为零、违规审批。严格防止各级政府的财政性资金流向产能过剩行业的扩大产能项目。尽快修订完善政府投资项目核准目录，在新的核准目录出台前，上述产能过剩行业确有必要建设的项目，需报国家发展改革委组织论证和核准。

三 国民经济和社会发展第十二个五年规划期间（2011～2015年）

（一）《国民经济和社会发展第十二个五年规划纲要》［摘录］（2011年3月14日第十一届全国人民代表大会第四次会议通过）

坚持节约优先、立足国内、多元发展、保护环境，加强国际互利合作，调整优化能源结构，构建安全、稳定、经济、清洁的现代能源产业体系。

发展安全高效煤矿，推进煤炭资源整合和煤矿企业兼并重组，发展大型煤炭企业集团。有序开展煤制天然气、煤制液体燃料和煤基多联产研发示范，稳步推进产业化发展。加大石油、天然气资源勘探开发力度，稳定国内石油产量，促进天然气产量快速增长，推进煤层气、页岩气等非常规油气资源开发利用。发展清洁高效、大容量燃煤机组，优先发展大中城市、工业园区热电联产机组，以及大型坑口燃煤电站和煤矸石等综合利用电站。在做好生态保护和移民安置的前提下积极发展水电，重点推进西南地区大型水电站建设，因地制宜开发中小河流水能资源，科学规划建设抽水蓄能电站。在确保安全的基础上高效发展核电。加强并网配套工程建设，有效发展风电。积极发展太阳能、生物质能、地热能等其他新能源。促进分布式能源系统的推广应用。

统筹规划全国能源开发布局和建设重点，建设山西、鄂尔多斯盆地、内蒙古东部地区、西南地区和新疆五大国家综合能源基地，重点在东部沿海和中部部分地区发展核电。提高能源就地加工转化水平，减少一次能源大规模长距离输送压力。合理规划建设能源储备设施，完善石油储备体系，加强天然气和煤炭储备与调峰应急能力建设。

（二）《关于印发〈石化和化学工业“十二五”发展规划〉的通知》［摘录］（工业和信息部 2011 年 12 月 23 日）

坚持技术进步。加强关键技术和大型成套装备研发，提高科技创新对产业发展的支撑和引领作用。加快化工新材料、石油替代、低碳环保等新兴产业技术的研发和产业化步伐。加大传统产业的技术改造力度，提升产业整体技术与装备水平。

成品油“北油南运”状况得到改善。长三角、珠三角、环渤海地区三大石化产业区集聚度进一步提高，形成 3 ~4 个 2000 万吨级炼油及 3 个 200 万吨级乙烯生产基地；配合国家油气战略通道建设，完善东北、西北、西南石化产业布局。传统煤化工布局分散状况得到改善，现代煤化工产业向资源地集中；原料产地化肥比重提高到 70%，专用化肥等深加工产品和精细化学品向消费地集中。园区和基地建设更加规范完善。

专栏 2　重大生产力布局

煤制油、煤制天然气、煤制烯烃、煤制二甲醚、煤制乙二醇等现代煤化工项目要按照有关产业政策，综合考虑煤炭、水资源、生态环境、交通运输、地区经济发展情况及区域二氧化碳、节能和主要污染物减排指标等综合条件，在蒙、陕、新、宁、贵等重点产煤省区，适度布局，并采取集中集约、上下游一体化方式建设现代煤化工生产基地及煤电化热一体化示范基地；其余省区，尤其是煤炭调入和基本平衡省区、生态环境脆弱地区、大气联防联控重点区域、主要污染物排放总量超标和节能评估审查不合格的地区，严格限制现代煤化工的发展。新建项目烯烃规模要达到 50 万吨/年以上；“十二五”重点组织实施好煤制烯烃升级示范项目建设。在原料可以保证稳定、持续供应的前提下，在沿海地区慎重布局进口甲醇制烯烃项目。研究集中利用已建成的符合经济规模的甲醇生产能力建设大型烯烃项目。

专栏6　技术创新重点

大型煤液化、甲醇制烯烃（MTO）、流化床甲醇制丙烯（FMTP）工艺完善和技术升级，超大型甲醇、甲烷化、煤制乙二醇、合成气制多元醇、甲醇制芳烃等大型煤化工成套技术和装备。

（三）《国家发展改革委关于规范煤化工产业有序发展的通知》(2011年3月23日发改产业〔2011〕635号)

各省、自治区、直辖市发展改革委：

我国煤炭资源虽然相对丰富，但人均资源占有量也仅占世界平均水平的60%左右。科学合理开发、高效加工转化和最大限度地利用煤炭资源是一项长期艰巨的任务。2009年，针对一些地区出现的不顾资源和环境承载能力，盲目规划、违规建设、无序发展煤化工问题，国务院及时下发了《国务院批转发展改革委等部门关于抑制部分行业产能过剩和重复建设引导产业健康发展若干意见的通知》（国发〔2009〕38号），加强宏观调控和引导，对抑制煤化工产业的盲目发展发挥了积极作用。大部分地区已严格按照国务院文件要求，严格煤炭资源管理，严格项目审核，科学规范煤化工发展；但有些地方仍存在不顾条件大上煤化工的问题，且引发的不良后果已经开始显现。为了全面贯彻落实国务院通知精神和“十二五”规划纲要的要求，进一步规范煤化工产业有序发展，现就有关问题通知如下：

一、高度重视煤化工盲目发展带来的问题

一是加大产业风险。由于一些地区片面强调煤炭转化比例，部分项目重复引进未经验证的技术，致使建成后不能正常生产，巨额资金投入不能发挥效益；有的项目盲目上马，产品缺乏竞争力，市场开发滞后，目前全国甲醇装置开工率只有50%左右，二甲醚装置也大量闲置，相当一部分企业面临破产倒闭；还有的项目不核算煤炭资源完全成本，不落实节能减排责任，不分析煤炭的全过程转化效率，只强调加工工序的效率和效益；还有的企业以发展煤化工为名，行圈占煤炭资源之实，项目盲目布局，造成大量重复建设。

二是加剧煤炭供需矛盾。据不完全统计，目前全国在建和已批待建煤化工项目新增用煤已超过亿吨，各地规划拟建项目新增用煤总量还有几亿吨。尤其值得关注的是，一些煤炭净调入地区在现有火电厂供煤已十分紧张的情况下，还在积极发展煤化工产业。煤化工盲目建设和过度发展不仅加剧了煤炭供需矛盾，也直接影响到全国合理控制能源消费总量。

三是增加节能减排工作难度。煤化工属高耗能、高排放产业，受技术制约，煤炭在整体产业链中的能源转换效率不高，能源消耗和二氧化碳排放强度均高出全国平均水平10倍以上。煤化工的无序发展必将直接影响节能减排目标的实现。

四是引发区域水资源供需失衡。我国煤炭资源与水资源呈逆向分布，主要蕴藏在水资源短缺地区。大部分煤化工属高耗水产品，发展规模必须量水而行。但一些地区不顾水资源供给约束发展煤化工；一些企业片面强调经济效益，节水意识淡薄，继续采用高耗水技术装备，严重浪费水资源，这将对区域水资源平衡和生态环境保护造成难以估量的后果。

二、切实加强煤化工产业的调控和引导

各地要进一步贯彻落实国务院国发〔2009〕38号文件精神，

加大对贯彻落实情况的督促检查，加强对煤化工产业发展的宏观调控和引导，现就有关政策重申如下：

（一）严格产业准入政策。在国家相关规划出台之前，暂停审批单纯扩大产能的焦炭、电石项目，禁止建设不符合准入条件的焦炭、电石项目，加快淘汰焦炭、电石落后产能；对合成氨和甲醇实施上大压小、产能置换等方式，提高竞争力。煤化工示范项目要建立科学、严格的准入门槛。

（二）加强项目审批管理。各级发展改革部门要严格遵守国家对建设项目的相关管理规定和审批程序，进一步加强煤化工项目审批管理，不得下放审批权限，严禁化整为零，违规审批。在新的核准目录出台之前，禁止建设以下项目：

年产 50 万吨及以下煤经甲醇制烯烃项目，年产 100 万吨及以下煤制甲醇项目，年产 100 万吨及以下煤制二甲醚项目，年产 100 万吨及以下煤制油项目，年产 20 亿立方米及以下煤制天然气项目，年产 20 万吨及以下煤制乙二醇项目。上述标准以上的大型煤炭加工转化项目，须报经国家发展改革委核准。

（三）强化要素资源配置。进一步加强煤化工生产要素资源配置，要积极推动区域产业规划的环境影响评价和节能评估，严格项目环境评价审核和节能审查，对主要污染物排放总量超标和节能评估审查不合格的地区，暂停审批新增主要污染物的煤化工项目；煤炭供应要优先满足群众生活和发电需要，严禁挤占生活、生态和农业用水，发展煤化工，对取水量已达到或超过控制指标的地区，暂停审批煤化工项目新增取水；对不符合产业政策等规定的煤化工项目，一律不批准用地，不得发放贷款，不得通过资本市场融资，严格防止财政性资金流向产能过剩的煤化工项目。

（四）落实行政问责制。各有关部门及金融机构要按照国发〔2009〕38 号文相关要求，认真履行职责，依法依规把好土地、节能、环保、信贷、产业政策和项目审批关，坚决遏制煤化工盲目发展的势头。对违反国家土地、节能、环保法律法规和信贷、产业政策规定，工作严重失职或失误造成重大损失或恶劣影响的行为要进行问责，严肃处理。

三、统筹规划，做好试点示范工作

国家发展改革委、国家能源局正在组织编制《煤炭深加工示范项目规划》和《煤化工产业政策》，经批准后将尽快组织实施。其政策取向：

一是贯彻落实科学发展观和党的十七届五中全会精神，按照“十二五”规划纲要的要求，统筹国内外两种资源，在科学发展石油化工的同时，合理开发和利用好宝贵的煤炭资源，走高效率、低排放、清洁加工转化利用的现代煤化工发展之路；按照可持续发展的循环经济理念，统筹规划、合理布局，科学引导产业有序发展，使我国现代煤化工技术走在世界前沿。“十二五”重点组织实施好现代煤化工产业的升级示范项目建设。

二是加强煤化工产业规划与国民经济社会发展总体规划及相关产业规划衔接，认真落实总体规划对产业发展在节能减排等方面的要求，积极推动煤化工与煤炭、电力、石油化工等产业协调发展，努力做好煤炭供需平衡。切实落实中发〔2011〕1号文件精神，加强水资源和水源地保护，严格控制缺水地区高耗水煤化工项目的建设。

三是煤炭净调入地区要严格控制煤化工产业，煤炭净调出地区要科学规划、有序发展，做好总量控制。新上示范项目要与淘汰传统落后的煤化工产能相结合，尽可能不增加新的煤炭消费量。推行煤炭资源分类使用和优化配置政策，炼焦煤（包括气煤、肥煤、焦煤、瘦煤）优先用于煤焦化工业。

四是提高转换效率。新上示范项目必须核算从煤炭开发到终端使用全周期的能源转换效率，并与其他转换加工方式进行科学比选和评估，全周期煤炭转换效率应明显高于行业现有水平，煤炭资源价格必须按市场价格测算，特别是对二氧化碳排放及捕捉要有明确的责任，新上示范项目应具有大幅减少二氧化碳排放的能力。

五是严格产业准入标准，确保项目科学、高效率、高效益。示范项目建设要按照石化产业的布局原则，实现园区化，建在煤炭和水资源条件具备的地区；项目业主应同时具有资本、技术和资源方面的优势，工程建设方案和市场开发方案必须做到资源利用合理、竞争能力强，并经过充分比选论证。

六是示范项目的实施主要为了探索和开发出科学高效的煤化工技术，培育具有知识产权和竞争能力的市场主体。因此，原则上，一个企业承担一个示范项目，有条件发展煤化工的地区在产品和示范项目上也有严格的数量限制。工程建成后要严格考核验收，及时总结。

（四）《煤炭工业发展“十二五”规划》［摘录］（国家发展和改革委员会2012年3月）

坚持煤炭工业发展与产业布局调整、体制机制创新相结合，加快转变发展方式；坚持生产建设与控总量、调结构相结合，保障煤炭供应安全；坚持发展先进生产力与淘汰落后生产能力相结合，促进煤炭产业升级；坚持开发转化与水资源、环境承载力相协调，推进高效清洁利用；坚持企业发展、接替产业发展与地区经济社会发展相协调，建设和谐矿区；坚持国内发展与国际合作相衔接，实现互利共赢。

大力发展煤炭洗选加工，有序建设现代煤化工升级示范工程，促进煤炭高效清洁利用。

稳步推进煤炭深加工示范项目建设。在内蒙古、陕西、山西、云南、贵州、新疆等地选择煤种适宜、水资源相对丰富的地区，重点支持大型企业开展煤制油、煤制天然气、煤制烯烃、煤制乙二醇等升级示范工程建设，加快先进技术产业化应用。不断创新和完善技术，提高能源转化效率、降低水耗和煤耗、降低生产成本，增强竞争力。支持开展二氧化碳捕集、利用和封存技术研究和示范。

加强境外煤炭资源开发利用。支持优势煤炭企业参与境外煤炭资产并购，加大境外煤炭资源勘查开发力度，提高境外权益煤炭产能。鼓励大型煤炭企业投资境外煤炭加工转化项目，延伸产业链。引导符合条件的企业，结合境外煤炭资源开发利用需要，开展有关基础设施建设和投资。

（五）《煤炭深加工产业发展政策》（征求意见稿）［摘录］（2012 年 4 月）

煤炭深加工产业是以技术创新为手段，通过对煤炭加工转化多种单项技术进行耦合、集成，联合生产多种清洁燃料、化工原材料以及热能、电力等产品的产业，是实现煤炭结构调整和优化发展的重要途径。我国是煤炭生产和消费大国，目前煤炭利用主要以直接燃烧为主，造成很大的环境压力，而煤炭加工产业以传统煤化工为主，能源转换效率和资源综合利用水平较低，产品竞争力有待提高，现代煤化工刚刚起步，技术水平和产业链条尚需提高和完善。为适应国内外能源发展的新形势，有效遏制盲目投资和低水平重复建设，加快煤化工向煤炭深加工的升级转型，促进煤炭高效清洁转化和石化原料多元化发展，依据有关法律法规和产业发展形势，特制定煤炭深加工产业发展政策，以指导产业科学有序发展。

第一章　政策目标

第一条　根据我国能源资源禀赋和环境现状，煤炭深加工产业必须以先进的煤炭转化利用技术为基础，以提高煤炭利用效率、促进煤炭利用方式变革为目标，高起点、高水平地发展，使我国煤炭深加工技术和产业始终保持较高水平。

第二条　推进传统煤化工结构调整，促进其向现代煤化工、煤炭深加工升级，集成多种单元技术，提高产品附加值，实现废弃物减量化、资源化和无害化，使煤炭深加工产业成为资源节约型、环境友好型和安全型产业。

第三条　坚持发挥市场配置资源基础性作用与政府宏观调控相结合的原则，建立健全煤炭深加工产业管理体制机制。政府职能部门依据行政法规和技术规范要求，加强对煤炭深加工产业的管理，规范各类经济主体在煤炭深加工产业领域的投资行为。

第四条　稳步推进煤炭深加工产业发展，通过试点示范完善工艺技术和装备，探索产业发展方向和模式，在技术成熟、经济可行的前提下，进行产业化推广，加快先进技术成果的转化。

第五条　发挥煤炭资源优势，生产多种煤基能源化工产品，作为对石油化工的重要补充，提高国家能源安全保障水平。

第六条　发挥煤炭深加工产业优势，完善和延长煤炭下游产业链，促进资源地区经济转型发展。

第二章　发展规划

第七条　国家通过煤炭深加工产业发展政策和行业发展规划指导行业健康、持续、协调发展。煤炭深加工行业发展规划由国家能源行业主管部门会同有关部门制定。

第八条 省级投资或能源行业主管部门可根据煤炭深加工产业发展政策和产业发展规划，结合本地区煤资源、水资源、环境和市场情况，编制本行政区域内的煤炭深加工产业发展规划或产业园区规划，报国家能源行业主管部门备案。

第九条 计划单列企业集团和中央管理的企业可以根据国家和地方煤炭深加工产业发展规划制定本企业煤炭深加工产业五年发展规划或滚动发展规划，报国家能源行业主管部门备案。

第十条 加强煤炭深加工行业发展规划与国民经济社会发展总体规划、全国主体功能区规划及相关专项规划的衔接，充分做好资源供给平衡，特别是区域水资源平衡，深入分析产业发展对生态环境的影响，认真落实交通运输等外部保障条件，避免盲目投资。

第三章　布局与发展重点

第十一条 煤炭深加工产业要针对煤炭资源分布相对集中、消费市场分布较广的国情，形成有利于煤炭产销区域平衡的产业布局。优先考虑煤炭后备资源丰富的地区发展煤炭深加工产业，合理安排煤炭净调出区项目建设，严格控制煤炭净调入区项目建设。鼓励发展以褐煤、高硫煤等低质煤为原料的煤炭深加工项目。

第十二条 按照规模化、大型化、一体化、园区化发展模式，在条件具备的地区建设煤炭深加工产业基地和示范基地。

第十三条 根据国民经济发展和市场供求情况，加快淘汰落后产能，规范发展电石、焦炭等高耗能行业；严格控制煤制化肥、煤制甲醇行业的低水平重复建设；稳步发展煤制油品、烯烃、天然气等行业，探索煤化电热一体化、煤炭分质综合利用等煤炭深加工的新模式。

焦炭行业要与钢铁工业发展相协调，严格控制焦炭新增产能，加大结构调整力度。在淘汰落后产能的前提下，在炼焦煤资源比较丰富和钢铁工业比较发达的地区形成大型焦炭生产基地。集中发展煤焦化产品，加强煤焦油集中加工和焦炉气综合利用，提高资源利用率，减少环境污染。

电石行业按照结构调整的要求，加快淘汰落后产能、严格控制新增总量，在调整中发展电石产品。重点在煤、盐资源比较丰富地区，以优替劣，实施产能置换。鼓励采用煤制乙烯，建设氧氯化法氯乙烯生产装置，逐渐降低电石法氯乙烯的比重；鼓励采用电石渣生产水泥，实现废弃物资源化和综合利用。

煤制化肥主要在煤炭资源丰富的粮棉主产区，采用环保型先进煤气化技术，建设百万吨级化肥生产基地。淘汰环境污染大、能源消耗高的中小型化肥生产装置。鼓励东部地区化肥企业将合成氨等基础肥料生产装置向煤炭资源地转移。

煤制油品、烯烃、天然气、乙二醇、二甲醚、芳烃等领域根据产业化示范情况，主要在煤炭资源丰富、水资源有保证、生态环境许可、运输便捷或适宜管道输送的地区择点建设。

在褐煤、长焰煤等中低阶煤丰富的地区建设大规模煤炭分质利用项目，延伸煤炭深加工产品产业链、生产高附加值产品。在具备条件的地区推进煤化工与发电、石油化工、钢铁、建材等产业间的整合，建设煤化电热一体化项目，鼓励各种燃料、化工原材料、热力和电力一体化生产。

第四章　技术装备政策

第十四条　加强煤炭深加工产业自主创新，建立健全煤炭深加工技术装备研发体系，加快先进技术产业化进程，大力推进技术装备国产化，不断提升产业竞争力，积极推广应用具有自主知识产权的煤气化、净化、合成技术。

第十五条 坚持以我为主的技术、装备政策。国家鼓励企业采用国内自主的煤炭深加工技术、装备，不断提高自主化水平；对国内外水平相当的领域，优先采用国内技术和装备；对国内空白或水平落后的，鼓励引进国外先进技术和装备，并积极组织消化、吸收和自主化工作，推动煤炭深加工装备定型化和标准化。

第十六条 跟踪研究国际前沿技术，积极开展国际合作，限制重复引进同类型、同技术档次煤炭深加工技术和装备，禁止采用国外淘汰的落后二手生产装备。首次采用国外中试成果进行产业化开发的煤炭深加工项目在取得成功后，中方企业应拥有相应的知识产权。

第十七条 国家依托重大示范工程推动先进煤炭深加工技术的产业化。国家能源行业主管部门通过产业发展规划或其他规范性文件明确一定时期内的重点示范内容、要求以及示范项目选择条件，并对煤炭深加工示范项目实施全过程管理，具体管理办法由国家能源行业主管部门会同相关部门制订。现阶段重点示范的煤炭深加工技术装备如下：

煤炭深加工技术装备重点示范内容

序号	重点示范领域	技术装备	单系列规模
1	适用于我国煤种的大型先进气化技术	8.7MPa 高压大型水煤浆气化技术	单炉投煤量 2000～3000 吨/日
2		4.0MPa 大型干粉煤气化技术(废锅或激冷式)，高压干粉煤气化技术(6.5MPa)	单炉投煤量 2000～3000 吨/日
3		4.0MPa 以上固定床加压气化技术，固定床熔渣气化技术	单炉投煤量 800 吨/日以上
4		加压流化床气化等技术	单炉投煤量 1000 吨/日以上

续表

序号	重点示范领域	技术装备	单系列规模
5	大型高效合成与精制技术	高温费托合成技术(优质化学品和烯烃产品比例提高,烯烃选择性30%以上、含氧化合物选择性10%以上)	单系列100万吨/年以上
6		低温费托合成技术(甲烷选择性3.0%以下,C3+以上选择性高于90%,C5+以上高于86%;吨催化剂产油能力1500吨以上)	单系列100万~180万吨/年以上
7		甲烷化技术(国内自主甲烷化催化剂、甲烷化反应器)	单系列13亿~20亿立方米/年
8		大型甲醇合成技术、装备	单系列100万吨/年以上
9		大型氨合成技术、装备	单系列60万~100万吨
10		甲醇制乙烯、丙烯百万吨级工程化,国内自主新型催化剂	单系列60万~100万吨
11		合成气制乙二醇技术(国内自主催化剂)	单系列20万吨以上
12	高效气体净化和分离技术	年产醇(氨)百万吨以上的大型低温甲醇洗技术	单系列100万吨/年以上
13	低阶煤分级转化利用该技术	单系列处理能力100万吨以上的低质煤提质(热解)技术,包括干燥、热解、焦油加工等成套技术	单系列100万吨以上
14	系统优化集成与设计技术	采用IGCC、超临界等大型、高效发电技术,煤化电热一体化技术(多联产),煤化工与高耗能工业过程耦合技术	200~400MW
15	大型装备	60000Nm^3/h以上大型空分,气化炉、气体压缩机、合成塔、废热锅炉等	
16	排放物控制技术	高效污水处理回用技术,废水制浆	
17		二氧化碳用于驱油、驱气的技术装备,绿藻培育及利用技术,碳汇林种植技术	

第十八条 支持大型煤炭深加工企业建立研发机构，进行产学研联合开发和委托开发，提高自主创新和开发能力；支持企业采用节能、安全、环保等新技术改进生产工艺，促进资源合理利用和安全生产、生态环境保护；推动煤炭深加工企业信息化建设，实现生产过程自动化、数字化，有效提升管理水平。

鼓励采用高产、低污染、大型焦炉替代传统焦炉，干法熄焦替代湿法熄焦，以及捣固和煤调湿技术；鼓励采用先进焦油加工和苯加氢等清洁生产工艺替代落后工艺；鼓励采用密闭式电石炉替代内燃式和开放式电石炉；鼓励利用焦炉煤气、电石尾气等原料进行综合利用。

鼓励采用先进煤气化技术新建和改造现有煤气化装置；鼓励采用新型净化和合成等技术进行节能降耗技术改造；鼓励采用国内自主开发的大型煤气化、气体净化、氨合成、甲醇合成、二甲醚合成、煤制油、甲醇制烯烃、合成天然气、甲醇制芳烃等具有自主知识产权的技术。

鼓励煤化工装置与整体煤气化联合循环发电（IGCC）、大型超临界发电等装置的耦合，提高能源转换效率；鼓励不同工艺技术和生产过程之间的耦合、集成，根据煤质设计合理的产品方案，提高资源综合利用水平和产品附加值。

第十九条 煤炭深加工项目能源利用效率、资源消耗以及废弃物排放等各项指标必须达到国家（行业）标准或强制性规范要求。

焦炭耗洗精煤低于 1.33 吨/吨，电石耗电低于 3400 千瓦时/吨，煤制合成氨综合能耗低于 50 吉焦/吨；煤制甲醇综合能耗低于 52 吉焦/吨。

焦化项目的水资源重复利用率达到 85% 以上，其他煤炭深加工项目达到 95% 以上。限制高耗水工艺和装备应用，淘汰直流冷却等工艺技术和设备。“三废”达标排放并满足污染物排放总量控制要求，气化炉、锅炉和电石炉炉渣实现资源化利用。

“十二五”期间实施的煤炭深加工示范项目能效和资源消耗必须达到下表中的基本要求，优秀的示范项目将达到或超过先进指标。

“十二五”煤炭加工示范项目能效和资源消耗指标*

序号	项目	项目能效		煤耗(折标准煤)		新鲜水耗	
		基本要求	先进值	基本要求	先进值	基本要求	先进值
1	煤间接液化	≥42%	≥47%	≤3.6 吨/吨油品	≤3.4 吨/吨油品	≤2.75 吨/吨标准煤	≤2 吨/吨标准煤
2	煤制天然气	≥56%	≥60%	≤2.3 吨/千标方天然气	≤2.0 吨/千标方天然气	≤3.0 吨/吨标准煤	≤2.5 吨/吨标准煤
3	煤制烯烃	≥40%	≥44%	≤5.3 吨/吨烯烃	≤5.0 吨/吨烯烃	≤4 吨/吨标准煤	≤3.0 吨/吨标准煤
4	煤制合成氨	≥48%	≥52%	≤1.5 吨/吨氨	≤1.4 吨/吨氨	≤4 吨/吨标准煤	≤3.0 吨/吨标准煤
5	低阶煤提质	≥75%	≥85%	—	—	≤0.15 吨/吨进料煤	≤0.13 吨/吨进料煤

注：＊采用褐煤、高灰煤等低质煤可适当放宽指标，难以采用空冷技术的地区可适当调整水耗指标。

第二十条　禁止新建装置采用固定层间歇气化技术。禁止新建没有焦炉煤气、煤焦油和粗苯回收利用设施的焦炭项目。禁止新建酸洗法苯加工装置，加快取缔现有酸洗法苯加工装置。钢铁企业配套焦化项目的焦炉炭化室不低于6米，同步建设干熄焦装置。焦炉气必须全部回收利用，不得直排或点火炬。新建电石项目必须采用密闭式电石炉，电石炉初始总容量不小于100000千伏安，单台电石炉容量不小于25000千伏安，电石炉气必须综合利用。关闭和淘汰现有生产能力1万吨（单台炉容量5000千伏安）以下电石炉，现有单台炉容量12500千伏安以下的内燃式电石炉、敞开式电石炉、排放不达标的电石炉。

第二十一条 煤炭深加工生产所使用的设备、设施必须符合国家法律法规、安全技术规范和标准的规定。新设备、新材料、新工艺必须通过国家认定的型式试验机构的型式试验。纳入行政许可管理的设备必须获得许可后才能组织生产。

第二十二条 国家在财政、税收、金融和资金等方面对煤炭深加工技术装备研发、国产化依托工程、产业化示范工程、使用验证和试点工程给予支持。具体政策措施由相关职能部门制定。

第五章　产业组织

第二十三条 按照煤、电、化等相关产业一体化发展模式，高起点、高水平发展煤炭深加工产业，延伸和优化产业链，最大限度地提高资源综合利用率和经济效益。

第二十四条 鼓励煤、电、化企业强强联合共同投资建设上下游一体化的煤炭深加工项目。推动煤炭、电力、石化、化工企业进行战略性重组，实现优势互补和资源共享，扩大企业规模效益，提高产业集中度，形成以若干具有国际竞争力的大型煤基能源化工企业为主体的集约化产业格局。

第二十五条 鼓励企业按照煤炭消费量“等量置换”原则，在新建煤炭深加工项目时淘汰相应规模的落后产能。

第二十六条 鼓励煤炭深加工与石油化工、生物化工以及风电等可再生能源有机结合，鼓励煤炭深加工与水泥、钢铁等高耗能产业有机结合，形成新的产业链条，实现资源利用效率最大化。

第六章 市场准入管理

第二十七条 煤炭深加工产品执行国家标准、行业标准或经过有关部门认定的企业标准。加快煤炭深加工产品相关标准制定工作，不符合标准的产品不得生产和销售。政府职能部门依据相关法律法规和技术规范对煤制民用和车用（包括船舶、机车、机械等）燃料的生产、销售、认证、注册、检验等环节进行管理，做到责权分明、程序公开、操作方便、易于监督。

第二十八条 煤炭深加工产品质量检测机构由国家质检部门商国家能源行业主管部门后指定，并明确产品检验范围。检验机构要具备第三方公正地位，不得与生产企业存在利益关系，不得对同一产品进行重复检测和收费。检验机构对检验结果承担责任。

第二十九条 依据国家工业产品生产许可证管理条例和认证认可管理条例，建立有效的煤炭深加工生产企业和产品的准入管理制度。符合准入管理制度规定、相关法规、技术规范的企业和产品，登录《煤炭深加工产品生产企业及产品公告》，由国家能源行业主管部门和国家质检部门联合发布。政府职能部门对生产企业及产品实行动态管理，凡不符合规定的企业或产品，撤销其在《煤炭深加工产品生产企业及产品公告》中的名录。

第三十条 大部分初级煤化工产品属高载能产品，产业发展以满足国内市场为目标。为满足生态环境保护和资源可持续发展的需要，限制初级煤化工产品出口，降低或取消相关产品出口退税。

第七章 投资管理

第三十一条 国家对各类投资主体投资国内煤炭深加工行业和

国内企业投资境外煤炭深加工行业的经济活动实行必要的管理，投资煤炭深加工项目需按规定由国家投资主管部门核准或备案。

第三十二条 国家根据产业发展要求确定煤炭深加工示范项目。示范项目应具有重大的示范意义，符合产业示范方向和示范要求，与已有基础相比，要在资源利用、节能减排、装置规模、装备制造、环保指标、稳定运行、经济效益等方面进一步提升或取得突破。示范项目在大规模工程化、技术升级、新技术应用和装备自主化等方面具有明确的示范内容。对于示范内容相同或类似的示范项目，国家通过比选确定1～2个示范项目。

新技术、新产品首次商业化应用的年加工煤炭500万吨以上煤炭深加工项目按示范项目进行管理，并享受国家对示范项目的支持政策。

第三十三条 新建煤炭深加工项目生产规模：焦炭项目应达到普钢企业经济规模对焦炭的要求，并满足焦炉气和煤焦油综合利用的需要。电石项目大于30万吨/年，煤制油大于100万吨/年，煤制烯烃大于50万吨/年，煤制天然气大于20亿立方米/年，煤制二甲醚大于100万吨/年，煤制甲醇大于100万吨/年，煤制合成氨大于45万吨/年（含联醇），煤制乙二醇大于20万吨/年，禁止建设上述规模及以下的煤炭深加工项目。

第三十四条 项目业主必须具备资本、技术和资源方面的优势，业主净资产必须超过对项目的出资额度，资产负债率不得高于60%（大型企业集团可适当放宽），银行信用等级AAA。项目资本金不低于总投资的40%。限制非能源、化工行业企业建设煤炭深加工项目。项目业主在煤炭深加工技术开发、项目建设、生产管理等方面经验丰富，具备完善的营销网络、良好的运输保障等条件。

第三十五条 投资国内煤炭深加工项目的境外企业应具有较强的工程技术力量或拥有专利技术，且必须采取与国内企业合资的方式，合资项目由中方控股。

第三十六条　新建项目（含省级示范项目）必须核算从煤炭开发到终端产品使用全周期的能源转换效率，煤炭资源价格必须按当地市场价格进行技术经济测算，财务内部收益率达到行业基准要求，经济效益、社会效益、环境效益较好。

第三十七条　对不符合本产业政策和未经核准（备案）或违规核准（备案）的项目，国土资源部门不予办理土地使用手续，工商管理部门不予登记，质检部门不予颁发生产许可证，金融机构不提供贷款和其他形式的授信支持，水行政管理、商务、海关、安监、环保和建设等部门不予办理相关手续。

第三十八条　各金融机构向煤炭深加工项目发放中长期固定资产投资贷款，要符合煤炭深加工产业发展政策，加强风险管理，对于新增能力的煤炭深加工项目需要核查相关部门出具的项目批复、核准或备案文件。企业从证券市场融资建设煤炭深加工项目，必须符合煤炭深加工产业政策。证券监管部门应认真核查相关部门出具的项目批复、核准或备案文件。

第八章　资源使用政策

第三十九条　煤炭深加工产业发展必须统筹兼顾煤炭工业可持续发展以及相关产业对煤炭的需求。国家实行煤炭资源分类使用和优化配置政策。炼焦煤（包括气煤、肥煤、焦煤、瘦煤）优先用于煤焦化工业；优质和清洁煤炭资源优先用于发电、民用和工业炉窑；褐煤、低变质烟煤、高硫煤以及具有良好气化性能的煤种优先用于煤炭深加工。

第四十条　加强高硫煤和低热值煤开发利用工作，延长现有矿井服务年限，提高资源保障程度。支持以高硫煤为原料发展煤化工产业，缓解优质煤资源供求矛盾。鼓励在煤炭加工转化的同时，实施其伴生资源的综合利用。在运输便捷、原料来源落实且经济可行的情况下，允许利用境外煤炭资源发展煤炭深加工产业。

第四十一条 煤炭深加工产业发展应“量水而行”，必须符合国家和地方的水资源利用政策和规划，煤炭深加工产业发展规划和大型煤炭深加工项目建设应进行水资源论证。加强水资源和水源地保护，严禁在饮用水源保护区范围内建设煤炭深加工项目。严禁挤占生活用水、农业用水和生态用水发展煤炭深加工产业。严格控制缺水地区建设高耗水煤炭深加工项目。

第四十二条 严格取水许可审批管理，对取用水总量已达到或超过控制指标的地区，停止审批建设项目新增取水。鼓励煤炭深加工企业建设节水工程，通过水权置换方式获得用水指标；限制高耗水工艺和装备的应用，鼓励煤炭深加工项目采用废水制浆、空气冷却等节水型技术。

第九章 安全生产与劳动保护

第四十三条 坚持安全第一、预防为主、综合治理的安全生产方针，落实企业安全生产的主体责任，法定代表人为安全生产第一责任人。严格执行建设项目安全设施与主体工程“三同时”制度，强化现场管理，遏制事故发生。

第四十四条 认真贯彻执行《危险化学品安全管理条例》。煤炭深加工产业所在地县级以上人民政府要组织有关部门，建立、健全危险化学品事故应急救援体系。安全监管部门和煤炭深加工企业要建立健全重大事故隐患排查、治理和报告制度，制定、完善本部门和本单位危险化学品事故应急预案。

第四十五条　积极采用成熟、可靠的工艺技术，安全性能高的装备，集散控制系统（DCS），紧急停车系统（ESD）和切实有效的安全生产措施。尽量减少生产装置区特别是防爆区内的危险化学品的储存量。

第四十六条　加强企业员工安全培训，加强作业人员安全操作许可证的管理。加强劳动用工和定员管理，为工人配备符合国家标准或行业标准的劳动保护用品。建立健全职业健康管理和职业病危害控制体系。

第十章　节能与环境保护

第四十七条　鼓励企业采用先进适用技术，提高全厂能源利用效率，减少能源消耗。建立和完善煤炭深加工产业节能管理、评价考核、节能减排和清洁生产奖惩制度。对煤炭深加工项目实施节能评估和审查，未通过能评的，有关部门不得核准或备案。

第四十八条　煤炭深加工项目必须符合废弃物减量化、资源化、无害化和水土保持要求。煤炭深加工企业要建立环境应急及生态恢复保证金，用于环境事故应急处理和企业停产、关闭后的污染消除和生态恢复。

第四十九条　严格执行环境影响评价制度。煤炭深加工项目必须依托产业规划和区域环境影响评价，依法开展项目环境影响评价工作，环保设施与主体工程要严格实行“三同时”制度。煤炭转化过程中的污染物必须达标排放。

第五十条　要按照《清洁生产促进法》的要求，积极推进煤炭深加工企业的清洁生产。对符合强制性清洁生产审核条件的煤炭深加工企业，要依法实施强制性清洁生产审核，并监督清洁生产方案的实施。煤炭深加工生产企业排放污染物必须得到省级以上环保部门的许可，未经许可不得生产。

第五十一条 积极采用废水、中水和矿井水回用技术，不断提高循环水浓缩倍数和水资源重复利用率，最大限度降低水资源消耗，争取实现零排放。加强气化炉、锅炉和电石炉废渣管理，必须做到废渣无害化处理和安全填埋，积极开展废渣综合利用工作。

煤炭深加工项目飞灰、氮氧化物、硫化物排放必须达到环境保护国家标准；应承担二氧化碳减排责任，要积极开展碳汇林种植、气驱采油等措施，尽量减少二氧化碳排放对生态环境的影响。

第十一章 其他

第五十二条 加强煤炭深加工行业管理，充分发挥行业中介组织作用。支持行业内企业、科研单位以及中介机构成立煤炭深加工行业协作组织，建立和完善全口径的行业信息统计数据库，实行行业信息定期发布和行业预警制度，向政府行政部门及时反映行业动向和提出政策建议，协调行业发展的重大事项，加强行业自律，引导企业的发展。

第五十三条 对违反本产业发展政策的建设单位和行政单位，各级监察、投资、土地、工商、税务、质检、环保、商务、金融、证券监管等部门要依法追究其责任。

第五十四条 本政策自发布之日起实施，由国家能源行业主管部门负责解释并适时修订。

（六）《能源发展十二五规划》［摘录］（国务院 2013 年 1 月 1 日）

坚持多元发展。着力提高清洁低碳化石能源和非化石能源比重，大力推进煤炭高效清洁利用，科学实施传统能源替代，加快优化能源生产和消费结构。

立足资源优势，依靠科技创新，加快推进燃煤发电、炼油化工技术进步和产业升级，探索煤炭分质转化、梯级利用的有效途径，提高能源加工转化效率和清洁化利用水平。

以提高资源高效清洁利用水平为目标，加大煤炭洗选比重，提高商品煤质量，优化煤炭加工利用方式，逐步建立科学的煤炭分级利用体系，到2015年，原煤入选率达到65%以上，煤矸石综合利用率提高到75%。总结现有煤炭深加工示范项目经验，按照能量梯级利用、节水降耗、绿色低碳等要求，完善核心技术和工艺路线，稳步开展升级示范。重点在中西部煤炭净调出省区，选择水资源相对丰富、配套基础条件好的重点开发区，建设煤基燃料、烯烃及多联产升级示范工程，探索符合我国国情的科技含量高、附加值高、产业链长的煤炭深加工产业发展模式，为适应未来能源更替和变革提供战略技术储备。“十二五”时期，新开工煤制天然气、煤炭间接液化、煤制烯烃项目能源转化效率分别达到56%、42%、40%以上。

专栏4　“十二五”时期能源加工转化建设重点

大型煤电基地：统筹当地电力市场情况和跨区输电需要，重点在山西、内蒙古、陕西、宁夏、新疆等煤炭资源富集地区，采用先进节水技术，建设大型坑口煤电基地，在贵州、皖北、陇东等地区适度建设一定规模的外送煤电项目。

煤炭深加工升级示范工程：在继续组织实施好宁夏宁东、陕西榆林、内蒙古鄂尔多斯、新疆伊犁等既有煤炭深加工项目的基础上，在新疆、内蒙古、陕西、山西、云南、贵州、安徽等部分综合配套条件比较好的地区，积极推进以煤炭液化、煤制气、煤制烯烃、煤基多联产、煤油气资源综合利用等为主要方向的大规模工程示范项目。

炼油基地：加快先进炼油产能建设，重点建设浙江镇海、广东惠州、河南洛阳、新疆克拉玛依改扩建项目，充分利用境外资源，在天津、河北曹妃甸、浙江台州、广东湛江、广东揭阳、云南昆明、福建泉州等新建一批炼油项目，优化国内炼油产业布局，到“十二五”末，形成若干个具有较强竞争力的千万吨级炼油基地。

（七）《国家能源局关于规范煤制油、煤制天然气产业科学有序发展的通知》（2014年7月17日国能科技〔2014〕339号）

各省、自治区、直辖市发展改革委（能源局），各相关企业：

煤炭是我国主体能源，适度发展煤制油、煤制天然气对保障国家能源安全、适度增加油气替代、实现高效清洁利用具有重要意义。近年来，随着前期产业化示范和技术进步效果明显，一些地区发展新建项目的积极性很高，也出现了一些不顾环境、水资源现状和技术、经济实力而盲目发展的现象。为了进一步规范煤制油（气）产业科学有序发展，现就有关问题通知如下：

一、严格产业准入要求

国家发展改革委、能源局正在研究制定《关于有序推进煤制油示范项目建设的指导意见》和《关于稳步推进煤制天然气产业化示范的指导意见》，近期将发布实施。产业政策明确了煤制油（气）“不能停止发展、不宜过热发展、禁止违背规律无序建设”的方针和“坚持量水而行、坚持清洁高效转化、坚持示范先行、坚持科学合理布局、坚持自主创新”的原则，申报的示范项目必须符合产业政策相关规定，能源转化效率、能耗、水耗、二氧化碳排放和污染物排放等指标必须达到准入值。

二、规范项目审批程序

按照国务院发布的《政府核准的投资项目目录（2013年本）》要求，年产超过20亿立方米的煤制天然气项目和年产超过100万吨的煤制油项目报国务院投资主管部门核准。禁止建设年产20亿立方米及以下规模的煤制天然气项目和年产100万吨及以下规模的煤制油项目。各地发展改革部门和能源行业管理部门要严格把关，按照相关管理规定和审批程序，加强煤制油（气）项目审批管理，严禁违规审批。

三、强化要素资源配置

进一步加强煤制油（气）生产要素资源配置，煤炭供应要优先满足群众生活和发电需要，严禁在煤炭净调入省发展煤制油（气）；严禁挤占生活用水、农业用水和生态用水，以及利用地下水发展煤制油（气）。对取水量已达到或超过控制指标、主要污染物排放总量超标地区，暂停审批新建煤制油（气）示范项目；对不符合产业政策规定的项目，在资源配置、建设用地、环境评价、贷款融资等方面严格控制。

四、统筹规划试点示范

煤制油（气）处于产业化示范阶段，要坚持统筹规划、科学布局、严格准入，在生态环境和水资源条件允许的前提下有序推进示范项目建设，适度发展产业规模。国家已支持开展煤制油（气）示范项目前期工作的省区，要协调落实好煤炭资源、水资源、环境容量指标和项目建设用地等，集中精力推动示范项目建设各项工作。未能做好落实工作的，不宜申报新上项目。没有列入国家示范的项目，各地禁止擅自违规立项建设。

五、做好项目监督评价

示范项目的实施主要为了探索和验证科学高效的煤制油（气）

技术，培育具有知识产权和竞争力的市场主体。要加强对示范项目立项、实施、中期评估到后评价等全过程的管理。示范工程建成后，要及时对能效、资源消耗、“三废”治理进行监督考核，做好总结评价工作，确保示范项目的实施效果。

六、落实相关管理责任

各地发展改革部门和能源行业管理部门要主动会同有关部门按照国家相关政策要求，认真履行职责，依法依规把好土地、环保、信贷、产业政策和项目审批关，坚决遏制煤制油（气）盲目发展的势头。对违反国家政策和煤制油（气）产业政策规定，违规上马新建项目的行为要进行问责。

（八）《国务院办公厅关于印发能源发展战略行动计划（2014－2020年）的通知》（2014年6月7日国办发〔2014〕31号，2014年11月19日发布）

提高煤炭清洁利用水平。制定和实施煤炭清洁高效利用规划，积极推进煤炭分级分质梯级利用，加大煤炭洗选比重，鼓励煤矸石等低热值煤和劣质煤就地清洁转化利用。建立健全煤炭质量管理体系，加强对煤炭开发、加工转化和使用过程的监督管理。加强进口煤炭质量监管。大幅减少煤炭分散直接燃烧，鼓励农村地区使用洁净煤和型煤。

坚持煤基替代、生物质替代和交通替代并举的方针，科学发展石油替代。到2020年，形成石油替代能力4000万吨以上。

稳妥实施煤制油、煤制气示范工程。按照清洁高效、量水而行、科学布局、突出示范、自主创新的原则，以新疆、内蒙古、陕西、山西等地为重点，稳妥推进煤制油、煤制气技术研发和产业化升级示范工程，掌握核心技术，严格控制能耗、水耗和污染物排放，形成适度规模的煤基燃料替代能力。

B.9

附录Ⅱ　中国煤炭经济30人论坛（CCEF－30）“煤炭产业转型升级与煤制油产业发展”专题研讨会发言摘要

2013年12月14日，由中国煤炭经济30人论坛（CCEF－30）组委会主办，中国煤炭经济研究院承办，神华集团协办的中国煤炭经济30人论坛第六次研讨会在北京汉华国际饭店举行，专题研讨煤炭产业转型升级与煤制油产业发展问题。

中国煤炭经济30人论坛成员（按姓氏笔画排序）：牛克洪、田会、华炜、吴吟、张双旺、张玉卓、李瑞峰、李豪峰、周桐、岳福斌、贺佑国、聂锐、崔涛、翟德元，特邀嘉宾中国煤炭工业协会名誉会长、原煤炭工业部副部长濮洪九，著名煤制油专家、中国科学院山西煤炭化学研究所研究员、中科合成油技术有限公司总经理李永旺，神华集团副总工程师、煤制油化工有限公司董事长吴秀章，兖矿集团副总经理张鸣林，内蒙古伊泰集团副总经理郝喜柱，山西潞安矿业（集团）副总经理刘斌，陕西煤业化工集团副总经理孙喜民、技术研究院院长闵小建，中国矿业大学（北京）能源经济研究所所长王立杰，川煤集团总经理刘万波，同煤集团副总经理蒋煜，四川达竹煤电集团总经理曹善华，中国燃料有限公司董事长贺民强，山东能源集团总工程师翟明华，淮南矿业集团赵玲，以及中国神华煤制油化工有限公司副总裁张继明，神华集团煤制油化工部总经理梁仕普、副总经理温新生，神华集团规划部张明辉，神华宁煤集团煤制油项目建设指挥部副总指挥刘万洲等，共50余人出席了研讨会。

论坛由吴吟同志主持。他指出，中央近期召开的三次大会（十八届三中全会、中央经济工作会议、城镇化发展会议）与煤炭产业息息相关。本次论坛就是围绕贯彻落实中央精神、打造中国经济升级版的要求，专题研讨煤炭产业转型升级与煤制油产业发展问题。煤炭产业的转型升级不仅必要，而且紧迫，煤制油产业经过多年研发探索，目前发展势头良好，是煤炭产业转型升级的重要方向，也是缓解煤炭产能过剩、促进煤炭产业健康发展，降低我国石油对外依存度、保障能源安全的重要举措。目前，在发展煤制油问题上，国内意见还不统一，有必要深入研究煤制油产业布局、规模、技术路线选择，分析发展障碍并提出政策建议，以期达成共识和新的认识，向政府有关部门呼吁煤制油产业发展的必要性，进而促进煤制油产业健康发展，为国家能源安全、环境友好、产业繁荣增添新能量、新动力。

本次论坛分两段进行。第一段由神华集团张玉卓、内蒙古伊泰集团郝喜柱、陕西煤业化工集团闵小建、山西潞安矿业（集团）刘斌、兖矿集团张鸣林五家先期开展煤制油示范的企业代表分别进行了煤制油产业发展情况汇报，披露了发展过程中存在的问题，对下一步发展提出了期望和政策诉求。大家一致认为，发展煤制油产业是我国煤炭产业转型升级的必然选择，无论从目前的技术成熟度，还是从示范项目稳定运行的情况上看，都已具备规模化发展的条件，只要政府政策支持，企业和科研单位持续给力，中国煤制油产业的明天一定会更加美好。

在第二段，与会者围绕煤制油产业发展的意义、技术路线选择、产业布局、规划展开讨论，并就存在的问题及解决思路各抒已见。

本次论坛由始至终氛围热烈、发言踊跃、观点鲜明、态度积极。考虑到技术和商业秘密等因素，五家先期开展煤制油示范企业的有关信息在此不予披露，仅摘录（按发言顺序）与会领导、专家、学者、企业家的部分发言，供参考。

现代煤化工产业粗具雏形
尚需加大政策支持力度

张玉卓（中国工程院院士、神华集团总经理）

我国现代煤化工初具产业雏形。煤转化利用已从焦炭、电石、煤制化肥为主的传统产业，逐步向清洁油品和化学品为主的现代煤化工转变，以煤制油、煤制烯烃为代表的煤化工示范工程成功运营为显著标志。截至目前，中国现代煤化工技术、产能和产量均居世界第一，煤制液体燃料产能达168万吨/年，煤制甲醇产能达5000万吨/年，煤制烯烃（含甲醇制烯烃）产能达276万吨/年。

发展煤化工是我国煤炭产业转型升级的必然选择。一是可以解决煤炭利用过程中产生的环境污染问题，实现煤炭资源的低碳化、清洁化利用。二是可以降低对进口石油的依赖，解决石油供给的安全问题，部分实现石油替代。三是由于国际油价高位振荡，其经济意义也很大。目前，煤炭的原料功能越来越受到重视。2013年11月我参加国际能源署会议时，与会者非常关注中国煤转化的问题。目前，我国煤制油工艺，无论是直接液化还是间接液化，技术上已经成熟。建议国家尽快发布煤化工规划及产业政策，避免无序和过热发展；对煤炭就地转化政策进行“纠偏”，避免煤化工项目盲目上马；加大对煤化工技术的研发投入，使得企业能够尽早克服产业技术障碍；出台对煤化工产业的税收优惠政策，扶持煤化工产业发展。同时，我还建议企业科学、理性决策，树立风险意识，确保项目成功。

煤制油产业的明天一定会更加美好

郝喜柱（内蒙古伊泰集团副总经理）

早在2002年，经过多次的调研和论证，我们把煤炭转化的目标定位在煤制油产业上来。2009年3月27日，国内首个利用自主技术建设的煤间接液化项目打通全部流程，顺利出油。2010年6月30日，实现了“安、稳、长、满、优”的运行目标。伊泰煤制油有限责任公司通过近5年生产实践的摸索与总结，已获得国家知识产权专利技术20项，被国家发改委确定为国家联合地方工程研究中心，并于2013年12月正式被科技部确定为高新技术企业。

煤制油产业是一个技术、资金、人才密集型产业，特别是技术的形成与应用，凝聚了几代科学家的心血，实属来之不易。在当前我国面临的严峻石油供应形势下，有计划地适度、有序、合理布局，形成一定的供给能力，对缓解我国能源供给紧张局面具有非常重要的现实意义；而且煤制油产品清洁高效，属高品质燃料，对治理城市大气污染也有切实的效果；同时，对大型设备国产化，推动材料工业、制造工业、电子工业等国民经济重要行业的发展和技术进步均有拉动效应。新疆、内蒙古、陕西等煤炭资源储量巨大，又有一定水资源保障的地区，安排近亿吨煤制油产能，对于调整地区产业结构，改变资源利用的单一化方式，提高资源利用价值，发展经济，改善民生作用巨大。建议加强政策引导、规划先行、合理布局，坚决避免盲目发展；通过倾斜性税费政策扶持煤制油新型产业的发展；加快制定煤制油技术标准和产品标准体系；坚持煤制油产业园区化，走集约化发展的路子；进一步完善以企业为主体、市场为导向，产、学、研相结合的科技创新体系，加快科技协同创新平台建设；同时，要坚持绿色低碳发展之路，有效解决煤制油发展过程中的环境制约因素。

发展煤制油产业战略意义重大
应量力而行、稳中求进　严防遍地开花

岳福斌（中国煤炭经济研究院院长）

经过5年多的跟踪研究，越来越觉得发展煤制油产业的战略意义重大。一是克服石油资源供给瓶颈；二是化解石油对外依存度过高的风险；三是解决煤炭产能过剩的有效途径；四是促进煤炭产业转型升级；五是推动优势企业发展；六是有利于增强我国在愈演愈烈的国际能源战中的主动权。

通过对我国煤制油产业的技术成熟度、人力资源保障、资源条件、生态条件、基础设施、经济、风险等因素进行综合分析，我们认为，目前我国煤制油技术成熟度、资源和生态条件已经具备，项目经济性明显，只要加强风险控制，推动煤制油的产业化发展已经具备较好的可行性。在目前情况下，我们形成的煤制油产业发展思路如下。

第一，在技术路径选择上，重点发展间接液化，继续示范直接液化和其他工艺，推动技术创新，打造中国煤制油技术的“升级版”。

第二，在产业布局上，要“立足西北、加快新疆、拓展海外”。

第三，在产能规划上，“十二五”期间，完善已形成的产能，确保1500万吨/年顺畅达产；“十三五”期间，对达产项目进行科学扩能，并规划新的产能，理论规模应达到1.2亿吨/年。

第四，在生产主体上，要由掌握核心技术、代表煤制油先进生产力的企业牵头发展煤制油产业。

第五，在物流服务上，打破成品油市场的垄断格局，全面提升油品物流服务信息化水平。

煤制油产业风险性相对较大，建议：①科学规划、合理布局、

稳定产能；②规范政府行为，保持政策的相对稳定性；③坚持以市场为决定性手段，辅以必要的政府规制，走企业自主发展的道路；④加大财政、税收、信贷、PE、上市等政策支持力度；⑤发挥财险和人身责任险的作用。

发展煤制油产业是大势所趋
坚持科技创新是第一推动力

李永旺（中科合成油技术有限公司总经理）

从现有的能源体系（煤炭、石油、天然气）来讲，我国资源量的90%是煤炭。根据中国工程院的研究结果，我们国家按现在的发展趋势，2030年总油品消耗量会达到7亿～7.5亿吨甚至更多，只有增加石油自产才能平衡这个体系。煤制油不是搞不搞的问题，而是必须搞；否则的话，过不了这个坎。包括煤制油等以煤为基础替代不足的石油燃料是一个大的必然的趋势。

煤制油现在起步有点晚了，目前运行的项目，技术级次是相对比较低的。尽管我们做了示范，但还有很长的磨合期。可以肯定的是，第二批项目上的时候，较第一批会有很大的技术进步。在技术进步、技术创新方面，国家应该给予支持，如果只让企业砸钱，负担太重，况且经济形势也不好。

关于煤制油产业布局方面，我谈点看法。目前，内地布局太多，将来大家都会后悔，重点应该是布局新疆，因为新疆的煤运出来再使用是不合适的，只有做转化，而且转化成油品、化学品高浓缩产品再运出来，成本才低。“三西”（蒙西、陕西、山西）这些地方条件好、离市场近，在西部运油大通道尚未建设起来之前，做一些是合适的。现在内蒙古几百万吨，宁夏做到800万吨、1000万吨，量有点大，这些项目完成之后，大家应该盯紧新疆。从长远看，布局新疆是最有利的。

发展煤制油还有几个问题值得关注。首先是水，节水的事在于肯不肯花钱，肯花钱就没问题。还有二氧化碳的处理，我觉得走碳汇林会比较合适，只要测算出来50万亩能吸收800万吨煤制油，那就容易解决，即使能吸收一半那也是伟大的。

油价高企助推煤制油发展
千方百计化解制约因素

华炜（陕西煤业化工集团董事长）

这次论坛的主题是煤制油，我们首先应关注的是世界油价。从经济性的角度讲，对这个判断如果不准确，未来可能会吃大亏。现在决定油价的主要因素不是它的价值、开采成本，而是地缘政治。在我看来，油价在较长时间内，会继续偏离价值，仍然会在高位波动运行。因此，油价问题对我们做煤化工、发展煤制油产业是一个积极因素。

目前，煤制油产业还存在诸多制约因素。一是资源。煤制油项目是否拥有适合做煤制油的煤炭资源？是否拥有水资源？这是两大关键制约因素。二是技术。目前的煤制油技术有多种工艺路线，各有优劣，工艺路线的选择至关重要。三是实力。煤制油产业是技术、人才和资金密集型产业，不仅要有资金实力，还要有技术能力和管理人才。

化解上述制约因素，首先，要科学布局，为煤制油项目建设寻找适合的煤炭资源以及丰富的水资源。其次，要根据资源等条件认真研究，因地制宜、因时制宜地选择工艺路线，保证综合效益最大化。最后，要在综合衡量资金、技术、管理等各方面实力的基础上，慎重决策、科学投资。我们还应当特别关注我国油品标准的制定，建议由国家制定油品标准，在标准制定过程中，防止垄断企业话语权过重，用一些歧视性标准排斥煤制油。

此外，发展煤制油的同时，还要高度重视非煤工业锅炉的改造和研究。有人说，雾霾天气元凶是煤，要煤改气、改清洁燃料。实际上，能都改天然气吗？能都改环保燃料、清洁燃料吗？根本没可能。通过煤、粉煤灰气化技术在锅炉上的运用，可以解决好煤炭清洁利用问题。

凝聚共识　合力打造煤制油销售网络

贺民强（中国燃料有限公司董事长）

中石化和中石油是我国成品油生产和销售的两大主要集团，二者采用的销售模式分为三种：一是零售，即通过加油站直接把油品销售给过往的车辆。二是批发，即把成品油卖给其他社会上的加油站。三是直销（配送），即销售油品给非加油站终端用户。2012年，中石化的零售量是10785万吨，直销量是3325万吨，批发量是1789万吨，主要是其自身3万多座加油站。中石油成品油销售15328万吨，市场份额为39.3%，加油站1.9万多个。两家合计成品油销售约2.6亿吨。加大对终端的直销，减少中间批发环节，降低中间成本，是两大集团未来的发展趋势。

我国煤制油产业到2020年，可能实现6000万～7000万吨的产量，2030年更可能达到1亿吨左右的产量，相当于中石油或中石化目前的水平。目前，煤制油销售存在自建网络局限性、销售成本过高、受销售市场垄断格局制约等问题，若不能未雨绸缪，将严重制约煤制油产业的发展，十分有必要合力打造完善的调配运销网络。

我们应按十八届三中全会要求，积极发展混合所有制经济，即国有资本、集体资本、非公有资本等交叉持股、相互融合的所有制经济。通过体制的创新，合力打造一个平台，创建煤制油全产品链的独立销售网络，进而实现煤制油企业的共赢，促进煤制油产业长期稳定发展。

煤炭转化是煤炭产业发展的重要方向

翟明华（山东能源集团总工程师）

煤炭转化是煤炭产业发展的重要方向。山东能源集团在煤化工方面做了“十二五”期间的规划，包括煤制天然气、煤制烯烃、煤焦化等。煤制天然气在新疆有20亿立方米的项目正在实施；煤制烯烃正在争取项目；煤焦化主要围绕焦炉煤气下游，包括粗改煤焦油等，与其他企业展开合作，形成了煤焦油－炭黑油、蒽油－炭黑－橡胶轮胎产业链。此外，褐煤的低温热解、低温干馏也是很大的需求方向，目前山东能源集团跟韩国的SK、日本的新日铁在褐煤气化方面开展了一些合作。煤制油也是一个很好的方向，山东能源集团在内蒙古、新疆的煤炭资源都存在转化问题，今后需要跟有关各方加强合作。

适度发展煤制油　系统解决煤炭利用问题

李豪峰（国家能源局煤炭司副巡视员）

煤炭的问题不在煤炭开采，主要是利用。煤炭开采问题基本已经解决，掌握了最先进的技术，现在主要还是利用问题。

本次论坛的任务主要是研究煤制油问题、明确方向、探讨政策，对煤炭产业转型是非常有利的。个人认为，煤制油产业经过示范阶段，可以适度发展。现在直接液化也好，间接液化也好（相对成熟)，特别是煤制天然气，有很多问题需要我们进一步去研究。

下一步工作：一是开展系统研究。煤的利用问题，不是单纯搞煤制油、煤制气，应该组织专门的力量进行慎重的、系统的研究。对每一个矿区的开发，先研究“利用”，从下往上研究；否则，煤炭产业不好走。系统研究之后，统一规划矿区的开发。二是煤炭产业下一步的方向问题，应该是综合利用、多联产，如煤制油、煤化工都有自备的电厂。三是要重点攻关，对专项技术、重点环节进行关注。四是要谨慎决策，下一步我们准备组织相关方面，针对煤炭的利用方式、相关重大问题组织一个调查研究，系统研究当前和今后一段时期，煤炭利用方面的战略。

煤制油功过是非　伊泰人用实践来回答

张双旺（内蒙古伊泰集团董事长）

我对煤制油持乐观态度。近两三年来，煤制油的发展比原来预想的要好些。但困难依然存在，反对的声音仍然比较大，短时间内不会扭转。产能方面，我同意岳教授的研究意见，即 2020 年达到 1.2 亿吨的规模。伊泰集团要做好几件事情，用实践来回答好这个问题。全力以赴地把煤制油技术搞上去。我认为，中科合成油技术有限公司搞的间接液化技术，从 16 万吨的运行情况看是成功的，把握也是很大的。没有一定的把握，我们绝对不会把大笔资金投进去。最担心的是排放问题。最近几年，北京、天津，就连上海都有雾霾了。环境问题引起了人们的高度重视。伊泰在这几个项目上一定不惜代价把环境保护问题解决好。这几年，我们搞碳汇林，我感觉这是好个办法。大的产业布局岳教授他们研究了，即内蒙古、陕西、新疆，我赞成。小的布局也很重要，煤制油项目选址一定要在出风处。再就是用水的问题。我曾经看到报纸说宁煤集团 400 万吨产量的用水相当于北京市的用水，这显然是不实的报道。实际上，控制到每吨油8吨耗水不应该成问题。

几年前，我对吴吟同志讲过我的想法，很可能十年、二十年以后，煤制油可以做到“三分天下有其一”。今天仍然是这样认识的。中国油品需要不断增加，还是要自己搞出来一些，不能过分依赖进口。如果届时通过煤制油的发展，煤炭过剩的产能也消化了，煤炭企业的结构调整和产品升级也实现了，给国家的油品安全、能源安全也做出贡献了，那么争论就不大了。

发展煤制油意义重大　应从示范到逐步扩大

濮洪九（中国煤炭工业协会名誉会长、原煤炭工业部副部长）

煤制油发展始终争论不休，是我们的企业，如神华、伊泰以及潞安等起了关键的作用，用事实回答了是市场经济体制在起决定性作用。在今天的会议上我感到很有收获，上面关心的事咱们都注意到了，而且都做了正面回答，这对下一步发展很有意义。

目前，我国煤炭产能过剩问题没有从根本上解决，2013年前10个月，产煤30.9亿吨，消费29.5亿吨，剩余1.4亿吨，这期间还进口2.6亿吨，也就是市场上多了4亿吨煤。我们国家一次能源特别是化石能源中煤炭占了94%，油和气只占了6%，仅靠进口能解决石油问题吗？显然行不通。煤炭是我们国家最丰富的资源，也是最经济的，并且它能被转化成清洁能源。所以，做好煤炭的转化和清洁利用，是当前最现实、最可靠的办法。煤制油发展一是可以解决煤炭过剩的问题；二是可以解决煤炭的清洁利用问题，从行业健康发展角度来说很有必要。结合煤制油产业多年来的发展成果，我认为，该产业应从示范到逐渐扩大。

煤制油产业发展要科学。因此，要继续深入研究，形成能够反映煤制油产业实际的系统、完善的研究报告，岳教授他们已经这样做了，很有必要；政府要加强对煤制油产业、煤炭清洁利用问题的重视，出台支持性政策；神华集团张玉卓总经理提出的要组织联合攻关关键技术很好，要打破行业、所有制和地区的限制，实行煤制油产业的统一攻关、统一规划；行业协会、学会要发挥积极作用，为煤制油产业提供支持，向上做好呼吁。

煤制油发展至今不易　产业化尚需层层给力

吴吟（中国能源研究会副理事长、国家能源局原副局长）

发展煤制油的意义重大。正如濮部长所言，对于缓解煤炭产能过剩，促进煤炭清洁利用，提升煤炭产业水平，保护国家能源安全等都是非常重要的。

煤制油发展至今不易。应该讲，政府是有意愿解决能源安全问题的，但是社会的杂音太大，导致政府不敢轻易决策，最后还是企业冲在前面了。如果没有神华、伊泰等企业敢“吃螃蟹”、敢投资，不会有现在这个局面。从目前反映看，还是有杂音，好在现在消除杂音的动力或者能力要比以前强得多。

煤制油的发展还存在较多问题，主要是认识不一致、规划不到位、制度不完善、政策不给力。我们今天讨论的几个问题，尽管现在不能得出什么结论来，但基本上有了个方向，布局就是西北地区，特别是新疆；规模要搞就搞得比较大，不能够到处“撒芝麻盐”。大家都提到基础设施配套要跟上，特别是市场销售网络的建设。技术路线的选择需要具体问题具体分析，在关键问题上要进行集中攻关。

煤制油下一步的发展需要层层给力：国家层面，要将煤制油列为国家安全战略，包括人才培养等都要出台相应政策；部门层面，要做好产业规划，制定相关标准，严格产业准入；地方层面，一定要执行国家规划，不能凡是资源就搞转化，“有条件的转化，没有条件的也转化”，那是绝对不行的；企业层面，要发挥自身优势，继续努力、加强协作，进行技术的联合攻关。

B.10

参考文献

1. 中共中央马克思恩格斯列宁斯大林著作编译局：《马克思恩格斯全集》，人民出版社，1985。
2. 毛泽东：《毛泽东选集》，人民出版社，1991。
3. 中共中央文献编辑委员会：《邓小平文选（全三卷）》，人民出版社，1995。
4. 江泽民：《对中国能源问题的思考》，《上海交通大学学报》2008 年第 3 期。
5. 胡锦涛：《在中国共产党第十八次全国代表大会上的报告》，2012 年 11 月 8 日。
6. 习近平：《推动能源生产和消费革命——在中央财经领导小组第六次会议上的讲话》，2014 年 6 月 13 日。
7. 《煤炭工业“十五”规划》，国家经济贸易委员会，2001 年 1 月。
8. 《国民经济和社会发展第十个五年计划纲要》（第九届全国人民代表大会第四次会议批准），2001 年 3 月。
9. 《国民经济和社会发展第十个五年计划能源发展重点专项规划》，（计规划〔2001〕711 号），2001 年 5 月。
10. 《关于发布〈“十五”工业结构调整规划纲要〉的通知》，（国经贸行业〔2001〕1125 号），2001 年 11 月。
11. 《能源中长期发展规划纲要（2004～2020）（草案）》，2004 年 6 月。
12. 《国务院关于促进煤炭工业健康发展的若干意见》（国发

〔2005〕18 号），2005 年 6 月。
13.《国民经济和社会发展第十一个五年规划纲要》（十届全国人大四次会议表决通过），2006 年 3 月。
14.《国家发展改革委关于加强煤化工项目建设管理 促进产业健康发展的通知》（发改工业〔2006〕1350 号），2006 年 7 月。
15.《煤炭工业发展“十一五”规划》，国家发展和改革委员会，2007 年 1 月。
16.《能源发展“十一五”规划》，国家发展和改革委员会，2007 年 4 月。
17.《煤炭产业政策》（国家发展和改革委员会公告 2007 年第 80 号）2007 年 11 月。
18.《国家发展改革委办公厅关于加强煤制油项目管理有关问题的通知》（发改办能源〔2008〕1752 号），2008 年 8 月。
19.《石化产业调整和振兴规划》，国务院办公厅，2009 年 5 月。
20.《国务院批转发展改革委等部门关于抑制部分行业产能过剩和重复建设引导产业健康发展若干意见的通知》，（国发〔2009〕38 号），2009 年 9 月。
21.《国民经济和社会发展第十二个五年规划纲要》（第十一届全国人民代表大会第四次会议通过），2011 年 3 月。
22.《国家发展改革委关于规范煤化工产业有序发展的通知》（发改产业〔2011〕635 号），2011 年 3 月。
23.《关于印发〈石化和化学工业“十二五”发展规划〉的通知》，工业和信息化部，2011 年 12 月。
24. 国家发展和改革委员会：《煤炭工业发展“十二五”规划》（发改能源〔2012〕640 号），2012 年 3 月。
25.《煤炭深加工产业发展政策（征求意见稿）》，2012 年 4 月。
26.《能源发展十二五规划》，国务院，2013 年 1 月。

27. 《国家能源局关于规范煤制油、煤制天然气产业科学有序发展的通知》（国能科技〔2014〕339 号），2014 年 7 月。
28. 国家统计局：《中国统计年鉴（1991～2012）》，中国统计出版社，1992～2013。
29. 中国煤炭志编纂委员会：《中国煤炭志·综合卷》，煤炭工业出版社，1999。
30. 中国煤炭经济研究会：《煤炭产业经济政策研究报告》，2004。
31. 濮洪九等：《中国电力与煤炭》，煤炭工业出版社，2004。
32. 王淑英：《煤制油——煤化工业的绿色技术》，《洁净煤技术》2005 年第 3 期。
33. 吴秀章、金嘉璐、舒歌平：《煤炭液化技术及发展前景分析》，《中国石油学会第五届石油炼制学术年会论文集》，2005。
34. 杜英华：《从科技哲学的视角考察产业革命及其前景》，广西大学硕士学位论文，2005。
35. 马中学、杨军、陈金城：《煤化工技术的发展与新型煤化工技术》，《甘肃石油和化工》2007 年第 4 期。
36. 姜克隽、胡秀莲、庄幸等：《中国 2050 年的能源需求与 CO_2 排放情景》，《气候变化研究进展》2008 年第 5 期。
37. 王显政：《高效开发清洁利用推进煤炭工业健康可持续发展》，《中国煤炭工业》2008 年第 7 期。
38. 张国宝：《中国能源发展报告 2009》，经济科学出版社，2009。
39. 岳福斌等：《中国煤炭工业发展报告（2009）》，社会科学文献出版社，2009。
40. 尚建选：《煤炭分质高效转化的科学理念与路径探索》，《2010 中国国际煤化工发展论坛论文集（上册）》，2010。
41. 尚建选、王立杰、甘建平等：《大型煤制烯烃循环经济示范项目的特点和节能减排效果分析》，《化学工业》2010 年第 7 期。

42. 尚建选、王立杰、甘建平等：《煤炭资源逐级分质综合利用的转化路线思考》，《中国煤炭》2010 年第 9 期。
43. 中共中央组织部、中共中央宣传部、中共中央编译局：《马列主义经典著作选编（党员干部读本）》，党建读物出版社，2011。
44. 姚斌：《发展煤制油应三思而行》，《中国石化》2011 年第 1 期。
45. 尚建选、王立杰、甘建平：《陕北低变质煤分质综合利用前景展望》，《煤炭转化》2011 年第 1 期。
46. 甘建平、马晓迅、尚建选等：《煤炭分质转化利用的节能减排分析》，《煤化工》2011 年第 4 期。
47. 张玉卓：《煤洁净转化工程》，煤炭工业出版社，2011。
48. 何德民、马宝岐、张秋民：《煤低温热解多联产技术》，《海拉尔：低阶煤加工利用技术及产业化论文集》，2011。
49. 尹丽夏：《甲醇制汽油（MTG）技术应用实践介绍》，《广州化工》2011 年第 14 期。
50. 岳福斌等：《中国煤炭工业发展报告（2010）》，社会科学文献出版社，2011。
51. 管清友：《能源革命的核心》，《中国金融》2011 年第 17 期。
52. 刘良平：《工业革命时期英国煤炭工业的发展及安全机制》，湖南科技大学硕士学位论文，2012。
53. 夏兴：《产业政策走向研究》，中国煤炭工业发展研究中心，《煤炭工业发展“十二五”规划宣贯培训材料》，2012 年 9 月。
54. 吴吟：《推动能源生产和消费革命》，《煤炭经济研究》2012 年第 11 期。
55. 岳福斌等：《中国煤炭工业发展报告（2011～2015）》，社会科学文献出版社，2012。

56. 国土资源部：《2012 年我国石油天然气和主要固体矿产资源储量情况》，2013 年 3 月。
57. 陈柳钦：《能源安全是最重要的战略目标》，《产权导刊》2013 年第 3 期。
58. 华贲：《城镇化与能源革命》，《中外能源》2013 年第 4 期。
59. 张德祥：《煤制油技术基础与应用研究》，上海科学技术出版社，2013。
60. 尚建选、马宝岐、张秋民等：《低阶煤分质转化多联产技术》，煤炭工业出版社，2013。
61. 国土资源部：《中国矿产资源报告（2013）》，地质出版社，2013。
62. 李祺：《煤制油技术现状和发展分析》，《化工管理》2013 年第 20 期。
63. 岳福斌等：《中国煤炭工业发展报告（2013）》，社会科学文献出版社，2013。
64. 任东明：《能源革命辨析》，《中国能源报》2013 年 12 月 9 日第 24 版。
65. 中国煤炭经济 30 人论坛秘书处：《中国煤炭经济 30 人论坛（CCEF－30）快报（第六期）》，2013 年 12 月。
66. 《世界能源中国展望》课题组：《世界能源中国展望（2013～2014）》，社会科学文献出版社，2013。
67. 国务院发展研究中心课题组：《当前推进能源体制改革的四个抓手》，《中国发展观察》2014 年第 2 期。
68. 田治江：《洁净煤是"绿色能源革命"的希望》，《现代物流报》2014 年 5 月 11 日。
69. 中国石油集团经济技术研究院：《2013 年国内外油气行业发展报告》，2014。

70. 杜祥琬：《能源革命：为了可持续发展的未来》，《中国人口·资源与环境》2014 年第 7 期。

71. 韩世良、冯永发、葛振宇：《煤制油技术百问》，化学工业出版社，2014。

72. 卢安武：《重塑能源：新能源世纪的商业解决方案》，湖南科学技术出版社，2014。

73. 中国国际经济交流中心课题组：《中国能源生产与消费革命》，社会科学文献出版社，2014。

74. 〔美〕哈罗德·孔茨、海因茨·韦里克：《管理学》，郝国华等译，经济科学出版社，1993。

75. 阿尔弗雷德·克劳士比：《人类能源史——危机与希望》，王正林、王权译，中国青年出版社，2009。

76. 杰里米·里夫金著《第三次工业革命：新经济模式如何改变世界》，张体伟译，中信出版社，2012。

77. *BP Statistical Review of World Energy（2003 - 2014）*, Beyond Petroleum.

78. *IEA Coal Information 2013*, International Energy Agency.

79. Henry Sidgrwick（1887）, *The Principles of Political Economics*.

80. Aghion, P. and P. Howitt（2009）, *The Economics of Growth*, Cambridge, MA: MIT Press.

81. Allen, R. C.（2009）, *The British Industrial Revolution in Global Perspective*, *Cambridge*: Cambridge University Press.

82. Anderson, G.（2014）, *The New Energy Revolution*, State Legislatures, February.

83. MacCleery, Brian（2012）, *The Digital Energy Revolution*, Instrumentation Newsletter.

84. Madsen, J. B., J. B. Ang and R. Banerjee（2010）"Four centuries

of British economic growth: the roles of technology and population", *Journal of Economic Growth* 15 (4): 263 – 290.

85. McDonough, W. , & Braungart, M. (1998), *The Next Industrial Revolution*, The Atlantic Monthly, 282 (4).

86. Merton, R. K. (1938), "Science, Technology and Society in Seventeenth Century England", Osiris, 360 – 632.

87. Stern, D. , & Kander, A. (2012), "The Role of Energy in the Industrial Revolution and Modern Economic Growth", *The Energy Journal*, 33 (3).

88. Pomeranz, K. (2001), *The Great Divergence: China, Europe and the Making of the Modern World Economy*, Princeton: Princeton University Press.

89. Alvin M. Weinberg & Gale Young (1967), The Nuclear Energy Revolution—1966, Proceedings of the National Academy of Sciences of the United States of America, 57 (1), 1.

90. Wrigley, E, A, (1988), *Continuity, Chance, and Change: The Character of the Industrial Revolution in England*, Cambridge: Cambridge University Press.

91. Wrigley, E, A, (2010), *Energy and the English Industrial Revolution*, Cambridge: Cambridge University Press.

92. Greenpeace International, European Renewable Energy Council (EREC), Global Wind Energy Council (GWEC), Energy Revolution: A Sustainable World Energy Outlook, 4th edition, July, 2012.

Abstract

The book was compiled by the China Blue Book of Coal Industry Compilation Committee, established and headed by the China Research Institute of Coal Economics of the Central University of Finance and Economics, and completed jointly by leaders, experts and scholars from research institutes, universities, and enterprises that have been experimenting with the coal-to-liquids (CTL) technology. Facing with the changes in energy supply and demand and the development in international energy industry, the 18th National Congress of the Communist Party of China made a strategic plan at the due time to promote a revolution in energy production and consumption. Due to its strategic importance, the coal industry will become the main battlefield of this energy revolution. In propelling forward this energy revolution, the newly emerged CTL industry is particularly remarkable. After years of research and development, China's CTL technology has made a major breakthrough, and CTL demonstration projects have achieved clear results. Accelerating the development of CTL industry is of decisive significance in the revolution and an important strategic move in line with the basic national policy and in compliance with the requirements of the times. The healthy development of this new industry is of significance. It will overcome a supply bottleneck in China's oil resources, defuse the risk of excessive dependence on oil importation, optimize energy supply structure, and ensure energy supply security. It will also promote clean and efficient coal conversion and utilization, help further develop major coal enterprises, and resolve over-capacity of coal production. In this way, it will contribute to the healthy development of China's coal industry. Therefore, it is very urgent and significant to conduct research into the scientific development of the CTL industry.

This research report focuses on the scientific development of the CTL industry, and the report consists of four parts: a preface, a principal report, several supplemental reports and an appendix. The preface was written by WU Yin. The principal report was written by the China Institute for Coal Economic Research. It presents a systematic overview of CTL, including the basic meaning, process types and its development both in China and in the world. It summarizes the status quo and the development of China's CTL industry and anticipates its future. The report, against the background of the China's energy revolution, expounds the inevitable development of the CTL industry; makes an objective analysis and evaluation of the conditions for China's CTL industrial development from the aspects of technology, resources, personnel, environment, facilities, markets, benefits, risks etc.; and puts forward suggestions for development and policy recommendations of CTL industry on the basis of systematic research. The supplemental reports were written by enterprises with CTL technology such as Shenhua Group, Inner Mongolia Yitai Group, Shan'xi Coal and Chemical Industry Group, Yankuang Group, Lu'an Group, Synfuels China, etc. The reports introduce their research and development in CTL technology, demonstrate projects, and present current promotion and application. The reports also summarize the experience they obtained and the lessons they learned in the process and propose plans for further development and the policies they need. The book's appendix is produced by the China Coal Blue Book Compilation Committee from two sources: the relevant policies and regulations regarding CTL and the abstracts of speeches at the Symposium of "Transformation and Upgrading of the Coal Industry and the Development of CTL Industry" hosted by China's Coal Economy 30 Forum (CCEF-30).

The research report distinguishes itself by combining CTL's theories with practice and integrating natural science with social science. It not only provides answers to such questions as "What is CTL?" and "What are its techniques?" in a scientific and objective way, but also presents rational and thorough discussions on "why and how to develop CTL". This research is of great theoretical and practical significance to fully implement the CPC Central Committee's strategic plan to propel the revolution in energy production and consumption forward, develop CTL industry in a scientific and orderly way, and accelerate the restructuring, upgrading and healthy development of China's coal industry. The book has great reference value for government decision-making, coal enterprises, departments of economic theories and policies, and for teachers and researchers.

Contents

𝔹 I General Report

Abstract: Based on a detailed introduction to CTL and its development at home and abroad, the report discusses the inevitability and necessity of accelerating the development of CTL industry in China. Resting upon the analyses of current conditions of China's CTL industry, including the development of CTL technology, human resources, existing natural resources, environmental protection, infrastructure, input-output, risks and their prevention etc., it puts forward suggestions and policy recommendations for further development.

Keywords: Coal; Coal-To-Liquids; Energy Revolution; Industrial Development Report

B Ⅱ Empirical Reports

Abstract: The report introduces the construction and operation of Direct and Indirect Coal Liquefaction Projects of Shenhua Group, and the measures taken against technological risks and for environment protection. It also puts forward some ideas and recommended policies for the future industrialization of coal-to-liquid projects.

Keywords: Shenhua Group; Direct Coal Liquefaction; Indirect Coal Liquefaction

Abstract: The indirect coal liquefaction project conducted jointly by Yitai Group, and Shanxi Coal Chemistry Institute, a subsidiary of the Chinese Academy of Sciences, is one of China's key CTL demonstration projects. Its core technology exceeded the assessment standards set by the Chinese Academy of Sciences. It passed the examinations by experts from the Ministry of Science and Technology and was accepted. It provides proper conditions for industrialization, with its indirect coal liquefaction commercial production line for which it has intellectual property rights. This report objectively and truthfully introduces the construction and operation process of the project, and puts forward ideas for development and policy recommendations for further industrialization.

Keywords: Yitai Group; CTL; Coal Indirect Liquefaction

Abstract: Shaanxi Coal and Chemical Industry Group has concentrated its research on clean and efficient quality transformation of low-rank coal and developed other technologies, such as the efficient use of integrated pyrolysis gas, deep processing of pyrolysis tar, reasonable transformation of pyrolysis coke etc., with the low-middle temperature coal pyrolysis technology as their core. It has also integrated the optimization and allocation of materials and energy in the technical process, which is known as "Shaanxi Coal and Chemical Industry Group's CTL" technology. This report introduces its technical characteristics, provides a demonstration of its process and results, as well as its promotion and application. It also puts forward ideas and policy recommendations for development.

Keywords: Shaanxi Coal and Chemical Industry Group; Quality Use of Coal; Low-Middle Temperature Pyrolysis CTL

Abstract: Yankuang Group's CTL project is the first indirect coal liquefaction demonstration project with an annual output of one million tons. The project uses the three-phase slurry low-temperature Fischer-Tropsch synthesis technology which was itself developed by the enterprise. The report introduces the characteristics and the demonstration process of this technology. It further puts forward policy recommendations and suggestions for problems that need immediate solutions.

Keywords: Yankuang Group; CTL; Low Temperature Fischer-Tropsch Synthesis Technology

Abstract: Shanxi Lu'an Mining (Group)'s 160000-ton-per-year coal-based synthetic oil project is a national model project which was initiated after winning the bid from the Chinese Academy of Sciences in 2005, and was put into trial operation at the end of 2008. This report briefly introduces the model project and its process. Based on the summary of the results achieved, it puts forward ideas, policy demands and recommendations for further development.

Keywords: Lu'an Mining Group; CTL; Coal-Based Poly-Generation Technology Integration

Abstract: Synfuels China is an enterprise owned by the Synthetic Oil Engineering Research Center of the Institute of Coal Chemistry, a subsidiary of the Chinese Academy of Sciences, and other CTL enterprises, including Yitai Group, Lu'an Group, Shenhua Group etc. It is the pillar enterprise for China's indirect coal liquefaction technology development. This report introduces synthetic oil technology research, provides a demonstration of development and industrialization of Synfuels China, and puts forward recommendations for China's indirect coal liquefaction technology development.

Keywords: Synfuels China; CTL Technologies; High-Temperature Slurry Fischer-Tropsch Synthesis

B Ⅲ Appendixes

皮书起源

“皮书”起源于十七、十八世纪的英国，主要指官方或社会组织正式发表的重要文件或报告，多以“白皮书”命名。在中国，“皮书”这一概念被社会广泛接受，并被成功运作、发展成为一种全新的出版型态，则源于中国社会科学院社会科学文献出版社。

皮书定义

皮书是对中国与世界发展状况和热点问题进行年度监测，以专业的角度、专家的视野和实证研究方法，针对某一领域或区域现状与发展态势展开分析和预测，具备权威性、前沿性、原创性、实证性、时效性等特点的连续性公开出版物，由一系列权威研究报告组成。皮书系列是社会科学文献出版社编辑出版的蓝皮书、绿皮书、黄皮书等的统称。

皮书作者

皮书系列的作者以中国社会科学院、著名高校、地方社会科学院的研究人员为主，多为国内一流研究机构的权威专家学者，他们的看法和观点代表了学界对中国与世界的现实和未来最高水平的解读与分析。

皮书荣誉

皮书系列已成为社会科学文献出版社的著名图书品牌和中国社会科学院的知名学术品牌。2011 年，皮书系列正式列入“十二五”国家重点图书出版规划项目；2012~2014 年，重点皮书列入中国社会科学院承担的国家哲学社会科学创新工程项目；2015 年，41 种院外皮书使用“中国社会科学院创新工程学术出版项目”标识。

法律声明

“皮书系列”（含蓝皮书、绿皮书、黄皮书）之品牌由社会科学文献出版社最早使用并持续至今，现已被中国图书市场所熟知。“皮书系列”的 LOGO（ ）与“经济蓝皮书”“社会蓝皮书”均已在中华人民共和国国家工商行政管理总局商标局登记注册。“皮书系列”图书的注册商标专用权及封面设计、版式设计的著作权均为社会科学文献出版社所有。未经社会科学文献出版社书面授权许可，任何使用与“皮书系列”图书注册商标、封面设计、版式设计相同或者近似的文字、图形或其组合的行为均系侵权行为。

经作者授权，本书的专有出版权及信息网络传播权为社会科学文献出版社享有。未经社会科学文献出版社书面授权许可，任何就本书内容的复制、发行或以数字形式进行网络传播的行为均系侵权行为。

社会科学文献出版社将通过法律途径追究上述侵权行为的法律责任，维护自身合法权益。

欢迎社会各界人士对侵犯社会科学文献出版社上述权利的侵权行为进行举报。电话：010－59367121，电子邮箱：fawubu@ssap.cn。

社会科学文献出版社